U0889582

1944年9月救国会领袖沈钧儒（前排左二）、史良（右一）和民盟领导人张澜（前排左三）、梁漱溟（左一）等合影

沈钧儒等"七君子"出狱后，和杜重远（后排左起第一人）与爱国老人马相伯一起合影

七 君 子

沈钧儒

史良

李公朴

邹韬奋

章乃器

沙千里

王造时

沈钧儒、章乃器、邹韬奋、李公朴、王造时、沙千里在狱中阅读

沈钧儒、章乃器、邹韬奋、李公朴、王造时、沙千里在狱中高唱《义勇军进行曲》

1937年7月31日，沈钧儒、章乃器、邹韬奋、李公朴、王造时、沙千里、史良（史称“七君子”）从苏州出狱时合影

西安事变爆发后，1936年12月中旬应邀前往调停的中共代表团周恩来（右）叶剑英（中）和博古（秦帮宪）（左）

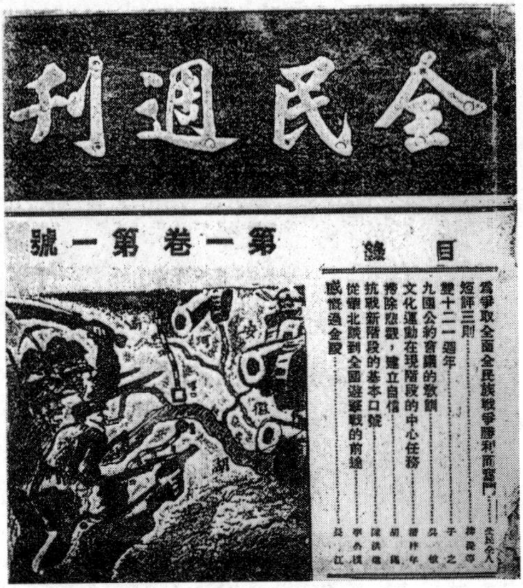

全民週刊

第一卷第一號

目錄

1937年12月救国会创办的《全民周刊》出版，由沈钧儒任社长

全民抗戰

三日刊 第一號

全民抗戰的使命

本社同人

1938年7月沈钧儒创办的《全民周刊》和邹韬奋创办的《抗战》三日刊合并，在武汉出版了《全民抗战》三日刊

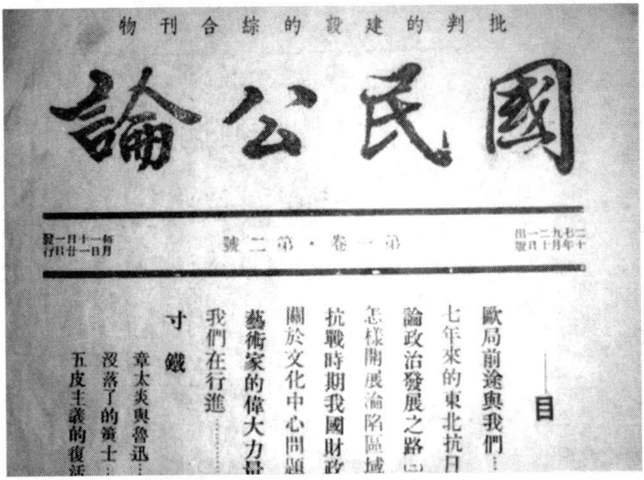

批判的建設的綜合刊物

國民公論

第一卷・第二號

目

1938年9月21日，救国会的言论机关《国民公论》在汉口出版

救国会

民盟历史文献

周天度
孙彩霞 著

群言出版社
Qunyan Press

前　言

中国民主同盟成立于1941年3月，正值抗日民族统一战线遭到国民党独裁统治破坏的危难之际，民盟以贯彻抗日主张、实践民主精神、尊重思想自由、提倡依法治国为政治纲领。民盟凝聚了当时绝大多数进步知识分子和社会精英，可谓群贤毕集。在不同的历史时期，黄炎培、张澜、沈钧儒、杨明轩、闻一多、李公朴、梁漱溟、史良、胡愈之、楚图南、吴晗、费孝通……这些民盟前辈精英们纵横捭阖、开阔放达，本着知识分子的人文良知和社会责任“奔走国事”，在政治、经济、军事、外交、教育、社会等领域都提出了明确的纲领和主张，将平等、民主、自由的思想播撒在中国的土地上。

在那苍黄翻覆、陵谷变迁的大时代，在那风云变幻、波澜壮阔的动荡岁月里，历史的浪潮将中国民主同盟，将有志于民族振兴的贤良才俊推上了风口浪尖，他们在改变中国命运的同时，也改变了自己的人生轨迹。他们为历史的进程，为国家富强、民族振兴和民主政治的进步做出了卓越的贡献；他们将自己的荣辱与民族存亡紧紧地联系在一起，为中国的民主、繁荣奋斗了一生，为后人留下了许多宝贵的精神财富；他们关于新民主主义社会的探索，至今仍具有巨大的影响和现实意义。

在和平盛世的今天，为了保存这珍贵的历史财富，为了让后人记住先辈们的独立之精神、自由之思想以及他们为国为民、励精图治的奋斗事迹，我们通过多年的精心准备和积累，出版了《民盟历史人物》和《民盟历史文献》丛书，这不仅仅是追忆往昔、缅怀先贤，也不仅仅是为了从学术研究的角度去厘清历史、臧否人物，更重要的是：通过回顾那段曲折的历史，传承民盟与中国共产党肝胆相照、荣辱与共的真挚感情；纪念民盟先贤为新中国做出的巨大贡献；呈现近现代中国社会的嬗变和进步知识分子的爱国情怀；同时也是为了民盟薪火相传、与时俱进的需要；为了那些隽永传奇的人物和可歌可泣的历史再现后人的眼前。

路漫漫其修远兮，吾将上下而求索。《民盟历史人物》与《民盟历史文献》丛书的出版，是对先贤们多党合作历史的尊崇和传承。

《民盟历史人物》
《民盟历史文献》 编委会

序

救国会的全称是全国各界救国联合会，简称“全救会”或“救国会”。它是上世纪30年代中期，上海一批爱国知识分子在中国共产党1935年8月发表的《为抗日救国告全体同胞书》（通称“八一宣言”）影响下，组织起来的一个有广泛群众基础的全国性抗日救亡团体。1936年5月31日至6月1日在上海正式成立。抗战胜利后，1945年冬改名为中国人民救国会（仍简称救国会）。全国解放后，鉴于救国会历史任务已经完成，1949年12月在北京开会宣告结束。

救国运动的倡导者们，在当时国民党的白色恐怖统治下，不畏强暴，不怕牺牲，挺身而出，抵制国民党“攘外必先安内”的错误政策，为反对日本侵略，挽救祖国的危亡而大力奔走呼号，起了巨大的启蒙宣传作用。国民党政府出于对内对外政策的需要，极力摧残救国运动，并悍然逮捕了救国会的领袖沈钧儒、章乃器、邹韬奋、李公朴、王造时、沙千里、史良，投入苏州狱中，成为中国现代史上著名的“七君子”事件，由此而引发全国范围内的抗议营救浪潮，并成为西安事变的导火线之一。“七七”抗战爆发后，由于国内形势丕变，国民党转向抗日，“七君子”始被释放出狱。

救国会对促进国共第二次合作，推动抗日战争进程和社会进步，均起了不小作用。同时给共产党输送了大量的抗日救国青年，对党的发展起了积极作用。

救国会倡导的抗日救国运动，受到中共中央和毛泽东主席的高度评价，并积极参与了营救“七君子”的活动。

抗日战争时期，救国会为争取抗战的全面彻底胜利和争取人民民主，进行了不懈的努力和斗争。它参与发起联合各抗日党派成立中国民主政团同盟，并成为它的一个左翼政派。民盟对推动大后方的抗日民主宪政运动起了很大的作用。

抗战胜利结束后，救国会继续为争取人民的民主自由权利和解放而奋斗。

救国会在政治舞台上活动的14年，是中国共产党领导的人民革命力量从弱到强，直至取得全国胜利的14年。救国会为了把祖国从殖民地、半殖民地、半封建的灾难和黑暗的深渊中拯救出来，建立一个独立、民主、自由、幸福的新中国，在共产党的影响和领导下，进行了不屈不挠的斗争，作出了有益的贡献。救国会的历史，将作为中国近代革命史的一部分而载入史册。沈钧儒、章乃器、邹韬奋、陶行知、李公朴、王造时、沙千里、史良、杜重远及其他为救国运动和民主运动而献身的人的名字，将和千百万中国革命英烈们的名字一起，青史长留，永垂不朽。

撰写阐述救国会的历史，兼及其代表人物的言论思想，对研究民国史和现代史，研究中国共产党统一战线的历史，中间势力的历史，抗日和解放战争时期的国共关系，以及近代爱国知识分子的思想转变过程，加强爱国民主统一战线，进行爱国主义教育和精神文明建设，均有帮助；同时对当今加强社会主义民主法治的建设，也有借鉴和启迪的意义。

本书以大量的历史文献史料、日记、档案、报刊资料、回忆、访谈录和部分日文资料，对救国会和救国运动的发生、发展与结束及其所起的历史作用以及与民盟的历史渊源等，作了较全面的叙述和较深入的探讨，评价力求客观公正。书中如有不妥之处，敬请批评指正。

目录

第一章
救国会的成立及其政治主张

第一节　救国会成立的时代背景

一、"九一八"事变后日本的侵华活动

二十世纪二、三十年代，法西斯主义在欧洲兴起，并形成一种潮流。1932年10月，以墨索里尼为首的意大利法西斯政权建立。墨索里尼抱有巨大的帝国主义野心，企图重新建立新的罗马帝国，并采取了一系列侵略扩张行动，先后侵占了希腊科尔岛，征服利比亚，进攻埃塞俄比亚。此外，在奥地利、保加利亚和罗马尼亚等东欧各国，都建立了极权主义政权。

在亚洲，日本在二十年代末期，法西斯势力控制了军部，实现了军部法西斯化；军部要挟内阁摒弃政党政治，建立军事独裁。日本帝国主义早就制定了灭亡中国的计划，它的侵略目标首先指向中国的东北。1927年7月25日，日本首相田中义一曾向日本呈送了一份题为《帝国对满蒙之根本政策》（即《田中奏折》），称："欲征服中国，必先征服满蒙；欲征服世界，必先征服中国。"强调：日本要控制亚洲大陆，掌握满蒙权利是"第一大

关键”。[①] 因此,1931 年 9 月 18 日它在沈阳向中国军队挑衅,发动了“九一八”事变。“九一八”事变发生后,由于以张学良为首的东北地方当局采取了不抵抗政策,东北三省迅速沦亡。1932 年初,日本为了转移国际社会对其侵略中国东北和策划成立伪满洲国的视线,并打击上海的抗日活动,又在上海挑起战端,布防淞沪的十九路军奋起抵抗,“一·二八”抗战爆发。淞沪抗战给日本侵略者以沉重打击,使其企图在三个月内占领上海的狂妄野心未能得逞,但日本却如愿以偿地在东北成立了伪满洲国。

1933 年 1 月,日军攻占了山海关。2 月又开始向热河进攻,并迅速占领了热河全省,然后大举进攻长城各口,华北局势日趋严重。守卫长城一线的中国军队激于爱国义愤,奋起抵抗,给日军以沉重打击。日军在长城受挫后,转回滦东,占领了密云、遵化、唐山等 22 个县。与此同时,在察尔哈东部的日军从赤峰出发,进占商都、张北等县。在大片国土沦丧,平津受到严重威胁的情况下,南京政府再次向日本妥协,5 月 31 日,同入侵日军关东军签订了丧权辱国的《塘沽停战协定》。“协定”第一条规定:“中国军即撤退至延庆、昌平、高丽营、顺义、通州、香河、宝坻、林亭口、宁河、芦台所连之线以西、以南地区。尔后不越该线而前进,又不行一切挑战扰乱之行为。”[②]

《塘沽停战协定》签订后,日本侵略者的战车并未就此中止

① 秦孝仪:《中华民国重要史料初编》,绪编(一),第 56 ~ 58 页,台北 1981 年出版。

② 王铁崖:《中外旧约章汇编》,第 3 册第 940 页,生活·读书·新知三联书店 1962 年出版。

前进，而是进一步往南开向华北，在华北实施大规模扩张和分离政策。1934 年下半年，日本陆军与海军，经过多次密谋策划，一致确定了在华北根绝排日、削弱国民党势力，和南京中央政权分离的政策，并得到日本政府的核准。日本在华北的目的是促使"南京政权的政令不能达及的情势"，不论华北政权的主要班底由何人组成，均不能无视在华北的日满特殊关系。① 日本希望出现四种结果："（一）华北五省独立；（二）华北五省自主；（三）河北省为中心建立自治地带；（四）设立局外中立裁兵地区。"②

日本政府和军部的对华决策，在中国的关东军积极予以推行。1935 年 1 月初，关东军在大连召开侵华会议，到会的有关东军副参谋长板垣征四郎、特务机关长土肥原贤二等驻中国的重要军政长官。会议着重讨论分离华北问题。决定要在华北扶植能够"忠实贯彻日本要求的诚实的政权"，随即演变的以分离为目标的所谓华北自治运动，便是日本对华北分离政策的具体实施。是年 4 月，日本关东军司令官南次郎和中国驻屯军司令官梅津美治郎共同商定，以制造事端为作为提出条件的借口，使华北五省"脱离南京政府，将该五省做为和日本领导下的满洲国保持密切关系的一个自治区域。"③

---

① ［日文］岛田俊彦等编：《现代史资料》，第 8 卷第 32 页，美铃书房 1964 年出版。

② ［日文］秦郁彦：《日中战争史》，第 62 ~ 63 页，东京河出书房新社 1961 年出版。

③ 土肥原贤二刊行会编、天津市政协编译组译：《土肥原秘录》，第 103 页，中华书局 1980 年出版。

5月初,两个亲日汉奸报人胡恩溥和白逾桓在天津先后遭暗杀殒命。紧接着,原在热河的抗日义勇军孙永勤部因受日伪“协剿”,撤退到长城关内,得到地方政府的庇护。日军认为这两件事均与国民党当局有关联,以此为借口,5月29日,日本驻中国驻屯军参谋长酒井隆,向国民政府军政部北平军分会代理委员长何应钦提出,罢免河北省政府主席于学忠,撤出驻河北的中央军和国民党党部,禁止全国排日运动。在日本的威逼下,南京政府再次对日妥协,7月6日,何应钦经国民党中央政治会议主席、行政院长汪精卫同意复函梅津,称:“六月九日酒井参谋长所提各事项均承诺之。并自主地期其遂行。”[①]中日双方达成这一协议,史称:“何梅协定”。这样,日本又攫取了河北省和平津两市的部分主权,进一步助长了日本的侵略气焰。

继“何梅协定”之后,土肥原又以所谓“张北事件”[②]为由,胁迫察哈尔省民政厅长兼第二十九军副军长秦德纯签订所谓《秦土协定》(又称《察哈尔协定》)。在南京政府的训令授意下,秦德纯同意日本的下列要求:对张北事件表示遗憾,将肇事者免职;撤退排日机关,尊重日本在察哈尔的正当行为;二十九军撤出昌平、延庆大村堡长城一线以东及独石口至张家口一线以北地区;同意日本在察哈尔设置机构,聘请日本人为顾问,不干涉

---

① 南开大学马列室中共党史教研组编:《华北事变资料选编》,第152页,河南人民出版社1983年出版。

② 1935年6月5日,日本关东军驻阿巴嘎旗特务机关长大月桂等四人,潜入察哈尔境内偷绘地图,在张北县被中国驻军扣留,不久释放。

日本在内蒙古的活动等。[1] 根据这一协定,日本实际上控制了察哈尔省的北部地区。

"何梅协定"和《秦土协定》的签订,极大地削弱了中国在华北的军事力量,使华北几乎成为非武装地带。随后不久,日本即以武力为后盾,策动华北"自治",企图把华北变成第二个伪满洲国。

二、华北自治运动

日本策划包括河北、察哈尔、绥远、山东、山西在内的华北五省自治运动,是在九、十月间进行的。9 月 24 日,日本新任中国驻屯军司令多田骏少将向记者发表关于华北问题的谈话中,宣布日军对华北的三点意见,明白无误地说出日本分离华北的侵略意图:(一)把反满抗日分子彻底驱逐出华北;(二)华北经济圈独立(要救济华北民众,只有使华北财政脱离南京政府的管辖);(三)通过华北五省的军事合作,防止赤化。[2] 多田的侵华言论得到日本内阁和陆相的支持。

华北五省自治运动是由土肥原、板垣和中国驻屯军司令官多田骏共同策划导演的。10 月,土肥原带着日本政府和军部分治华北的使命到华北。他先在天津会见了隐居的失意军阀吴佩孚,希望吴来领导华北"自治"运动,吴未予理睬。他又到太原找

① [日文]日本外务省:《日本外交年表并主要文书》,下卷第 303 页,东京日本外务省 1978 年出版。

② [日文]秦郁彦:《日中战争史》,第 56 ~ 57 页。

山西绥靖主任阎锡山，阎也断然予以拒绝。于是他又把目光转向二十九军军长兼平津卫戍司令宋哲元，向宋提出：通电宣告成立华北自治政府，将国民政府所任官吏一律罢免，并压制北平、天津的反对华北自治言论。宋哲元同样拒绝了土肥原的无理要求。土肥原于是便以关东军出兵相威胁，于 11 月 11 日向宋哲元发出通牒，限令于 11 月 20 日宣布“自治”，否则日军将以五个师团的兵力攻取河北，六个师团的兵力进占山东。

与此同时，土肥原等日本侵略者还唆使部分汉奸进行“自治”活动，策动他们组织所谓“河北民众代表联席会议”、“国民自救会”、“绥远军政自治会”、“河南全省人民自救会”、“天津工商联合会”等团体，联名致电宋哲元和保定商震、山东韩复榘、天津程克、绥远傅作义等当权者，要求开放政权，允许“自治”。

宋哲元接到土肥原的通牒后，态度开始软化，甚至准备向日本妥协。11 月 13 日，宋哲元致电南京政府说：“由于日本方面的压迫，处于在 11 月 20 日至 22 日间不得不宣布自治的苦境。”[①] 11 月 19 日又致电何应钦说：“刻下环境至为明显，似非少数军人自由之行动。彼方要求，必须华北脱离中央，另成局面，迭经拒绝，相逼益紧，不得已拟在拥护中央系统之下，与之研商。”以所谓不干涉内政，不侵犯领土主权，互惠平等为限度，“作进一步亲善表示”。[②] 华北政局，空前紧张。

---

① ［日文］岛田俊彦等编：《现代史资料》，第 8 卷第 131 页。

② 秦孝仪：《中华民国重要史料初编》，绪编（一），第 714 页。

三、国民党的对策

华北危急的局势，引起国民党内一些元老和高层人士的严重关注。6月19日，国民党中央政治会议开会，国民党中央常务委员、行政院长兼外交部长亲日派首领汪精卫，及汪派外交次长唐有壬报告华北对日外交谈判经过，蔡元培、吴稚晖等相继发言，指责汪派对日妥协无度，糜烂地方。蔡元培站起来质问汪精卫："对日外交究持何策？际此时局，殊有请外交当局说明的必要。"汪答："对日外交这几年来均持'忍辱求全'四字而行，现在亦复如是。"蔡又问："忍辱云云，我辈固极明白，求全如何，却望予以解释。"吴稚晖发言讥讽说："求全两字极易解释，简而言之，是只忍辱以后求整个国家能完完全全送给敌人；勿兴抗敌之师，反而糜烂地方罢了。"汪精卫为此愤然退席。中政会继续开会向汪发难。于右任大骂汪是汉奸卖国贼。孙科更拍案怒斥汪等"一二小人公然卖国"。① 盛怒之下将桌上茶杯震翻滚地摔碎。6月下旬，南京政府监察院对行政院北平政务整理委员会的当权者黄郛、殷汝耕、袁良等六人媚日卖国行径提出弹劾，矛头仍指向汪精卫。国民党全国各省、市党部联合电呈中央，抨击汪精卫"主持对日外交，过于软弱"，提出惩戒汪和唐有壬二人。6月30日，汪遂托病离京赴沪，住进了医院，随后又转赴青岛疗养。邵元冲8月14日的日记曾记其事说："此数月中，汪因华北外交屈

---

① 《处于内外夹攻中汪精卫之两重病因》，见《中兴报》（香港），1935年8月4日。

辱，备受国人指摘，中央亦多不满，故称病青岛。”①

11月1日，国民党在南京召开四届六中全会，接着又于12日至23日召开第五次全国代表大会。四届六中全会开幕当日，中委齐集阶前摄影毕转身退上阶级时，晨光通讯社一名叫孙凤鸣的青年记者，因痛恨汪精卫的亲日倾向，挤入人丛中一连朝他开了三枪，汪立即倒地，经急送中央医院抢救后脱险。

国民党内部分元老和高层人士以及人民群众反对日本分离华北的要求，不能不对南京政府产生影响。蒋介石面对华北危局接连致电宋哲元，希望宋在日本武力威胁和政治压力面前，“坚忍镇定，以申正气”，认为“国家存亡，吾人成败，皆在此举”，要求宋哲元以百折不挠之精神不卑不亢与之相周旋。② 10月30日，蒋介石在其日记中写道：“日寇又向华北提出‘撤销军分会与撤换北平市长’之要求，闻之不胜气愤，舍备战外，更无第二条路矣。”③

11月20日，蒋介石致电保定的商震说：“如平津自由行动，降敌求全，则中央决无迁就之可能，当下最大之决心；望兄毅然拒绝，切勿赴平，与中央共存亡为盼。”④与此同时，蒋介石与日本驻华大使有吉朋会谈时，就有关“华北自治”问题明确表示：“作为中国，对引起违反国家主权完整，破坏行政统一等之‘自治’制

① 《邵元冲日记》，第1305页，上海人民出版社1990年出版。

② 秦孝仪：《中华民国重要史料初编》，绪编（一），第711页。

③ 古屋奎二：《蒋总统秘录》，第10册第65页，台北中央日报社1976年译印。

④ 古屋奎二：《蒋总统秘录》，第10册第65页。

度，绝对不能容许。"[1]蒋介石还致电宋哲元，针对宋在致何应钦电文中所云拟在拥护中央系统下与日妥协之主张，严词斥责道："来电所称，拟在中央系统之下，以不干涉内政，侵犯领土主权及平等互惠为限度"，是中了日本的"诱陷之毒计"，已超越"地方官吏之地位"。[2] 在五全大会期间，国民党政府其他政要也纷纷致电宋哲元予以勉励。鉴于南京政府和人民群众的反对，宋哲元不敢贸然行事，于 11 月 20 日通过萧振瀛向北平报界宣布"华北事件停止谈判"，并通知土肥原"不能于 20 日宣布自治"。[3] 为了与日本妥协，12 月南京政府提议成立了以宋哲元为首的"冀察政务委员会"，以应付华北的特殊政务。

土肥原逼迫宋哲元宣布"自治"的计划宣告破产后，并未死心，继续进行活动。他怂恿冀东河北蓟密区兼滦榆区督察专员殷汝耕于 11 月 24 日宣布"自治"，成立了"冀东防共委员会"，两天后又改为"冀东防共自治政府"，以《塘沽协定》划订的停战区内冀二十二县脱离中央政权，实行所谓"自治"。它是日本在关内扶植的傀儡政权。

华北沦亡，近在咫尺！

邹韬奋当时在一篇题名为《华北问题》的文章中提醒并警告人们说："最近吸引全国注意的事情要算是所谓华北'自治'运动

---

① 日本驻华大使有吉朋向外务大臣广田之第 1290 号报告（1935 年 11 月 21 日），《日本外交年表及主要文书》（1840～1945），下卷第 310～311 页。

② 秦孝仪：《中华民国重要史料初编》，绪编（一），第 714～715 页。

③ 李云汉：《宋哲元与七七抗战》，第 93 页，台北传记文学出版社 1973 年出版。

和无耻小丑殷汝耕的傀儡活剧，在背后牵线的是什么，已是公开的秘密，没有人不知道的，用不着什么分析。”“我们当前最严重的问题，是全民族争生存的问题。”华北问题不是局部问题，是“全民族争生存的整个问题的一部分”。不然，“除非是听任华北做东北第二，全中国做华北第二，绝对得不到其他的结果”。因此“要求动员全民族大众的集体斗争的力量，共同起来为着整个民族的存亡作殊死战”。他还说：“由敌人牵着鼻子走的所谓‘自治’，固然是我们所绝对不能容忍的，但即使‘自治’暂时停顿了，华北问题就算解决了吗？中国的军队不能在中国的国土内调动，中国的官吏、人民得任人随意逮捕，即使没有什么‘自治’的勾当，是否仍可视为中国完整的国土？”①

四、中国共产党发表《为抗日救国告全国同胞书》

鉴于德、日、意法西斯主义的日益猖獗，建立国际反法西斯统一战线被提到日程上来。为此，共产国际第七次大会于1935年7月25日至8月21日在莫斯科召开。总书记季米特洛夫在会上作了报告，揭露法西斯的反动性，分析法西斯上台的原因和各国共产党应吸取的教训，并着重阐述了有关建立反法西斯统一战线的问题。8月20日，大会通过的决议强调，为战胜法西斯必须建立广泛的统一战线，并指出：“在中国，必须扩大苏维埃运动和加强红军的战斗力，同时要在全国范围内开展人民反帝运

① 《大众生活》，第1卷第3期，1935年11月30日；周天度、孙彩霞编：《救国会史料集》，第22～23页，中央编译出版社2006年出版。

动。在运动中要提出如下口号:武装人民进行民族革命战争,以反对帝国主义奴役者,首先反对日本帝国主义及其中国仆从。苏维埃应成为联合全国人民进行解放斗争的中心。"①

1935年,以王明为首的中共驻共产国际的代表团,面对国内中日民族矛盾上升,根据共产国际战略上的转变,提出了建立抗日民族统一战线的主张,于8月1日以中华苏维埃和中共中央名义起草《为抗日救国告全体同胞书》(通称"八一宣言"),10月1日在中共驻共产国际代表团主办的《救国报》(后改名为《救国时报》)刊出。该文明确提出:"近年来,我国家,我民族,已处在千钧一发的生死关头,抗日则生,不抗日则死;抗日救国,已成为每个同胞的神圣天职!""今当我亡国灭种大祸迫在眉睫之时,共产党和苏维埃政府再一次向全体同胞呼吁:无论各党各派间在过去和现在有任何政见和利害的不同,无论各界同胞间有任何意见上或利益上的差异,无论各军队间过去和现在有任何敌对行动,大家都应当有'兄弟阋于墙外御其侮'的真诚觉悟,首先大家都应当停止内战,以便集中一切国力(人力、物力、财力、武力等)去为抗日救国的神圣事业而奋斗。"②

华北事变后,中华民族面临空前的严重危机。严重的局势,引起一切不愿做亡国奴的人们的深切关注。地处华北前线北平的青年学生政治尤为敏感,他们惊呼:"华北之大,已经安放不下

① 中国社会科学院近代史研究所翻译室编译:《共产国际有关中国革命的文献资料》,第2辑第448~449页,中国社会科学出版社1982年出版。

② 中央档案馆编:《中共中央文件选集》,第10册第522~554页,中共中央党校出版社1991年出版;《救国会史料集》,第3~5页。

一张平静的书桌了！”[1]在北京饭店一楼一家法国人开的书店，陈列和出售《共产国际通讯》、《共产国际半月刊》等外文刊物。中共地下党员清华大学学生姚克广（即姚依林），从这些刊物上看到共产国际“七大”文件和季米特洛夫的报告，以及中共的“八一宣言”，并将它们买回，分发给一些共产党员和进步分子传阅讨论。在国内外因素的驱动下，由中共地下党组织策划，北平学生为反对日本侵占华北，反对华北“自治”，挽救祖国危亡，挺身而出，在12月9日发动了震撼全国的“一二·九”爱国运动。

和北平“一二·九”学生爱国运动开展的同时，上海的知识界也在积极酝酿发起救国运动。所不同的是，北平“一二·九”爱国运动的主体群是青年学生，而上海救国运动的倡导者，则是一些文化界上层较有名望的爱国知识分子。

第二节　上海救国运动的兴起

一、爱国知识分子的抗日救亡呼吁

在1935年这一年中，上海以及南京、无锡文化界一部分爱国知识分子，围绕日本侵华问题举行了各式各样的时事座谈会、报告会和读书会，甚至采取聚餐会的形式，探求挽救祖国的危亡，寻找民族出路的方策。

---

① 《清华救国会一二九告全国民众书》，见《清华周刊》，第45卷第8、9期合刊。

是年5月，杜重远创办并主编的《新生》周刊第2卷第15期登载了艾寒松以“易水”笔名写的《闲话皇帝》一文，其中提到日本天皇说：“日本的天皇是一个生物学家，对于做皇帝，因为世袭的关系，他不得不做。一切的事虽也奉天皇的名义而行，其实早作不得主。接见外宾的时候，用得着天皇，阅兵的时候，用得着天皇，举行什么大典礼的时候，用得着天皇，此外天皇便被人民所忘记了。日本的军部、资产阶级，是日本的真正统治者。……目下的日本却是舍不得丢弃‘天皇’的这一古董，自然，对于现阶段的日本统治者，是有很大的帮助的。这就是企图用天皇来缓和一切内部各阶层的冲突，和掩饰了一部分人的罪恶。”这篇经国民党中央图书杂志审查委员会审查通过的一般性叙事文章发表后，日本驻上海领事竟以“侮辱天皇，妨害邦交”为由，向上海市政府及南京国民政府提出抗议，要求向日本“谢罪”，封闭《新生》周刊社，判处作者及编者徒刑。南京政府竟然屈服于日本的压力，向日本道歉，封闭了《新生》周刊，以满足日方的要求。6月10日，南京政府又下了一道《敦睦邦交令》：“对于友邦，务敦睦谊，不得有排斥及挑拨恶感之言论行为，尤不得以此为目的组织任何团体，以妨国交。……如有违背，定予严惩。”[①]7月9日，江苏高等法院第二分院开庭审理《新生》案件，以诽谤罪判处杜重远一年零两个月徒刑。律师吴凯声请改科以罚金，庭上不准，吴请予上诉期间交保，法庭宣称不得上诉，不能交保，即日扣押执行。杜重远的妻子侯御之不服，提起独立上诉控告，又被驳回。

① 《国民政府公报》，第1964号，1935年6月。

旁听席上的人愤愤不平，群起抗议，《申报》流通图书馆和《申报》业余补习学校及《申报》妇女补习学校负责人、《读书生活》半月刊主编李公朴，在法庭上带头高呼“打倒日本帝国主义，无罪释放杜重远”等口号，被法警及探捕制止驱散。①

《新生》事件发生后，在全国特别是上海文化界人士中引起了强烈的不满和愤慨。案件宣判的第五天，著名的爱国民主人士、上海律师公会常务委员沈钧儒写了下面一首题为《我所爱之国》的诗：

一

我欲入山兮虎豹多，
我欲入海兮波涛深。
呜呼噫兮！
我所爱之国兮，
你到那里去了？
我要去追寻。

二

国之为物兮，
听之无声，扪之无形，
不属于一人之身兮，
而系于万民之心。
呜呼噫兮！

---

① 《申报》，1935 年 7 月 10 日。

我所爱之国兮，
求此心于何从兮，
我泪淋浪其难禁。[1]

流亡在美国的邹韬奋获悉杜重远含冤入狱后，愤怒和悲痛“不能自抑”，[2]便加速了他的归程。8月27日，他由美国赶回上海，下船后第一件事就是带着“眼眶的泪水”奔往漕河泾监狱探望被囚禁的杜重远。

著名的爱国新闻记者戈公振为了抗日救国，1935年10月15日从苏联回到上海，因患盲肠炎合并腹膜炎在虹桥疗养院动手术，不幸于22日逝世。邹韬奋随即写了《悼戈公振先生》一文，说他听到戈公振生病后，好像遇着晴天霹雳，赶紧叫了一辆汽车奔赴虹桥疗养院探视，并说：戈公振的“声音非常微弱，且因气喘渐甚，断断续续地说，我俯着头把耳朵就近他的嘴边才听得出。”他说：“在俄国有许多朋友劝告我不必就回来。……国势垂危至此，我是中国人，当然要回来参加抵抗侵略者的工作。”邹韬奋说：“他说这几句话的时候，虽在极端疲乏之中，眼睛突然睁得特别的大，语言也特别的激昂，但因太疲乏了，终至力竭声嘶，沈沈地昏去。谁在此时看着这样的神情，都不免于万分沉痛中感到无限的悲壮，酸楚挥泪。”[3]

---

① 沈钧儒：《寥寥集》，第26页，峨嵋出版社1944年出版。

② 邹韬奋：《笔谈》，见《生活星期刊》，第15号，1936年9月30日。

③ 《世界知识》，第3卷第4号，1935年11月1日；《救国会史料集》，第12～13页。

沈钧儒读了邹韬奋这篇文章后，深为戈公振的爱国主义精神所感动。为此，他特写了题为《读邹韬奋悼戈公振先生文》脍炙人口的四首五言诗：

一、浙江古越国，勾践人中杰。尝胆且卧薪，我是浙江籍。
二、苏州有胥门，炯炯悬双睛。怒视敌人入，我是苏州生。
三、哀哉韬奋作，壮哉戈先生。死犹继续说，我是中国人。
四、我是中国人，我是中国人。我是中国人，我是中国人。①

沈钧儒在诗的题记中说："第四首先写一句，竟不能续，仍为此五字。再写仍为此五字。写完，泪滴满纸，不自禁其感人之深也。"诗句充满了爱国主义激情，尤其是第四首中，他打破旧体诗的体例，一连重叠用了四个"我是中国人"，深刻表达了他作为一个中国人，在当前国家民族生死存亡的危急时刻的历史使命感。胡愈之后来回忆说："半个世纪以来，戈公振先生的遗言，韬奋的悼文，沈老的诗句，一直被后人传诵，爱国主义思想化为一股巨大的力量，激励着中国人民赴汤蹈火抵抗外来侵略，奋不顾身地建设新中国。"②

二、上海救国运动的兴起，各界救国会的成立

严酷的事实使人们清楚地认识到，国民党执行"攘外必先安

---

① 《寥寥集》，第38～39页；《救国会史料集》，第21页。

② 胡愈之：《我的回忆》，第317页，江苏人民出版社1990年出版。

内”的政策，对外不抵抗，对内反共反人民，是招致国家民族危难的根源；只有人民大众团结一致，奋起自救，并同国民党的错误政策进行必要的斗争，才能实现民族解放。同时大家意识到，分散单个活动，力量有限，只有组织起来，发挥集体力量，才能显示威力，于是一个新的爱国运动的掀起，便不可避免。如前所述，在民族存亡的紧急关头，1935 年 8 月 1 日，中国共产党发表了《为抗日救国告同胞书》，号召停止内战，全国各党各派，各军各界，团结起来，一致抗日，并提出了建立抗日民族统一战线的具体办法。共产党这一宣言，对全国抗日救亡运动指明了方向，起着重要的推动作用。

在这种情况下，邹韬奋主编的《大众生活》于 11 月 16 日出版，首先举起了鲜明的抗日救国的旗帜。他写的发刊词《我们的灯塔》指出：“中国大众的唯一生路，是在力求民族解放的实现，从侵略者的剥削压迫中解放出来。这是中国大众的生死问题，也是我们所要特别注意的重要目标。……但同时不要忘却为虎作伥的封建残余的势力。所以封建残余的铲除，是我们所要注意的第二目标。”因此，“劳苦大众的唯一生路——也可以说是民族解放的唯一可能的途径——只有巩固着一条战线，冲破重围，用大众的力量，发动民族解放的斗争，认清敌垒和所附属的全部体系，作自救的英勇奋斗！”他表示：“我们愿竭诚尽力，排除万难，从文化方面推动这个大运动的前进。”[①]《大众生活》创刊后，紧密

---

① 《大众生活》，第 1 卷第 1 期，1935 年 11 月 16 日；《救国会史料集》，第 17 ~ 19 页。

地联系着华北和整个中华民族的危亡，发表了邹韬奋等许多爱国人士写的有关抗日救亡的文章和救国运动的宣言。《大众生活》由于深刻地反映了人民群众的迫切要求，随即成为上海及全国救亡运动最主要的刊物，深受读者欢迎，每期销售达20万份之多，创中国杂志发行数量最高纪录，但不久即被国民党当局封闭。

12月12日，马相伯、沈钧儒、邹韬奋、章乃器、王造时、陶行知、李公朴、钱俊瑞、周新民、钱亦石、沈兹九、顾名、金仲华等280余名文化界知名人士联名发表的《上海文化界救国运动宣言》，进一步表达了他们对国事的深切忧虑和奋起救国的决心。章乃器说："'无论如何，我们得有一个集体的呼声！'这是许多朋友的意见。根据这个意见，我们就起草了《上海文化界救国运动宣言》。"[①]宣言说："国难日亟，东北四省沦亡之后，华北五省又在朝不保夕的危机之下了。'以土事敌，土不尽，敌不餍。'在这生死存亡间不容发的关头，负着指导社会使命的文化界，再也不能苟且偷安，而应当立刻奋起，站在民众的前面而领导救国运动！"宣言还指出："四年余的事实告诉我们：敌人对中国的侵略，决不是少数人的盲动和野心，而是帝国主义发展的必然结果——积重难返的经济恐慌和赤字财政造成了他积极侵略的大陆政策。假如到了今日，还有人想用妥协、提携、亲善，甚至游说的方式，希求敌人的觉悟，那真是与虎谋皮了！"[②]宣言最后提出坚持领土主

---

① 章乃器：《〈救亡言论集〉序》，见丁石民编：《救亡言论集》，1936年8月出版。

② 《大众生活》，第1卷第6期，1935年12月21日；《救国会史料集》，第65～66页。

权的完整，否认一切有损领土主权的条约和协定；坚决反对在中国领土内以任何名义成立由外力策动的特殊行政组织；坚决否认以地方事件解决东北问题；要求用全国的兵力、财力反抗敌人的侵略；要求人民结社、集会、言论、出版之自由等八项主张。宣言初稿提出讨论时，适值北平学生"一二·九"大示威的消息传到上海，给文化界救国运动的发起者们以很大鼓舞，临时在宣言上添上了"华北青年热烈的救国运动，尤其引起我们十二万分的同情"的句子。① 严重的民族危机迫使人们首先是最先觉悟的知识分子奋起自救。章乃器曾说："上海的文化人，和北平的青年学生，虽然是隔得很远，竟像是心印着心，大家'不约而同'的同时展开历史的救亡运动。"②

同时，文化界救国会还发表通电声援"一二·九"学生爱国运动。其致南京国民党中央党部、国民政府暨北平宋哲元电说："北平学生救国运动发扬民意，拱卫国权，万不能再加压迫，否则听任汉奸冒替民众，是非泯灭，国亡无日。"致北京大学学生会转各校学生会电文说："诸君在高压之下，奋起抗争，意义之大，远过五四运动，千望再接再厉，全国响应，即在目前。"③

以《大众生活》的出版和文化界救国宣言的发表为序幕，加上北平学生爱国运动的有力推动，上海各界民众救国运动以燎原之势迅猛展开。

---

① 章乃器：《〈救亡言论集〉序》。

② 章乃器：《〈救亡言论集〉序》。

③ 《大美晚报》，1935 年 12 月 21 日。

12 月 19 日至 20 日，上海复旦等大中学校学生 8000 余人，冒着刺骨的寒风连夜游行，并向上海市政府请援，要求政府维持领土主权之完整，出兵收复失地，保护救国运动，保障言论集会自由。游行学生高呼“打倒日本帝国主义”、“打倒卖国贼”、“大家起来救国”等口号。

12 月中旬，上海市一些妇女文化团体如中华妇女同盟、妇女生活社、妇女园地社、妇女文化协会、妇女新地社、微明社以及妇女界的爱国知名人士史良、陈波儿、邓裕芝等，即开始筹备妇女救国会。史良是上海的大律师。她在五四时期就积极参加了学生爱国运动。三十年代初在上海执行律师业务后，爱憎分明，敢于冒着生命危险，挺身而出，为营救受迫害的共产党员和爱国人士而奔走的事迹，早在妇女界广为传诵，享有很高的声誉，因此大家一致推举她主持上海妇女救国会的成立大会。胡子婴回忆说：“史良同志当时在上海执行律师职务，平时和我们没有接触，在我们决定召集妇女开会，支援北平学生运动的时候，需要一位社会上知名人士来主持这次大会。原来约请的也是一位女律师，名叫陈仪，可是到临近开会的时候，她害怕躲到南京去了，我们非常着急。史良一个侄女是《妇女生活》的投稿人，她说，她有一个姑母律师，热心社会工作，很有魄力，建议我们找她，于是我就和她一道去找史良同志。史良同志住在拉斐德路拉斐坊，门外挂着‘大律师史良’的招牌，很有气派。我把我们的来意说明后，她当即慨然应许，参加了我们的大会，担任了大会主席。”①

---

① 胡子婴：《我所知道的章乃器同志》，未刊。

21日,史良、沈兹九、王孝英、胡子婴、杜君慧、陈波儿等人发起的妇女救国会首先成立。史良在成立会上发表了激昂慷慨的演讲,她说:“诸位任何人都知道国家是土地、人民、主权三种要素所构成的,但是我们现在的中国,人民可以受人压迫,任人残杀,土地今天被割去一块,明天被人抢去几省,我们的内政外交,没有一件不受人家的强制、人家的干涉,还能叫国家吗?还能成为国家吗?我们居人民半数的妇女还能装痴装聋躲在家里过苟安的生活吗?……不,决不!今天我们上海各妇女团体和各个妇女个人在此地总集合,就是我们中国妇女救亡运动的开始。”① 何香凝被邀出席大会并发表讲话说:“四年以前失掉了东北许多土地,被屠杀了许多人民,现在敌人又来抢夺我们的华北了。如果像这样让敌人得步进步的下去,那末中国的灭亡不必说很快地临在眼前了。”她说:“我们要奋起精神,我们要武装起来,我们不再做奴隶,不再做生男育女的性机器。我们是要与男子一样负起重大的责任,争取民族生存,同到战场上去,起来!”②

大会通过宣言、章程,并推选史良、沈兹九、王孝英、胡子婴、罗琼、杜君慧等11人为理事。宣言指出:“四年以来,敌人夺取了我们东北四省,屠杀了我们无数同胞,现在又步步进迫,开始向华北进攻。……冀察两省已经名存实亡,千万同胞又要跟着东北民众而变成亡国奴了。”“在这民族危机极度深刻的现在,要

---

① 《妇女生活》,第2卷第1期,1936年1月16日;《救国会史料集》,第68页。

② 《妇女生活》,第2卷第1期,1936年1月16日;《救国会史料集》,第68~69页。

求独立生存,只有用我们的满腔热血去同敌人斗争。”[①]宣言提出坚决保卫中国领土和主权的完整,反对秘密外交,否认一切破坏领土和主权完整的条约和协定;全国妇女立刻自动的组织起来等八项主张。

当日,与会的包括上海各大中学校的女学生、女工、律师、作家、医生、教育家等近千名妇女,由史良带领,为支援学生爱国运动,在南京路、西藏路、浙江路一带举行示威游行,沿途络绎参加者达万余人。这次妇女游行对上海学生运动起了积极推动作用,24 日上海学生的大请愿示威,就是受了妇女游行的影响而爆发的。[②]

随后,妇女救国会发表《告全国妇女书》,指出:从东北事件到华北事变,明明是日本一贯的“大陆政策的两个步骤”,华北事变一方面是东北事件的后果,另一方面,假使我们再不急起抵抗,不久又会变成华中、华南事件的前因;要求“打破妇女只会在家庭里烧饭抱孩子的反动理论”,同爱国的男子共同负起救国的重任。[③]

12 月 27 日,上海文化界救国会召开成立大会,有 300 多人参加。沈钧儒在成立会上讲话说:“本会以团结上海文化界同人,推进文化运动,发扬民族精神,保障国家主权领土之完整为

---

① 《妇女生活》,第 2 卷第 1 期,1936 年 1 月 16 日。

② 《一二九以来上海学运之史的检讨》,见《救亡情报》,第 23 期,1936 年 10 月 25 日。

③ 《生活教育》,第 2 卷第 22 期,1936 年 1 月 16 日;《大美晚报》,1936 年 1 月 9 日;《救国会史料集》,第 78 页。

宗旨。我国现已至危急存亡之秋，凡我国民，均应自动奋起，以负救亡图存之重任。文化界为国民之先导，更应悉力赴难。”①会议推选马相伯、沈钧儒、邹韬奋、章乃器、陶行知、李公朴、王造时、史良、顾名、沈兹九等35人为执行委员，并发表第二次救国运动宣言，提出“停止一切内战”；“开放民众组织，保护爱国运动，迅速建立起民族统一阵线”；“释放一切政治犯，共赴国难”等主张。②

文化界救国会在成立会上讨论名称时，沈钧儒鉴于“一·二八”抗战爆发时政府因受日本的压力取缔抗日团体，以及《新生》事件的前例，提出不加“抗日”、“反日”字样，以避免日本政府的干涉和日本浪人的捣乱，这一意见为大家所接受。

接着成立的是顾名、沈钧儒、曹聚仁、周新民、潘大逵、张定夫等60余人发起的大学教授救国会，他们发表的救国宣言指出："日本帝国主义侵占中国的野心，越来越明显激进了，无论用枪炮威胁或藉外交计诱，总以并吞中国为其最后的目的。……抵抗则存，不抵抗则亡；抵抗则万众一心，为政府之后盾，不抵抗则万众离心，日为汉奸败类所胁迫。”③此外，上海复旦大学等一些大中学校也成立了学生救国会。

上海文化界救国会等救亡团体的成立，打破了“九·一八”事变和“一·二八”抗战时期蓬勃发展的群众抗日运动后几年来

---

① 周天度编：《沈钧儒文集》，第230页，人民出版社1994年出版。

② 《大众生活》，第1卷第9期，1936年1月11日；《救国会史料集》，第73～75页。

③ 《生活教育》，第2卷第22期，1936年1月16日。

的沉寂状态，从此，南北救国运动进入了一个狂飙突起的新时期，对于后来推动抗日战争的进程具有重大的意义。

随着爱国运动的热烈开展，资产阶级小资产阶级知识分子的思想日趋激进，章乃器写的《四年间的清算》一文，颇具代表性。文章历数国民党当局四年来执行“先安内，后攘外”路线造成辱国害民的种种事实，并指出：“倘使他们到今朝还要隐过饰非，为了要保存自己的历史而不惜断送民族的历史，或者将错就错，甘为敌人的虎伥而不肯自拔，那不但是误国，而实在是不折不扣的卖国了！这种人，只要中国民族的历史一天不断绝，民众自然会起来诛伐他们的。”他大声疾呼：“停止一切内战，大家枪口一齐向外，大家一齐联合起来抗战自卫！”“只有人民团结起来，只有民众抗敌情绪的高涨，中国人民方可能有生命财产的保障，中国民族才可能取得解放。”章乃器要求《大众生活》的编辑把这篇文章一字不改地刊登出来，“刀锥斧钺，我自己来担当。如果中国的知识分子到今朝还要顾虑到个人的死活，那就不能算是人了”。[①] 沈钧儒曾称赞说，这是一篇“有血有肉”的好文章。[②] 章乃器在另一篇文章中说：“的确，中国民族是在空前的危机当中，然而我们决不悲观。”“四亿五千万的中国人民保持着几千年民间文化所造成的民族意识，再加上很正确的反帝反封建斗争的新文化的纠正，中国民族便决计不是少数人所能出卖，更

---

① 《大众生活》，第 1 卷第 11 期，1936 年 1 月 25 日；《救国会史料集》，第33～37 页。

② 章乃器：《我和救国会》，见周天度编：《救国会》，第 431 页，中国社会科学出版社 1981 年出版。

不是任何帝国主义所能奴役了。”①

王造时为纪念“一·二八”抗战四周年写的《四年以来的教训》一文说：自“九·一八”、“一·二八”以来四年间，时间虽不算很久，但所遭遇的国耻已经打破古今中外历史的一切纪录。我国共丧失了八百万方里的土地，比起近百年来清政府历次丧失的国土还超过一百五十万方里，每年失地平均二百万方里。“回想光荣灿烂的山河被一大块一大块的割去，整千万的同胞被一大批一大批的逼迫去做亡国奴，我们的血好像在那里沸腾，我们的心好像在那里被刀割，我们的忿怒好像简直是要冲上云霄去！”他还指出：“日本帝国主义的侵略政策非吞并我全中国不止。因此，我们与他绝对没有妥协的可能，如果不愿做亡国奴，我们与它只有拼一个你死我活。”②

陶行知发表《战斗》一文，痛斥不抵抗主义，号召人们起来战斗。文章说：我们只要把攘外必先安内，读书救国和科学救国，建设救国，本位救国，英雄救国等等，“这些有形无形的麻醉品一扫而空，那伟大的中华民族的战斗力便如千军万马向前冲来，谁能抵挡！战斗生勇敢。你一做民族解放联合战线上的斗士，就

---

① 章乃器：《我决不悲观》，见章立凡选编：《章乃器文集》，下卷第167～168页，华夏出版社1997年出版。

② 《大美晚报》，1936年1月28日；《救国会史料集》，第39～42页。王造时稍后将此文编入《救国言论集》一书作为“代序”。据他说《大美晚报》发表此文时，将其中很重要的一段删去。

立刻勇敢百倍，什么都不怕了。”[①]

李公朴也写了《纪念一二八四周年》一文，说：“‘一二八’本来是中国民族斗争一幅最成熟的艺术品，可惜的是它被断送在少数人的手里，被断送在不抵抗的误国策略下，不能使这件伟大的作品更好的完成，变成中国民族解放胜利的起点。但是，‘一二八’的记忆，并未在大众的脑中洗淡。……‘一二八’一隅的抗战，就是中国整个民族惟一应走的道路！”[②]

团体分散，容易被国民党分化瓦解，各个击破，必须联合起来才有力量。因此上海文化界救国会、妇女救国会、大学教授救国会、一些大中学校学生救国会、上海市民联合会，以及职业界救国会和国难教育社筹备会等团体发起，于 1936 年 1 月 28 日在上海市商会举行“一·二八”四周年纪念大会，有农、工、商、学及妇女等各界民众共 800 余人参加。公推马相伯、沈钧儒、何香凝、章乃器、史良、王晓籁、吴耀宗、沈兹九、张一麐等 19 人为主席团。沈钧儒在大会上致词，强调指出：四年前爆发的“一·二八”抗战，十九路军以大无畏精神和重大牺牲，抗击敌人的入侵，“造成此空前光荣之页”，“其意义殊为重要”，“值得吾人钦佩”；在“外侮日亟，国难严重”的今天，我们不能“坐以待毙”，“当一变醉生梦死生活，努力振作，发挥固有精神”。[③] 在会上发言的还有王造时、李公朴、史良等人。王造时擅长演说，当他讲到“我们今天损

---

① 《生活教育》，第 2 卷第 23 期，1936 年 2 月 17 日；《救国会史料集》，第45～46 页。

② 《救国会史料集》，第 37 页。

③ 《沈钧儒文集》，第 231 页。

失的土地,有现任行政院长蒋介石先生老家(浙江)二十八个大"这句话时,会场群情激愤。[1] 会议开得热烈悲壮,《义勇军进行曲》和《"一二八"纪念歌》的歌声此起彼伏,"声彻云霄"。会议正式成立上海各界救国联合会,并决定进一步扩大组织,筹备成立全国各界救国联合会。会后全体与会代表由主席团率领,整队步行至庙行镇,公祭"一·二八"抗战无名英雄墓。

2月9日,沙千里领导的职业界救国会成立。其成员多为公司、字号、海关、银行、保险、出版以及教育职业界的爱国人士,主要是属于下层职员的爱国青年,也有少数上层人士。以提倡新文化为宗旨的综合团体"蚂蚁社"(简称"蚁社"),以及量才补习学校、立信会计学校、中华职业教育社补习学校等单位的社员和学员参加者最多。2月23日,陶行知领导的教育界救国组织——国难教育社成立,有工人、农民、商人、学生、店员、大学教授、中学教员、新闻记者等400余人参加。会议通过了宣言、简章和工作大纲,并选举了执行委员。《发起组织国难教育社缘起》说:"整个中华民族已经到了最后的生死关头了。……我们除了反抗敌人的侵略,没有法子可能获得民族解放;我们除了流血,不会获得民族自由。"[2]其共同目标是"用国难教育来挽救民族的灭亡"。[3] 这两个团体均加入了上海各界救国联合会。与此同

① 《救国时报》(巴黎),1936年3月27日。

② 《生活教育》,第3卷第2期,1936年3月16日;《救国会史料集》,第80~81页。

③ 《国难教育社成立经过及其现状》,见《救亡情报》,第6期,1936年6月14日。

时，袁牧之、陈波儿等还组织了电影界救国会。

上海各界救国联合会成立后，先后创办了《上海文化界救国会会刊》和《救亡情报》。《上海文化界救国会会刊》于3月28日出版，《发刊词》说："我们文化人有一种通病，就是爱懒散，好空谈；可是却怕实行，怕纪律，然而，不幸是生得晚了，我们现在是临近亡国的地狱之门，今天还要懒散和空谈，明天便要做奴隶，被汉奸所出卖。我们的责任是要怒吼，要唤起一切不愿亡国的人们组织起铁样的民族战斗阵营！"上海文化界救国会简章规定的宗旨是："团结文化界同人，推进大众文化，发扬民族精神，保障国家主权领土之完整。"①4月30日停刊，共出了五期。为了扩大救国运动的宣传和影响，便于和国内各省市的民众救国团体联系，协同工作，开展救国运动，接着《救亡情报》于5月6日创刊。《救亡情报》为上海文化界救国会联同上海妇女界救国会、职业界救国会、各大学教授救国会、国难教育社所共同创办，稍后即成为全国各界救国联合会的机关报。其发刊词说："'抗敌救亡'已是中国全体民众的呼声。只有极少数早为国人所唾弃的汉奸和顺民，在那里主张对敌妥协、谈判；也只有极少数的卑鄙无耻的官僚学者，会散播汉奸理论，讲什么'三天亡国论'、'唯武器论'，为汉奸们的不抵抗主义、投降主义辩护。在这大难当头，民族的生命已危在旦夕的时候，我们必须联合一致，与敌人及敌人的走狗——汉奸斗争。我们为了检讨各部分救国工作的

① 《上海文化界救国会会刊》创刊号，1936年3月28日；《救国会史料集》，第86～87页。

得失，使各地方各界人士能积极参加救国工作，从救亡斗争中检阅自己阵线里工作不够的地方，互相批判，以加强我们的力量起见，所以才共同发行这个小小的刊物。我们深望各地方各界的读者，一切不甘做顺民的人们，能炼成钢铁一般的阵线。”①《救亡情报》每星期出一张（四开）半，遇有特殊情况加出增刊或号外，秘密发行。参加编辑工作的有刘群②、徐雪寒，吴大琨、柳乃夫、恽逸群、陆诒。该刊出版后，登载了上海各界救国联合会和随后不久成立的全国各界救国联合会的许多文件，报道上海和全国各地以及海外华侨救国活动的开展情况，揭露批评国民党当局对救国运动的迫害，对推动全国抗日救亡运动起过重要作用。1936 年 12 月中旬，因沈钧儒等救国会负责人被捕入狱和西安事变发生，被迫停刊，共出了 30 期。《救亡情报》是抗战前夕，中国人民抗日自救运动的一份珍贵史料。

为了扩大宣传和唤起民众共同起来救国，上海各界救国联

---

① 《救亡情报》，第 1 期，1936 年 5 月 6 日；《救国会史料集》，第 88 页。

② 刘群，“九一八”事变后参加中国共产党。“一二九”运动后积极参加了上海救国运动，并出席各方面的讲演会。此时期他写的文字特别多，《时代论坛》、《新认识》、《生活知识》、《通俗文化》上均登载有他的文章。贺刚、司徒礼明、谢玉田等皆为他的笔名。章乃器曾说：“在主编《救亡情报》的时候，他从狭小简陋的编辑室跑到印刷所，由印刷所跑到发行站和邮政局，连茶房信差的事情他都很愉快地毫不犹豫地去做。这是救亡运动中干部人才的一个典型，是许多人所不肯做的。”（章乃器：《听了刘群的死耗》，《救亡日报》，1937 年 10 月 5 日。）抗战爆发后，刘群参加了上海业余剧团所组织的移动演剧队出发往内地，因患白喉病，9 月 25 日在常州去世，时年仅 25 岁。

合会在“三八”、“五九”、“五卅”等纪念日,举行了几次大的群众集会和示威游行。“三八”国际妇女节举行反日大示威,参加的男女群众万余人,“为‘一二八’以来未有之壮举”。[1] 5月30日,各界民众6000人举行大会纪念“五卅”,“盛大的集会,团结着六千人的心灵;壮烈的游行,唤醒了全上海的民众”。[2] 上海救国运动得到宋庆龄、何香凝、冯玉祥的积极支持。

上海救国运动的开展,在各地引起了连锁反应。上海文化界两次救国宣言在《大众生活》以及《读书生活》、《生活知识》、《生活教育》等刊物上的发表,妇女界救国会、文化界救国会等救亡团体的成立,对于救国运动的开展影响甚大。北平、南京、武汉、天津、广西、山东、杭州等地的妇女界救国会和文化界救国会随之相继成立,并与上海“文救”和“妇救”取得联系。北平文化界救国会率先于1936年1月27日成立,有文化界、教育界、新闻界的知名人士150余人参加,选举马叙伦、白鹏飞、陈豹隐、张申府、崔敬伯等31人为干事。是日发宣言,除完全赞同上海文化界救国会两次宣言所提出的一切主张,并对他们的爱国行动表示十二万分的钦佩外,还指出:中国的危亡已到最后关头,整个民族快要沦为奴隶,我们不能等待、迟疑,“只有起来抵抗,是民族的生路,也是我们的责任。……我们宁为自由而死,不为奴隶而生。”最后说:“北平文化界救国会,是下了牺牲的决心,任何压

---

① 《救国时报》(巴黎),1936年3月10日;《上海文化界救国会会刊》创刊号,1936年3月28日。

② 《救亡情报》,第5期,1936年6月7日。

迫，无所畏惧。我们希望全国文化界火速起来，促进全国民众的抗敌救亡运动，不要偷安退宿准备作亡国奴才。华北的民众，全国的民众，起来！赶快起来！抵抗敌人的侵略，救护我们的国家，收复我们的失地，争取我们的自由！"①

三、救国会和共产党的关系

救国运动的最初发起者和参加者，主要是一部分具有正义感的爱国知识分子，但不久以后，就有各阶层各党派的人参加。由于国民党残酷的白色恐怖，和王明第三次"左"倾机会主义路线错误，当时上海共产党的地下组织几乎遭到彻底破坏。一些共产党员如钱亦石、柳湜、曹亮、周新民、邓洁、胡乔木、周扬、夏衍、顾准、钱俊瑞、王翰、徐雪寒、胡愈之、张执一、王新元、王纪华等，在失去组织的情况下，他们从英文版《共产国际通讯》和《莫斯科日报》等刊物上看到了共产国际第七次代表大会文件和季米特洛夫关于建立反帝统一战线的报告，以及王明为首的中共驻共产国际代表团，为建立抗日民族统一战线发表的"八一宣言"，高兴极了，于是都参加了各界救国会，成为其中的骨干。他们把党的建立抗日民族统一战线的主张带了进去，这样就大大加强了救国会的力量。1936 年 4 月下旬，冯雪峰受中共中央的委派，从陕北到达上海，立刻便会见了鲁迅，紧接着又和沈钧儒、章乃器等救国会领袖见了面，向他们传达毛泽东及共产党中央

---

① 《大众生活》，第 1 卷第 14 期，1936 年 2 月 15 日；《救国会史料集》，第 210 ~212 页。

的抗日民族统一战线思想和政策，并同他们建立了关系。后来中共中央又在上海成立办事处，由潘汉年任主任，冯雪峰为副主任，潘委派胡愈之分管救国会的事。沈钧儒曾对潘汉年说："我们和你们之间是心心相印的关系。"①从此，救国会便同中国共产党有了正式组织上的联系，也可以说是接受了党的思想政治上的领导；救国会的活动也因此就成为党领导的新民主主义革命事业的一部分。

关于救国会和共产党的关系问题，下面我们不妨引用几位见证人和知情者的回忆。

韦君宜回忆说："到一九三五年，在上海的中共中央局、中央文委、江苏省委、上海市各区区委全都因破坏而不再存在，党中央的声音已达不到上海，国民党当局得意地宣称：'共产党已被我们斩尽杀绝了。'但是这不是事实。国民党并没有能把共产党组织百分之百吞蚀掉；党的组织，上层破坏了，下层的还在。王翰和他的同志们就在失去了上级、也找不到中央之后，继续指挥自己手下未被破坏的革命组织及其成员战斗，'社联'、'左联'、'剧联'、'影联'、'教职'等几个组织，自动联合起来成立了新的文委，文委书记就是周扬。怎么干？还像从前那样往死胡同钻吗？这些没有领导的党员都很苦闷。他们从苏联驻华大使馆开的外文书店里，买到了英文版《共产国际通讯》和《莫斯科日报》，在那上面找到共产国际第七次代表大会的文件，包括季米特洛夫关于反帝统一战线的报告，还找到了英译的中国共产党'八一

① 夏衍：《纪念潘汉年同志》，见《人民日报》，1982年11月23日。

宣言’，后来，又从海外带来的《救国报》上找到了‘八一宣言’的中文本，他们高兴极了。这是一九三五年十一月。王翰和别的同志一起动手，把这些英文文件译成中文给同志们学习，他们用心阅读了这些并不齐全的文件，心中感觉到这就是党的全新的精神。一个新时期开始了！他们结合实际，结合自己的痛苦经验，进行讨论，认识到上海的工作必须来一个真正的转变。必须把那一套葬送了党组织、葬送了许多同志生命的‘左倾’做法改掉，一定要团结一切可以团结的爱国力量，以组成抗日民族统一战线。……一九三六年二月，文委又决定自行成立江苏临时工作委员会，邓洁、王翰、胡乔木等是临委的主要负责人。”“一九三六年初，党中央派人来上海。四月，与这些党员个别联系，直到一九三七年四月，才决定成立上海市临委。”①

冯雪峰回忆说：“一九三六年四月二十日左右，党中央从陕北瓦窑堡派我到上海去工作。中央给我的任务是四个：1. 在上海设法建立一个电台，把所能得到的情报较快地报告中央；2. 同上海各界救亡运动的领袖沈钧儒等取得联系，向他们传达毛主席和党中央的抗日民族统一战线的政策，并同他们建立关系；3. 了解和寻觅上海地下党组织，取得联系，替中央将另派到上海去做党组织工作的同志先作一些准备；4. 对文艺工作也附带管一管，首先是传达毛主席和党中央的抗日民族统一战线政策。这四个任务中，当时党中央指示说，前两个是主要的。”“我大约在

① 韦君宜：《铮铮硬骨王翰》，见《纵横》，1985 年第 5 期；《救国会史料集》，第 1068 ~ 1069 页。

四月二十五日左右到上海……大概在一星期内见到了沈钧儒等人。""六七月之间,在党的抗日民族统一战线政策的号召之下,上海各界的群众救亡运动已有很大的开展;停止内战一致对外和'各派联合一致抗日'的呼声以及为达到这种要求的各种活动都在向着广泛的范围发展。""在五、六、七这几个月中,我忙于同各界救亡运动及各方面的联系、收集情报等工作,又曾赴香港去同从莫斯科回来的潘汉年联系。……七月中旬,潘汉年经由上海赴陕北找中央,大约七月底回上海;这时中央决定成立上海办事处,潘为主任,我为副主任。"①

胡愈之回忆说:"1936年4月间,我在莫斯科的任务(按指与共产国际取得联系——著者)已经完成,共产国际的中国的代表团要我陪同潘汉年同志从法国搭船回香港,以后我的工作由潘领导。……回到香港以后,潘汉年同志对我说:以后你只管救国会的事,别的不要管,有什么问题来找我,没有问题你就自己去干吧。""大概是六、七月间,我在香港接到了冯雪峰的来电,他从陕北来到上海,要找我了解情况,这样我回到上海一趟。冯雪峰是4月底就到上海的,他从陕北出来时,党中央领导同志告诉他,可以先去找鲁迅和我,以摸清上海党员的情况,把上海党组织恢复起来。我和冯雪峰见面后,向他详细介绍了上海的情况,并据我所了解的介绍了一些可靠的党员,如夏衍等。我还告诉他潘汉年已经在香港。后来潘与冯见了面,潘正是根据冯雪峰提供

① 冯雪峰:《有关一九三六年周扬等人的行动以及鲁迅提出"民族革命战争的大众文学"口号的经过》,见《新文学史料》,1999年第2期。

的交通路线去陕北找党中央的。冯雪峰也是根据我所提供的情况,联系了留在上海分散活动的一些党员,成立了上海党的临时工作委员会,开始重建了上海党的组织。"①

访问徐雪寒时他说:"救国会一些主要负责人如沈钧儒、章乃器等是从民族主义、爱国主义立场出发,参加发起抗日救亡运动的,同时也知道共产党关于抗日的主张。他们是一些有社会地位、有名望和有号召力的人,没有他们出面号召,救国运动搞不起来;另方面,许多共产党员参加救国会,把自己的意图渗入进去,起了骨干作用。1935 年～1936 年上海党组织被打烂后,与延安党中央无直接关系。1935 年共产国际七大后,王明与康生成立了办公室,起初在巴黎,后来在海参崴。上海党主要接受王、康领导。当时上海党有两个系统,一是上海文化工作委员会,另一个是中华武装自卫委员会,救国会主要是文委。钱俊瑞大革命时入过党,后来失去了关系。他到陈翰笙手下工作过,搞农村经济调查,1935 年秋由周扬、胡乔木介绍入党,1936 年 2 月钱俊瑞介绍我入党,我于 1925 年就参加了共青团。救国会的活动与钱俊瑞有关,他起的作用较大,胡乔木、周扬不大出面。上海文化界救国会主要是钱俊瑞搞起来的。上海各界救国联合会有个行动指挥委员会,搞游行等大行动,主要负责人是胡乔木。共产党员联系与组织了许多群众参加救国运动,没有共产党员从中起作用,救国会也不会有那样的声势。救国会的群众基础,职业界救国会最雄厚,同时也有一个坚强的党组织。一次游行

---

① 胡愈之:《我的回忆》,第 300～301、37 页。

示威动员几千人，多数是职业界的。”“救国会中没有党团组织，各个党员只是在不同的岗位上起作用，党员之间不发生横的联系；有时知道别人是党员，也只是心照不宣，这是为了安全起见。1936年4月，党中央派冯雪峰来上海，并会见了沈钧儒、章乃器等救国会负责人。后来找了周扬，但他们有意见分歧，不统一。西安事变前后，刘晓代表党中央到上海才统一了党组织。”①

章乃器说：“那时党在上海的地下组织尽遭破坏，当然更没有用党组织的名义来同我们接触的。事后发觉，这是一些隐蔽下来的党员，主要地也是激于‘国亡无日’的危惧，产生了一种认为不论为党还是为祖国都应该奋不顾身地加倍努力的自觉，从而起来推动工作的。周新民、钱亦石便是这些人的例子。他们所运用的不是党的某一个文件，而是党在长时期中对于他们的教导，是一些重要的理论原则和重大的政策原则，这些原则在不断的斗争锻炼中，已经驯化为可以用通常语言表达而为一般人所喜闻乐见的他们自己的思想，而不是生硬的、难于接受、难于消化的教条。这种成熟的自觉的东西，和我们的自发的但是已经经过深思熟虑的东西，很容易融合，从而产生了一批气势磅礴、热情奔放而又言之有物的救亡文献。”②

沙千里说：“职业界救国会的组织比较严密，因为有一个比较坚强的党支部。顾准是‘职救’拉线的。他是立信会计学校教

---

① 据周天度1978年访问徐雪寒纪录，参见《救国会史料集》，第1099～1101页。

② 章乃器：《我和救国会》，见《救国会》第443页；《救国会史料集》，第978页。

员。他不出面，是发号施令的，理事会没有他，和他联系的是袁庶华。袁是‘职救’干事。另一干事是王纪华，他当时就是共产党员。”①

罗琼说：“我是妇女救国会的发起人之一，并被选为理事。‘妇救’中有没有党团组织，我不清楚，因为我当时还不是党员。杜君慧当时很进步，我在上海受她影响，我以为她是党员，但我1938年入党时，她的组织问题还未解决。”②

第三节　全国各界救国联合会的成立及其政治主张

一、全国各界救国联合会的成立，宣言和政治纲领等文件的公表

1936年上半年，日本在华北大量增兵，华北五省名存实亡，民族危机进一步加深。形势的发展迫切需要将各地的救国力量团结起来，建立一个全国统一的救国联合阵线，以进一步推进抗日救国运动。同时，救国运动的倡导者们认为，只有人民自己首先联合起来，才能促进国内各党派的联合，形成全国全民的抗日民族统一战线。

---

① 据周天度1978年访问沙千里纪录，《救国会史料集》，第1095页。

② 据周天度1979年7月14日访问罗琼纪录，《救国会史料集》，第1104～1106页。

这一年1月,平津学联代表在山东济南与齐鲁大学学生开会,议决发起成立全国学生联合会,并筹备全国各界救国联合会。3月间,在上海召开的全国学生救国联合会筹备会,把促进全国各界救国联合会的成立作为它的工作任务之一,随后派人前往华北、华中、华南各地联络,物色邀请出席全国学联成立会和全国各界救国联合会的代表。

经过两个多月的筹备,在宋庆龄、马相伯、沈钧儒、章乃器的号召和领导下,1936年5月31日至6月1日,全国各界救国联合会(以下简称"全救会"或"救国会")在上海圆明园路中华基督教青年会全国协会召开成立大会,到华北、华南、华中及长江流域20余省市60多个救亡团体代表共70余人,其中一些人就是前一天出席全国学联成立会的代表。他们有沈钧儒、章乃器、王造时、史良、沙千里、吴耀宗、钱亦石、钱俊瑞、胡子婴、杜君慧、潘大逵、高士其、曹亮、王新元、黄敬、刘江陵、李嘉宇、陆璀、董毓华、张申府、刘清扬、曹孟君、孙晓村、薛保鼎、汪德彰、狄超白、王枫、何伟、段君毅、何明理、吴祖贻、李章达、何思敬、吴涵真、石不烂、洪飙、方少逸、吴超炯、谭冬青、唐守愚、徐范、李仲融、韩琢如等。[①] 第二天(6月1日),又有无锡、泰安和十九路军代表赶来参加大会。主席沈钧儒致开会词说:"目下中国的危机,已经不是'国难严重'四字所能全部表现,而是快到亡国境地了。所以,

---

① 参加全救会成立大会的人,无纪录可查,这个名单是作者根据调查访问得来的,参见《救国会》第94页。邹韬奋当时去香港创办《生活日报》,李公朴去杭州参加史量才的葬礼,陶行知则去了广州、香港,准备赴伦敦参加世界新教育会议,故三人均未与会。

全国不愿意做亡国奴的同胞，实在有大家团结起来的必要。同时，我们一定要促进全国各党、各派、各实力分子停止内战，一致联合，抗日救国。但是人民自己假使不先联合起来，便无从促进各党各派合作的。”[①]会议听取了平津民族解放先锋队、南京救国协进会、上海各界救国联合会、广东教育界、广西全省学联会、武汉文化界救国会等30余团体代表的报告，通过了《全国各界救国联合会成立大会宣言》、《抗日救国初步政治纲领》、《全国各界救国联合会章程》等重要文件，选举宋庆龄、何香凝、马相伯、邹韬奋、吴耀宗等40余人为执行委员和候补执行委员，沈钧儒、章乃器、李公朴、王造时、史良、沙千里、陶行知、孙晓村、曹孟君、张申府、刘清扬、何伟等14人为常务委员。[②]《救亡情报》记者报道说：“综计大会继续二日夜，各代表始终精神鼓舞，尤其是大会对于抗日救国，完成具体的共同认识，形成全国人民的民族大联合战线，实为救国之一更高阶段的表现。全国不愿为奴隶之人民，此后在全国各界救国联合会领导之下，将大踏步争取民族解放之胜利前途。”[③]全国各界救国联合会和上海各界救国联合会、文化界救国会的领导人基本相同，只是名额有所增加。三个组织都以上海为活动中心，日常会务很难截然划分，在不同的需要时用不同的名义对外发表宣言和号召。

---

① 《全国各界救国联合会成立大会纪详》，见《救亡情报》，第6期，1936年6月14日。

② 现在不少文章和回忆说宋庆龄、何香凝、马相伯、邹韬奋是常务委员，实误。

③ 《全国各界救国联合会成立大会纪详》，见《救亡情报》，第6期，1936年6月14日。

全救会的宣言和政治纲领等文件指出:“从‘九一八’到现在,中华民族遭受了四年八个月的长期磨难。在这四年八个月中,日本帝国主义一面以建立军事根据地进攻苏联的烟幕,蒙蔽欧美列强;一面以联合反共的圈套,诱诈我们的当局,乘机并吞了我们六省一百六十八万方公里的土地,奴役六千万的同胞,内中被屠杀的数在三十万以上。”日本大陆政策的主要目的在灭亡中国,中国人民唯一救亡图存的要道,在全国各实力派即日停止一切自相残杀消耗国力的内战,从速团结起来,一致对外,废弃一切引导人民亲敌、堕落民族气节的所谓“合作”、“亲善”、“敦睦邦交”等可耻口号,并给予人民以抗敌的组织和言论的自由。谁如果“放弃了当前的大敌,对敌人作无限止的让步,而想用武力征服敌党敌派,用权威排除异己,用权术巩固政权,那结果反只有使人心离散,而自陷于覆亡”。“中央已往的错误,是在政治上放弃了民族革命的任务,而只在武力上企图征服全国;中央目前的错误,是对外放弃了民族共同的大敌,而只对内在消灭异己上面把国防力量作孤注之一掷。我们为整个民族打算,不忍再见任何力量在内部冲突中消耗,尤其不愿意中央在错误政策之下,消耗了它高度优势的实力。”①

文件说:“在这敌寇日深而内部纠纷依然严重的时候,天良未泯的人民,都渴望着有一个广大的团结,能有一个全国统一的联合阵线。为了这种要求,全国各地各界的救国团体代表们在上海开成了全国各界救国联合会成立大会,建立起来一个统一

---

① 《救国会》,第89页;《救国会史料集》,第100页。

的人民救国阵线。”文件规定全救会的宗旨是:“团结全国救国力量,统一救国方策,保障领土完整,图谋民族解放。”[①]现阶段的主要任务是促成全国各党各派的团结合作,共同抗日;要求各党各派立即停止军事冲突,派遣正式代表进行谈判,“以便制定共同抗敌纲领,建立一个统一的抗敌政权”。[②] 人民救国阵线愿为中介人,以全部力量保证各党各派对于共同纲领的忠实执行,制裁任何党派违背共同纲领以及一切足以削弱抗敌力量的行为;并且郑重声明:人民救国阵线没有任何政治野心,没有争夺政权的企图,而不过是要尽一份人民救亡的天职;它同国民党当局的抗争,只“是一个政策之争,而不是政权之争”。[③] 还指出:中国需要一个争取自由独立的民族革命,是人民大众的一致要求,救国阵线的共同敌人,是日本帝国主义和汉奸;并且认定,民主制度的确立,是各党各派彻底合作的基本条件,因此要求保障人民结社、集会、言论、出版的自由,坚决反对以指导民众组织名义消灭民众组织,以统制舆论名义消灭舆论。文件还提出外交上要求联络欧美、苏联和弱小民族,建立太平洋安全制度,并对国内教育、工商业、士兵、劳工、农民、妇女、儿童、国内民族、侨胞、失业及灾荒等问题,提出了具体方案。[④]

从此,救国运动有了一个全国性领导机构和更明确的救国方针,这对于联合各种抗日救国力量,推动救国运动的向前发

① 《救国会》,第 106 页;《救国会史料集》,第 114 页。

② 《救国会》,第 90 页;《救国会史料集》,第 101 页。

③ 《救国会》,第 91 页;《救国会史料集》,第 101 页。

④ 《救国会》,第 97 ~ 105 页;《救国会史料集》,第 103 ~ 109 页。

展，是有极大意义的。有人评论说，全国各界救国联合会“成了抗战前夕全国救亡运动的一面大旗”。[①] 而沈钧儒就是“爱国主义的伟大旗手”。[②]

二、发表《团结御侮的几个基本条件与最低要求》一文

7 月 15 日，沈钧儒、章乃器、陶行知、邹韬奋四人联名发表《团结御侮的几个基本条件与最低要求》的重要文章。文章系潘汉年授意，由在香港的胡愈之、邹韬奋起草，陶行知适因出席欧洲世界新教育会议和世界学生青年大会途经香港，亦参与了商讨。文稿完成后，由邹韬奋携至上海，再与沈钧儒、章乃器等救国会同人作详尽的讨论并修改，最后由四人署名发表。[③] 文章分析了国内一般政治形势，系统地阐述了他们关于建立救亡联合阵线（亦即抗日民族统一战线）的立场和主张。其要点如下：

（一）认为抗日救国是关系整个民族生死存亡的大问题，所以只有集合一切人力、财力、智力、物力，实行全国总动员，才能得到最后的胜利。换句话说，抗日救国这一件大事，绝不是任何党派任何个人所能包办的。抗日救国要达到最后的彻底的胜利，必须要依靠全民族的一致参加，之所以有结成救亡联合战线

① 韦君宜：《铮铮硬骨王翰》，见《纵横》，1985 年第 5 期；《救国会史料集》，第 1069 页。

② 钱俊端：《爱国主义的伟大旗手》，见《沈钧儒纪念集》，第 78 页，生活 · 读书 · 新知三联书店 1984 年出版。

③ 《韬奋文集》，第 3 集第 346 页；《沈钧儒文集》，第 542 页；胡愈之：《我的回忆》，第 301 页；章乃器：《我和救国会》，见《救国会》，第 438 页。

的必要，原因也就在这里。

（二）主张各党各派联合起来共同抗日，并不是说把各党各派都消灭，更不是利用联合战线把某党某派消灭。而是求同存异，在联合战线上的各党各派，尽可以有不同的意见和主张，只要在抗日救国这一问题上，求得共同一致，大家互相宽容，而不互相倾轧、互相攻击，联合战线就建立起来了。这就是说，联合战线既强调联合，又容许各党各派各方面保持相对的独立性。互相宽容，是联合战线的第一要义。

（三）参加联合战线中的各党各派各方面，不仅要互相宽容，而且要公开、坦白。凡是利用联合战线和抗日名义，作派别的企图的，就是破坏联合战线，也就是破坏抗日运动，这是不能容许的。

（四）联合战线的主要目的，是在扩大抗日救国的队伍，这队伍自然越广大越好，四万万五千万的中国人，除汉奸之外，没有一个是应该摒斥的。

（五）大家对于联合战线，要有坚定信心，只要参加联合战线的人，都抱以真诚，有抗日救国必然胜利的信仰，民族联合战线就一定能得到巩固和发展，而不会是一种短命的过渡性质的结合。

文章明确要求蒋介石国民党改变先安内后攘外的政策，与红军停战议和，共同抗日，指出："五年来安内的经验告诉我们，这一主张是失败了。五年来安内的结果，剿共军事并没有片刻停止，到最近中央和西南却发生了裂痕。可见安内政策并不能促成真正的内部统一，而唯一得到'安内'的利益的，却是我们共同的敌人。照这样情形下去,恐怕'内'不及'安',而中国全部早成为日本的殖民地了。"希望握有国家统治权的国民党,赶快起来促进救亡联合战线的建立,联合以中国共产党为主的各党各派,为抗日救国而共同奋斗。文章表示赞同中国共产党提出的停止内战,建立抗日民族统一战线的主张,希望共产党在"具体行动上,表现出他主张联合各党各派抗日救国的一片真诚";要求"红军方面,应该立即停止攻袭中央军,以谋和议进行的便利;在红军占领区域内,对富农、地主、商人,应该采取宽容态度;在各大城市,应该竭力避免有些足以削弱抗日力量的劳资冲突"。还要求共产党纠正党内某些青年在救国运动中,"提出阶级对阶级的口号,以及反对国民党和国民政府的口号,以破坏联合战线"的"左"倾幼稚行动。文章表示要坚定不移地站在救亡阵线的立场上,不动摇,不妥协退让,直到中华民族解放取得完全胜利。

文章最后引用了曹子建的五言诗:"煮豆燃豆萁,豆在釜中泣。本是同根生,相煎何太急!"真诚希望国共两党消除积怨,停止互相残杀的内战,共同对敌。①

《团结御侮的几个基本条件与最低要求》一文,发表在1936年7月31日邹韬奋在香港创办的《生活日报》;8月陶行知创办的《生活教育》和沙千里创办的《生活知识》也予以刊载。同时还连同毛泽东的复函(详下)一起出版了一本小册子,在全国发行。

救国会的宣言、政治纲领和沈钧儒等四人联名的上述公开

① 《沈钧儒文集》,第242~254页。

信发表后，在当时起了振聋发聩的作用，引起国内各方面强烈的反响。

中共中央驻共产国际代表团的机关报——巴黎《救国时报》全文转载了宣言和政治纲领等文件，编者按语中说："该会之成立，显然为我国救国运动一最重大的进展；该宣言与纲领之发布，显然为我国救国之最重要的文件。"①同时发表社论说：宣言不仅接受了四年以来我中华民族从血泪中所得来的一切教训，提出团结抗日的主张，"正是目前时局的重心"，"恰代表了全国人民的心声"。整个纲领表明："没有全国各党派一致团结，则无从救国，而不停止内战，则无从促进各党派之团结；人民是推动各党派停止内战、进行团结的主要动力。因此，人民应争取民主权利，来巩固、扩大其本身的这种动力。"这样，"不仅指出了民族危机症结的所在，而且提出了挽救这一危机的斗争纲领；不仅指出了时局的中心问题，而且指出了解决中心问题的途径。"社论号召："凡海内外各界同胞，应当以该会的主张为一致奋斗的目标，应当团结起来与该会为一致之合作。"②一篇题为《良药》的文章说：沈钧儒等团结御侮的文章，各方应把他们的意见当做苦口的良药，逆耳的忠言。"不抵抗无以救亡，不缔结联合战线无以抵抗，不争取国共合作，无以形成联合战线。四位先生不辞大声疾呼，正给了我们以良好的示范，就是我们要以集锐攻坚的态

---

① 《民族出路问题论坛》，见《救国时报》，1936 年 7 月 8 日。

② 《读全国各界救国联合会成立大会宣言》，见《救国时报》，1936 年 7 月 8 日。

度,来争取国共合作的实现。”①一位署名为“忠实的国民党员”在信中指出:“四位先生的宣言,不独给了我们救亡联合战线的正确立场,而且指出了目前各党各派的最低任务,说得真是诚恳、中肯、具体、公平与周到。这宣言给我以极大的勇气来说话。我身为国民党党员,忠实于革命事业的国民党员,是百分之百的赞成宣言的每一句话每一个字。”②还有的读者撰文说:“他们的话是代表着千千万万的民众从心坎儿发出的要求。联合各党派一致抗日,已不是某一党某一派的主张,而是全国民众共同的愿望。读了这个宣言以后,使我对国事前途抱着无限的乐观,因为中国内部渐渐的团结;同时也更明白了国内团结问题的症结之所在。”③成都救国会的《力文半月刊》第4期刊载了“团结御侮”的文章后,受到各阶层群众的重视,广大青年更是争相阅读,影响很大。④ 冯玉祥后来写道:“《团结御侮的几个基本条件与最低要求》这篇文章真是震动了全中国各界的人们的心。大家都希望按照他们这篇文章去做,并希望马上就实行。”⑤

沈钧儒在抗日战争胜利后回忆说:“四人署名的《团结御侮》小册子,当时确是在中国十年内战的局面下,压榨出来的一个破

---

① 《救国时报》,1936年8月30日。

② 《救国时报》,1936年9月10日。

③ 何伟:《读〈团结御侮的几个基本条件与最低要求〉以后》,见《救国时报》,1936年9月5日。

④ 林蒙:《成都地区的抗日救亡运动》,见《大西南的抗日救亡运动》,第1页,中国人民政治协商会议西南地区文史资料协作会议1987年出版。

⑤ 冯玉祥:《我所认识的蒋介石》,第56页,黑龙江人民出版社1980年出版。

天荒的号召国共两党走上和平团结御侮大路的历史文件。……八年抗日战争的获得最后胜利，是由于曲曲折折依循着这一正确路线而获得，决不是偶然的。”[①]邹韬奋说：“这本小册子最初产生于香港的生活日报馆，最后由上海印行普及全国，引起了全国各方面的重大的反应。”[②]沙千里也说：“这个《公开信》，上海所有的进步报刊全刊登了，我办的《生活知识》也登了。这个文件影响很大，比‘全救’成立宣言影响还大。这也成为后来逮捕我们的一大‘罪状’。”[③]

三、毛泽东致函高度评价救国会倡导的救国运动

中共中央和毛泽东充分肯定了救国会提出的全国团结一致，抗日救国的主张。1936年8月10日，毛泽东在给章乃器、陶行知、邹韬奋、沈钧儒及全国各界救国联合会的一封信中，对救国会的宣言与纲领，以及《团结御侮的几个基本条件与最低要求》文章，表示极大的同情和满意，说：“这些文件已经在我们这里引起了极大的同情和兴奋，认为这是代表全国最大多数不愿作亡国奴的人民之意见与要求。因此，我特代表我们的党、苏维埃政府与红军，向你们致送热烈的敬礼！同时并向你们及全国民众申明：我们同意你们的宣言、纲领与要求，并愿意在你们这些纲领和要求下面，同你们、同一切愿意参加抗日救国的党派、

① 《沈钧儒文集》，第542页。

② 《韬奋文集》，第3集第346页。

③ 沙千里：《漫话救国会》，第20页，文史资料出版社1983年出版。

团体和个人诚意合作与共同奋斗!”毛泽东在信中表示,我们很感激你们在这些文件上,对我们所提出的一些善意的批评和希望,并简单地说明中国共产党最近的一些主张。关于沈钧儒等四人在公开信中,希望中共要在具体行动上表现他主张联合各党各派抗日救国的一片真诚,红军应该停止攻袭中央军,以谋和议进行的便利等,毛泽东说,我们应该这样作,并且已经开始这样作。“当着整个民族生命将被斩绝的时候,我们已无兴趣进行任何中国人打中国人的内战。只要中央军不进攻我们,不阻止中国军队抗日,我们绝不愿意进攻中央军以及其他任何军队。只要中央军及其他任何军队抗日,不压迫民众爱国运动,我们将竭诚的拥护他们,并愿意以全力援助他们,在抗日反汉奸与爱国运动自由的条件下,我们愿意与任何军队任何党派合作。”毛泽东在信中还指出:我们已经规定不没收富农的土地财产,当富农起来抗日时,不会拒绝与他们联合。一切商人和大小资本家的财产工厂,均不没收,并保护他们的营业,援助他们的发展。对于一切参加抗日的军官和地主,均不没收他们的土地财产。我们绝不仇视各阶级的愿意抗日的人们。毛泽东还说,安内与攘外的先后问题,表面上似乎是方法与手段问题上的争论,而实质上则是某些人在汉奸与民族英雄之间动摇的问题,在抗战与投降之间选择的问题。他在信中还指出,共产党员应当参加各地方的救国运动和救国组织。“我们愿意经过这些团体和运动贡献我们所有力量,并在这些团体中和各党各派及一切不愿作亡国奴的人民,共同为挽救中华民族的灭亡而奋斗。但我们的党员绝对遵守服从这些团体的章程、纲领和大多数通过的决议。”

毛泽东在信的最后表示："我们很荣幸的签字于各界救国联合会的纲领之后！"①毛泽东这封信刊登于1936年10月30日巴黎《救国时报》。编者说，毛泽东这封信是从英国方面得到英译稿转译的。"毛先生这一信的伟大政治意义及由此显示出的团结御侮光明伟大的前途，每个读者都可以证明了，用不着任何注释的"。

毛泽东随后在致章乃器、陶行知、沈钧儒、邹韬奋的另一封信中又说："先生们抗日救国的言论和英勇的行动，已经引起全国广大民众的同情，同样使我们全体红军和苏区人民对先生们发生无限的敬意！但要达到实际的停止国民党军队对红军进攻，实行停止内战一致抗日，先生们与我们还必须在各方面作更广大的努力与更亲密的合作。"毛泽东在信中还宣布已委托潘汉年与他们联系，交换意见，并转达对他们的热烈希望。②

四、关于反蒋抗日问题

救国会是一个松散的半公开的群众团体，入会没有什么限制，只要不是汉奸卖国贼，主张抗日救国，赞成抗日民族统一战线的人，不论属于什么党派，什么阶层，以及从事何种工作，都可以参加。所以，除共产党人外，还有国民党、国家社会党、第三党、中华民族革命同盟的成员以及和以"左"的面貌出现的托洛

① 中央统战部等编：《中共中央抗日民族统一战线文件选编》（中），第195～205页，档案出版社1985年出版。

② 《毛泽东书信选集》，第63～64页，人民出版社1983年出版。

斯基分子参加，大部分则是无党无派的爱国人士。由于是这样一群人的结合，因此除了抗日救国这一个大目标相同外，在抗日的方法和其他问题上，则很难趋于一致。各党各派政治观点的分歧，常常在救国会内部反映出来，其中一个经常发生争论的问题，即是如何对待蒋介石国民党。一小部分人包括托派分子、国社党、第三党的成员，主张反蒋抗日；而以沈钧儒、章乃器为代表的大部分无党派成见的人，包括许多共产党员在内，则从全民族团结抗日的立场出发，同时考虑到蒋介石和南京政府有可能抗日，以及国民党统治区具体情况，如避免和当局发生对抗，争取救国运动的公开合法，以求生存和发展，不主张一般地整个地反对国民党，笼统地提反蒋的口号，而只是反对它的不抵抗和内战政策；认为只有这样才能得到群众更多的同情和支持，有利于救国会队伍的扩大和救国运动的开展。

全国各界救国联合会开成立大会时，在如何对待蒋介石问题上就出现了意见分歧，有争论。孙晓村回忆说：当时“反对内战，一致抗日，这是共同一致的，但对蒋介石国民党反不反，意见不一致，有人主张反蒋，有人不主张。争论结果，是反对蒋介石的不抵抗主义，反对内战，救国会不想推翻政府，也不公开反蒋，要尽量争取公开合法的地位。”①吴大琨说：“救国会也有托派，如潘怀素、章克参加，估计并被选为执委。他们怀有别的目的，是以‘左’的面貌出现，主张反蒋抗日。记得在‘七君子’事件发生前一天，救国会的执委们还在争论是否反蒋抗日。不主张反蒋

① 周天度访问孙晓村纪录，《救国会史料集》，第1103页。

抗日的如章乃器、沈钧儒反而被抓，主张反蒋抗日的如潘怀素、章克，反而当了国民党的军官。吴耀宗当时因救国会内部争执而哭了。”[①]徐雪寒说：“王造时与国家社会党诸青来关系很密切，倾向那一边，所以主张反蒋抗日。”[②]张执一在1937年由读书生活出版社出版的《抗战中的政党和派别》一书中关于“救国会派”一章有如下一段文字：“因为他们是这样的结合(按指各党各派分子——引者)，所以各党各派的政治意见，也常常在救国会内部反映。在‘七君子’被捕前一天，还在很热烈的讨论一个政治问题，即是：拥蒋抗日和反蒋抗日。前一派以章乃器为代表，后一派以王造时为代表。前一派的意见是共产党以及无党派成见的政治意见的反映；后一派则是国社党、第三党和王造时的小集团的政治意见的反映。后者极力攻击前者是向国民党投降，是共产党的右倾机会主义。其实后者才是受了托洛斯基派潘怀素、章克等分子的挑拨和煽惑。结果因共产党在救国会内部极力的支持，和大多数会员表示意见，前者获得胜利。”[③]

关于王造时反蒋抗日问题，他自己曾争辩说：“在救国会运动中，我反对蒋介石不抗日的情绪是比较激烈的，认为只有联合和发动一切抗日力量，逼迫他非抗不可，不抗就要垮台，才有使他改变不抵抗政策的可能。当我们七人被关在苏州的时候，有人在李公朴主办的读书生活出版社出版一本小册子，书名好像

① 周天度访问吴大琨纪录，《救国会史料集》，第1111页。

② 周天度访问徐雪寒纪录，《救国会史料集》，第1100页。

③ 张执一编著：《抗战中的政党和派别》，1937年出版。

是《中国的党派》(按应是《抗战中的政党和派别》——引者),说救国会有两派意见,一派是正确的,主张拥蒋抗日,以章乃器为代表;一派是不正确的,主张反蒋抗日,以我为代表。我看到这本小册子很不高兴。我是主张逼蒋抗日的,现在我们都被关在牢里,却把我说成是反蒋抗日的,这是什么意思?大家都认为该小册子所说的与事实不符;公朴表示事前毫不知情,决定马上通知该社停止发行。"①

在中华民族面临生死存亡的危急关头,抗日救国是压倒一切的头等大事和最紧迫的政治任务。抗日与否是爱国、不爱国甚至卖国的分水岭和试金石。反蒋不反蒋,只是一个认识问题、策略问题。我们不必苛求于前人。三十年代蒋介石坚持"攘外必先安内"的错误政策,主张先"剿共"安内,然后攘外抗日的情况下,有反蒋抗日的思想和要求,也是一种正常现象。中国共产党起初提出的口号也是反蒋抗日,后来随着政治形势的变化和蒋介石国民党内外政策的某些转变,而逐步调整自己的政治策略,由反蒋抗日转为逼蒋抗日,最后成为联蒋抗日。

第四节　救国运动的广泛开展

一、国内及海外救国运动的开展

全国各界救国联合会成立后,决定在各地设立分会和各种

---

① 《王造时自述》,见《上海文史资料选辑》,第45辑,1984年1月。

形式的抗日救国组织,以推进救亡运动。在它的指导和影响下,各地救国组织进一步发展和加强,海外华侨中也建立了抗日救国联合会。抗日救亡运动广泛开展,进入一个新的发展阶段。现将几个重要的与全救会有密切关系的地区救国会组织,概述如下:

南京各界救国联合会:南京是国民政府的所在地,国民党统治的中心,控制十分严密,救国会是在秘密和艰苦环境中建立并进行活动的。孙晓村、曹孟君等出席全救会成立大会后回到南京,积极活动,将原有各行业救国组织联合起来,于8月成立包括文化界、妇女界、职业界和学生界的南京各界救国联合会(简称"南救"),负责人除孙晓村、曹孟君外还有李庚、薛宁人、狄超白、王昆仑、吴茂荪、胡济邦、王枫、千家驹等。"南救"的组织情况大致是:妇女界救国会的成员主要是小学教师和部分中学教师、大中学校学生、职业界妇女以及一些家庭妇女(其中多系冯玉祥部下家属)。文化界救国会发展了新文字研究会等团体以及文艺界中一些人士。学生救国会的主要队伍在金陵大学和中央大学以及安徽中学等几个学校中,在国民党的军事院校如辎重兵学校、步工兵学校中,也发展了组织。职业界救国会的组织主要依靠几个工人夜校和上海介绍的关系来发展的。中国农村经济会也参加了南京和上海的救国会组织。此外,通过王昆仑、孙晓村、千家驹的关系,"南救"同国民党的上层分子如张继、许宝驹等有一定的联系,其中冯玉祥、李德全对"南救"的活动十分关心。冯玉祥常常通过孙晓村、千家驹等给他讲学的机会,把一些重要消息告诉"南救",并对当时的政治局势作出分析。"南救"

成立后，因为不能用本身的名义出现活动，曾以“绥远抗日后援会”的名义公开活动。“南救”与全救会始终保持密切联系，基本上每周由孙晓村、王昆仑去上海一次，汇报国民政府的内情，带回全救会的文件，有时还带回中共的文件，①它实际上是全救会的一个分会。

全救会华南区总部：简称“南总”，是全救会在华南的一个分支机构，总部设于香港。“南总”设理事会，由李章达、何思敬、吴涵真（以上三人任常务理事）、陈此生、陈希周、梅龚彬等人组成。李章达负总责，何思敬任宣传部长，吴涵真任组织部长。“南总”成立后，全救会曾派钱俊瑞、章乃器、胡子婴、张劲夫等人先后南下以取得联系，开展工作。② “南总”名义上负责指导广西、广东、福建省市救国运动，实际作用限于香港、广东两地。在“南总”领导下，9 月 18 日，广东各界救国联合会筹备会成立。其宣言和纲领指出：“全广东人民，只要不愿意做亡国奴的，不做汉奸的，不分党派、阶层、职业、团体、个人，都不容迟疑的参加到这救国联合会来。”“反对一切自相残杀的内战，要求中央军、广西军立刻一致北上抗日，收复失地。”并提出：“凡是我们的同胞，接到这一纲领后立刻在谈话中会议上提出来讨论，通过成立救国组织，建立领导机关，选派代表参加这个广州[东]各界抗日救亡代表大会来，组织一个强有力的抗日救亡联合战线。”③同时，东莞等县

① 《救国会》，第 477～482 页；《救国会史料集》，第 1009～1012 页。

② 连贯：《“一二九”运动前后华南的爱国群众运动》，见《“一二九”运动回忆录》，第 1 集第 419 页，中国青年出版社 1961 年出版。

③ 《救亡情报》，第 21 期，1936 年 10 月 11 日。

也成立了各界救国联合会。抗日救国运动有了较大发展。原定年底召开华南救国会代表大会,正式成立全救会华南分会,后因上海救国领袖沈钧儒等被捕而中止。

西北各界救国联合会:1936年初,西安一些中学学生和教职员组织了救国会,随后联合成西北抗日救国会。6月1日,西北抗日救国会的代表韩琢如出席上海全救会成立大会后,又改名为西北各界救国联合会(简称“西救”)。“西救”认定全救会的宣言和纲领就是它的宣言与纲领,将这两个文件翻印了2000多份,在群众及在野名流中散发,影响颇大,获得普遍的同情与支持。① “西救”的负责人之一徐彬如说:“‘西救’公开同‘全救’发生联系,以作为全国总会的一部分,也可以独立进行活动。”②“我们‘西北救联’的政治主张与政治纲领,也就是‘全救’代表大会所决议的一切整体的意见与具体的计划。”③全救会鉴于西北抗日救亡工作已日见成效,建议“西救”“以救联名义相机公开活动”。④ “西救”从此逐渐公开组织,扩大活动,“九一八”五周年纪念日,它与正在筹建中的东北民众救亡会在西安联合召开了8000人的大会,并游行示威,向当地的国民党政府请愿,要求立即抗日。11

---

① 《救亡情报》,第25期,1936年11月8日。

② 徐彬如:《中共西北特别支部与西北抗日救国会》,见《西安事变资料》,第2辑第2页,人民出版社1980年出版。

③ 《西北各界救国联合会宣传部负责人徐彬如的讲话》,见《解放日报》(西安),1936年12月21日。

④ 《西北各界救国联合会宣传部负责人徐彬如的讲话》,见《解放日报》(西安),1936年12月21日。

月下旬,全救会派代表张语还到西安参加“西救”工作。12 月 9 日,“西救”发表“一二九”宣言,并组织近万名学生和市民到临潼向蒋介石请愿,要求停止内战,一致抗日。悲壮的爱国游行队伍使张学良深受感动,从而对西安事变的发生起了促进作用。西安事变爆发后,“西救”正式公开,并在西安《解放日报》全文刊载了全救会的宣言与纲领。① 西安事变前,“西救”下属救亡团体有学生救国会、妇女救国会等 23 个,事变后有极大的发展,新成立的各行各业救国会如雨后春笋,抗日救亡运动如打开闸门的潮水汹涌澎湃。“西救”的负责人有韩琢如(总务部)、杨明轩(交际部)、谢华(组织部)、张兆麟、徐彬如(宣传部)、宋黎、李祥九(民众武装部,西安事变后成立)、田润芝(妇女部)。

广西全省学生救国联合会于 4 月 24 日在南宁举行第一次代表大会,会后举行热烈的民众抗日示威游行。接着广西文化界发起救国运动,并欢迎陶行知赴桂林协助。5 月 23 日,广西文化界救国会成立,有会员千余人。24 日,南宁妇女救国会成立。随后成立的有柳州文化界救国分会。6 月 3 日,广西军民各界救国会成立。4 日,在南宁体育场举行抗日救国大会,参加民众团体达 113 个,共约四万五千人,散会后举行示威游行,向党政军当局请愿,要求立即北上抗日。②

重庆成都地区救国会:受“一二九”学生爱国运动和全国各

---

① 《解放日报》(西安),1936 年 12 月 21 日。

② 《救亡情报》,第 7 期,1936 年 6 月 21 日;第 8 期,6 月 28 日;《救国时报》,1936 年 7 月 3 日;《救国会史料集》,第 215 页。

界救国联合会成立的影响，重庆于1935年12月成立学联，展开各项救亡活动。1936年6月正式成立重庆各界救国联合会。领导机构是干事会，下属有学生界、职业界、文化界、妇女界四个救国会组织。成都各界也同时涌现一批抗日救亡积极分子。他们出版了《力文半月刊》，宣传抗日救国主张，受到各阶层群众的重视。该刊第四期上还转载了沈钧儒、章乃器、陶行知、邹韬奋四人发表的《团结御侮的几个基本条件与最低要求》一文。10月18日，在成都青年会礼堂召开成都各界救国联合会筹备会。从此，四川的抗日救亡运动由宣传进入组织阶段。《力文半月刊》于11月间被国民党当局查禁，接着车耀先创办的《大声》周刊出版发行。1937年3月14日，成都各界救国联合会正式成立。[①]

北平的救国运动虽然开展较早，但活动主要是在一部分文化教育界知识分子特别是青年学生中进行的。全救会成立后，曾两次派代表到北平与张申府等进步教授联系，促进救国运动的开展和救国力量的联合。1937年1月20日北平各界救国联合会成立。2月1日华北各界救国联合会成立。[②] 主要负责人有张申府、许德珩、杨秀峰、黄松龄、刘清扬和张友渔，徐冰也参加了，但他不出面，对外活动主要是张申府和许德珩。“该会实际是中共的外围组织，接受党的领导，公开搞抗日救国工作”。[③]

---

① 林蒙：《成都地区抗日救亡运动》，见《大西南地区的抗日救亡运动》，第5页；参阅《救国会史料集》，第1073、1076页。

② 《救国时报》（巴黎），1937年3月31日。

③ 张友渔：《我的回忆》，见中国人民政治协商会议北京市委员会文史资料委员会编：《文史资料选辑》，第9辑第12页。

"七七"抗战爆发后,张申府到南京与沈钧儒会面,一起研究开展抗日救国问题,从此,北平、上海两个救国联合会融合为一体。

此外,武汉、杭州、济南等地也先后成立了救国会组织,并与上海全救会保持联系。

爱国华侨在民族危机刺激和国内蓬勃发展的抗日救国运动影响下,亦纷起组织抗日救国会,开展救亡运动。1936年初,旅居欧洲各国华侨先后组织抗日救国会,但因没有"总的中心组织做指导,致救亡运动无密切关系,而呈散漫状态"。[①] 8月间,全救会代表陶行知、钱俊瑞和全国学联代表陆璀因出席国际会议到达巴黎,竭力宣传华侨团结抗日,建立救国联合会,各国侨胞纷起响应。9月20日,全欧华侨抗日救国大会在巴黎召开,参加者有英、法、德、瑞士、荷兰等国华侨代表共400余人。各代表发言一致表示奋起救国之决心,为华侨团结抗日救亡之"空前盛举"。[②] 陶行知、钱俊瑞和陆璀在大会上发言,阐明全救会团结御侮的主张,介绍了国内救亡运动进行情况,受到与会者的热烈欢迎。大会发表宣言,提出停止一切内战,团结全国军事力量,组织抗日救国军,武装民众,收复失地,保护祖国的主权和领土;政治上应不分党派,一致合作,确立民主制度,给人民以救亡、结社、集会、言论、出版的自由,释放一切政治犯等五项主张。[③] 大会决定以该会为永久组织,定名为"全欧华侨抗日救国联合会",

① 《全欧华侨奋起救国》,见《救国时报》(巴黎),1936年9月30日。

② 《救国时报》(巴黎),1936年10月5日。

③ 《救亡情报》,第24期,1936年11月1日。

与全救会作密切之联络。全欧华侨抗日救国联合会成立后，对团结与推动华侨参加抗日救国斗争，起过重要作用。美国、暹罗（今泰国）、菲律宾、新加坡、缅甸、越南等国华侨也成立了各界抗日救国会，并与全救会保持联系。1936 年 11 月 22 日，纽约华侨抗日救国会通过决议，加入全救会，与祖国同胞团结一致，为抗日救亡而斗争。[①]

二、上海救国运动的进一步发展

1. 文化领域抗日联合战线的扩大发展

上海是全国救国运动的中心，全救会成立后，救国运动尤其是文化领域的抗日救亡运动有进一步发展。

茅盾是救国运动的积极支持者，是努力促成中国文艺作家救亡联合战线的一名战士。为推进爱国文艺作家在抗日救国的大目标下联合一致，1936 年 6 月 7 日，他和傅东华、夏丏尊发起成立中国文艺家协会，[②]入会者百余人。其宗旨为："以联络友谊，商讨学术，争取生活保障，推进新文艺运动，致力中国民族解放。"[③]宣言声称："文艺作家有他特殊的武器。文艺作家在全民族一致的救国阵线中有他自己的岗位。"文艺作家协会是"全民族救国运动中的一环"，"坚决拥护民族救国阵线的最低限度的基本的要求：团结一致抵抗侵略，停止内战，言论出版自由，民众

① 《救国时报》（巴黎），1937 年 1 月 20 日。

② 《救亡情报》，第 6 期，1936 年 6 月 14 日。按左翼作家联盟解散以后，原左联一部分负责人即筹组中国作家协会，后又改称文艺家协会。

③ 《生活知识》，第 2 卷第 4 期，1936 年 7 月 5 日；《救国会史料集》，第 140 页。

组织救国团体的自由!”[1]当时文艺界周扬提出的“国防文学”和鲁迅的“民族革命战争的大众文学”口号上的分歧和争论,达到了高潮,针对这一情况,文艺家协会特别提议,在全民族一致抗日救国的大目标下,文艺上主张不同的作家们可以是一条战线上的战友,文艺主张的不同,并不妨碍我们为了民族利益而团结一致;同时,为了民族利益团结一致,并不拘束作家们各自的文艺主张向广大民众声诉而听取最后的判词。“要求更多的作家们来共同负起历史决定了的使命,把我们的笔集中于民族解放的斗争。”[2]茅盾还就作家的联合战线和现阶段的救亡运动对《救亡情报》的记者说:“我们要求作家的条件,只能是这样:‘你愿意救国’。否则,便把联合战线的范围限止得太狭小了,不能争取一批比较落后的作家,共同踏上争取民族解放的道路。”[3]胡愈之曾说,救国会没有一个成员卷入这场争论中。

鲁迅当时虽然没有参加文艺家协会,但对救国会和文艺家协会倡导的统一战线救国运动,表示完全的赞同和支持。[4]《救亡情报》记者曾就抗日救亡运动和联合战线问题征询他的意见,

---

① 《中国文艺家协会成立宣言》,见《救亡情报》,第6期,1936年6月14日;《救国会史料集》,第140页。

② 《中国文艺家协会成立宣言》,见《救亡情报》,第6期,1936年6月14日;《救国会史料集》,第140页。

③ 《茅盾之话》,见《救亡情报》,第13期,1936年8月2日。

④ 据唐弢回忆说:“鲁迅当时支持救国运动,但没有参加救国会的活动,他的文章也很少提到救国会,是因当时斗争形势决定的。因鲁迅目标太大,国民党很注意他;另外救国会的负责人为了照顾他的安全,也有意不让他参加。”参见《救国会史料集》,第1118页。

他说："民族危难到了现在这样的地步，联合战线这口号的提出，当然也是必要的。"同时他指出："在民族解放斗争这条联合战线上，对于那些狭义的不正确的国民主义者，尤其是翻来覆去的投机主义者，却望他们能够改正他们的心思。"他主张以文学来帮助革命，不赞成"徒唱空调高论，拿'革命'这两个辉煌的名词，来抬高自己的文学作品"。[①] 还表示："我对于文艺界统一战线的态度，我赞成一切文学家，任何派别的文学家，在抗日的口号之下统一起来的主张。"并说："我以为文艺家在抗日问题上的联合是无条件的，只要他不是汉奸的，愿意或赞成抗日，则不论叫哥哥妹妹，之乎者也，或鸳鸯蝴蝶都无妨。但在文学问题上我们仍可以互相批判。"[②]6 月 15 日，鲁迅和巴金、黎烈文、张天翼等 63 人发表《中国文艺工作者宣言》指出：当前民族危机到了最后关头，"一种伟大悲壮的抗战摆在我们的面前的现在，我们绝不屈服，绝不畏惧，更绝不徬徨犹豫，我们将保持我们各自固有的立场，本着我们原定坚定的信仰，沿着过去的路线，加紧我们从事文艺以来就早已开始了争取民族自由的工作"。"我们愿意和站在同一战线的一切争取民族自由的斗士热烈的握手。"[③]

在文化领域内，抗日联合战线进一步扩大发展并具体化。9

---

① 《前进思想家鲁迅访问记》，见《救亡情报》，第 4 期，1936 年 5 月 30 日；《救国会史料集》，第 138 页。

② 《答徐懋庸并关于抗日统一战线问题》，见《鲁迅全集》，第 6 卷第 529 ~ 530 页。

③ 《作家》（月刊），第 1 卷第 4 号，1936 年 6 月；《文学丛报》（月刊），第 4 期，1936 年7 月。

月20日,平时不过问政治和国事的鸳鸯蝴蝶派作家周瘦鹃、包天笑等也都参加到抗日救国的文学运动中来,他们与鲁迅、茅盾、巴金、郭沫若、傅东华、谢冰心等联名发表关于团结御侮与言论自由的宣言。宣言分析了日本帝国主义加紧侵略所面临的危急形势后说:“我们是文学者,因此亦主张全国文学界同人应不分新旧派别,为抗日救国而联合。文学是生活的反映,而生活是复杂多方面的,各阶层的;其在作家个人或集团,平时对文学之见解、趣味与作风,新派与旧派不同,左派与右派亦各异,然而无论新旧左右,其为中国人则一,其不愿为亡国奴则一;各人抗日之动机或有不同,抗日之立场亦许各异,然而同为抗日则一。……我们不必强求抗日立场之划一,但主张抗日的力量即刻统一起来。”宣言还认为:“言论自由与文艺活动的自由,不但是文化发展的关键,而在今日更为民族生存之所系。”[①]要求政府当局即刻开放人民言论自由,凡是阻碍人民言论自由的法规,如报纸检查、刊物禁扣等,应立即概予废止。周瘦鹃、包天笑还将他们编辑的鸳鸯蝴蝶派刊物《礼拜六》贡献给救国阵线,连续几期刊载有不少关于救国的文章,如“双十节”专号就有章乃器的关于辛亥革命回忆及其他激发民族意识的文章。

爱国戏剧运动也有新的发展。文化戏剧界同人发表宣言,反对租界当局压迫上演救国戏剧。为配合救国运动,周信芳排演了京剧《明末遗恨》,描写当时汉奸误国的情景非常动人,给予

---

① 《文学》(月刊),第7卷第4号,1936年10月1日。

社会的影响很大。[1]

继文艺家协会成立后,6月28,由曾虚白、周新民、金则人等发起的上海著作人协会召开成立大会。全救会、文艺家协会、妇救会、全国学联代表沈钧儒、章乃器、何家槐、胡子婴以及王造时、李公朴等都在大会发表演说,强调著作人团结一致负起救亡运动重任的必要性。章乃器着重指出:"文化人的任务,是站在指导救亡工作的地位。不待言,是先该把自己的统一战线建立起来。文化人的联合战线,和别的救亡联合战线也是一样的。联合战线无非是对付共同敌人的结合。我以为联合战线不是折中的,调和的,也不是说各党各派的人,参加了联合战线就放弃他们的主张,而是在一个同样[目标]下一致对外。"[2]由彭子冈、王纪元、周新民、成舍我、王造时、章乃器等140人签名发表的《上海著作人协会成立宣言》说,自"九一八"后四年多来,在民族敌人有加无已的进攻形势之下,中华民族已显然到了剥夺全体中国民众生存条件的最后生死关头。"每个中国人,为了要争取他们的生存,为了不甘做日本帝国主义的奴隶,都应该团结起来,联合起来,建立和运用集体的力量来粉碎敌人的侵略压迫,来挽救整个民族的最后危机。"中国觉悟的民众,已经团结起来,建立了铁一般的联合救亡战线,"每个著作人,为了争取自己的生存,都应该参加这一神圣的抗争,都应该参加这一民族解放的

① 《全国救国运动最近发展之鸟瞰》,见《救国时报》(巴黎),1936年12月10日。

② 《救亡情报》,第9期,1936年7月5日。

运动”;“与一切救亡的集体力量联合起来,肩并着肩,展开和完成全中华民族解放的使命”。[1]

此外,1936 年下半年,上海工人救国会和学生救国会先后成立。职业界救国会到 10 月份已发展为七个干事会,共有会员 1300 多人,还联系了广大的职工和店员。“职救”的基层会员群众,主要是量才补习学校、中华职业教育社补习学校、立信会计学校的在职学生和蚁社社员,上海先施、永安等几个大百货公司的店员大部分都参加了“职救”。“职救”是上海救亡运动中一支生力军。上海各界救国联合会组织的一些大的群众性抗日救亡活动,主要参加者都是“职救”的会员及其所联系影响的群众。

2. 救国会努力避免发生新的内战

全救会成立时,正值广东实力派陈济棠联合广西实力派李宗仁、白崇禧,为了扩张并加强自己的地位,以抗日反蒋为名,发动“两广事变”。李、白等派陈劭先到上海与救国会联系,邀请沈钧儒和章乃器去广西,指名要章当财政部长,并交给救国会 2000 元捐款,要求给予支持,想通过救国会了解中国共产党的态度。与此同时,国民党在湘粤边境陈兵,准备在必要时对西南进行讨伐,内战一触即发。全救会常委们开会研究这一事变的性质及其所应持的态度,认为在当前严重的民族危机情势下,西南领袖提出抗日主张,并宣布北上抗日,是值得欢迎的;但应真正从抗日救国的立场出发,以国家民族利益为重,团结抗日,不宜轻率对内用兵,酿成内战,更不赞成中央讨伐西南。全救会发表对时

① 《生活教育》,第 3 卷第 11 期,1936 年 8 月 1 日。

局紧急通电，强调："务使全国兵力，一致向外，抗日战争，立即展开，恢复我已失之河山，拯救我被压迫之同胞。倘有违背此旨，发动内战者，则本会愿全国民众共弃之。"[①]《救亡情报》发表了《我们对于西南事件的认识和态度》、《反对内战！要求全国团结御侮》、《请求政府下令对日宣战》、《下令讨伐西南呢还是下令抗日》等一系列文章，指出："我们民众对任何一方都没有偏好，我们所拥护者为抗日救国，我们所反对者是不抵抗。所以我们希望中央和西南双方实现团结御侮的诺言，立刻发动抗日战争。"[②]"中国一切的内战无异自杀，尤其是中央与西南之争，非特消耗有用之国防力量于无谓之内争，而且徒为外敌利用。"[③]章乃器事后总结说："西南事件起来时，我们即决定表示同情，而绝对不放弃一丝一毫救国阵线的立场。那就是说，如果西南来加入救国阵线，接受了我们的纲领，我们是很欢迎的。但是我们不能放弃自己的纲领去依附西南。"[④]

7 月 10 日，国民党二中全会开幕，全救会发表宣言说："在中国的政治舞台上，目下有两种不同的努力。一种是少数汉奸的活动：他们一面向地方当局进行分离运动，一面向中央请求讨伐运动；他们的目的在挑拨内战，消灭抗日。另一种是多数人民的

---

① 《全国各界救国联合会对时局紧急通电》，见《救亡情报》，第 6 期，1936 年 6 月 14 日。

② 《反对内战！要求全国团结御侮》，见《救亡情报》，第 7 期，1936 年 6 月 21 日。

③ 《请求政府下令对日宣战》，见《救亡情报》，第 7 期，1936 年 6 月 21 日。

④ 《章乃器先生的谈话》，见《救亡情报》，第 13 期，1936 年 8 月 2 日。

呼声：他们赞同地方当局督促中央抗日，然而反对向外投降的分离运动；他们要求中央当局以抗日来统一，反对以内战求统一；他们的目的在消弭内战，促成抗日。”宣言要求二中全会接受人民的要求，督促中央立即对日宣战，“只要对外能够发动抗日战争，对内就可以根本消灭一切的纠纷”，“国内政权就可以在人民的欢呼中求得自然的统一”。①

与此同时，全救会推派沈钧儒、章乃器、史良、沙千里、彭文应五名代表前往南京请愿，要求二中全会议决停止内战，立即对日作战，开放民众救国运动，并准许代表在大会上发言五分钟。国民党派中委、南京市市长马超俊出来接见，表示此次系中央全会，民众代表不能列席发言，对日抗战一点，政府事实上有准备，人民与政府应共信互信；对开放民众救国运动问题，他不承认政府有压迫举动，说如全救会在上海开会不便，尽可到南京来开；对停止内战一点，说现无所谓内战。至于西南问题，可以不再用兵，而用政治方法解决，并决定组织国防会议，容纳西南领袖等。沈钧儒等对马超俊说：“政府如有抗日决心，要达到共同互信，至少限度应当立刻停止内战，并开放民众救国运动，切实保障言论、出版、集会、结社自由，否则政府尽管空言决心抗日，一面却以内战消耗国力，并拼命压迫人民爱国运动，如何叫人民相信政府是抗日的呢？”②请愿虽未获具体结果，但南京中央当局并不以

① 《全国各界救国联合会对二中全会宣言》，见《生活教育》，第3卷第11期，1936年8月1日。

② 《全国各界救国联合会推派代表赴京请愿经过》，见《救亡情报》，第12期，1936年7月26日。

全救会为不合法而拒绝接见，马超俊且表示愿将请愿各点向大会报告，代表们认为这也是请愿的一个收获。随后，沈钧儒、章乃器、史良等在京招待新闻界，介绍全救会的主张和成立经过，要求新闻界积极支持，尽量登载救国运动消息，扩大救国宣传，推进抗日救亡运动。

3. 领导上海人民进行抗日救亡运动

针对日本帝国主义走私十分猖狂，严重威胁到我国的民族工业，8 月 9 日，在救国会领袖沈钧儒、章乃器、王造时、史良等的领导下，上海召开了近 2000 人的民众缉私抵货大会。沈钧儒致开会词说：私货的涌入，不但打击了关税收入，而且打击到我们脆弱的民族工业，影响到我们每个人的生活问题。因此我们要求民众组织起缉私大同盟，协助政府缉私；我们尤其要反对华北关税独立，减低关税。王造时、章乃器也在大会上发表了演说。大会最后通过三项决议：（一）用上海民众缉私名义通电全国民众，自动组设缉私大同盟；（二）通电政府拒绝减低关税及华北海关独立；（三）要求政府奖励海关努力缉私人员。会后举行了游行。[①]

日本政府不顾我国主权，强欲在我成都设领，以作为侵略我四川之根据地，四川同胞群起反对。8 月 23 日，四川旅沪各界谢持、杨庶堪、黄复生等 200 余人联名发表宣言表示抗议，并在上海召开了大会，沈钧儒、章乃器均被邀请出席，发表演说，予以声援。全国各界救国联合会同时致电南京政府和四川省政府，要

① 《救亡情报》，第 15 期，1936 年 8 月 16 日。

求立即予以拒绝，“将外交情形随时公布，并火速备战，与敌人一拼”。[1]

9月18日，“九一八”事变五周年，上海各界救国联合会发表宣传大纲，沈钧儒、章乃器等著文纪念，均强调当前的严重局势以及我们应取的态度，认为“九一八”以来的五年，“使我们认清中国的出路，认清全民族联合一致的必要，抗战而生，不抗战则死，这不但是全国人民的共同认识，就是政府当局现在也不能否认了。”他们指出，没有一个真正能包含一切阶级、一切党派、一切信仰的联合组织，就不能抵抗敌人，克服当前的危机，要求“大胆的把统一战线的种子散布到全中国的每一个角落里去”。[2] 是日，在救国会领导下，上海民众2000余人在沪西漕河泾举行“九一八”纪念碑奠基典礼，事先虽曾得到上海市政府的批准，但仍遭到国民党军警的镇压，被捕20余人，受伤百余人。

9月初，国民政府外交部长张群与日本驻中国大使川越就解决中日争端在南京举行外交谈判，日方提出华北五省自治，中日经济合作，减低进口关税，取缔抗日运动，解散救国团体，中日合作防共等灭亡中国的条件。9月18日，全救会召开第二次执委会，针对这一新情况，提出严密组织，扩大救国阵线，加强吸收落后人物和争取张学良、冯玉祥等上层分子的工作。[3] 宋庆龄因故未赴会，事后她致信执委们，对他们的工作给予肯定性评价：“月

---

① 《救亡情报》，第20期，1936年10月4日。

② 《救亡情报》，第18期，1936年9月13日。

③ 《全救会第二次执委会时事报告》，见《救亡情报》，第22期，1936年10月18日。

来诸同志在各地努力奋斗，甚慰心怀，整个领导，亦甚正确，其所以能使运动日益开展者，非偶然也。惟救国功业，至为艰苦，如欲获得最后之胜利，尚须有更大之努力。尚希诸同志再接再厉，以取得民族之解放。”[①]全救会发表《为团结御侮告全国同胞》一文，揭露日本帝国主义灭亡中国的新阴谋，要求国民政府立即停止外交谈判，团结全国力量，共同抗日，并且重申："救国阵线在唤起群众与组织群众上的努力，目的是单纯的，那就是：在战争以前是督促政府抗日，而在战争以后是拥护政府抗日。”[②]

随即上海的救国会会员与爱国市民印就《为中日外交已到最后关头宣言》发起广泛的签名运动，拟签名 10 万人后呈送政府，以示民意。数日内即有 1600 余人签名。[③] 南京救国会亦印发《为中日问题敬告全国同胞》一文，征求广大同胞签名。10 月 14 日，北平文化教育界代表徐炳昶、顾颉刚、钱玄同等 70 余人，起而遥相呼应，发表对时局宣言，向政府提出立即集中全国力量，在不丧失主权的原则下，对日交涉；中日外交绝对公开；反对日人干涉中国内政及在华的非法军事行动；反对在中国领土内以任何名义成立由外力策动之特殊行政组织；反对日本在华北有任何所谓特殊地位；反对以外力开发华北、侵夺国家处理资源之主权；立即以武力制止走私活动；立即出兵绥东，协助原驻军

---

① 《宋庆龄先生给全救第二次执委会信》，见《救亡情报》，第 22 期，1936 年 10 月 18 日。

② 《救亡情报》，第 21 期，1936 年 10 月 11 日。

③ 《上海各界爱国市民发起签名请愿运动》，见《救亡情报》，第 26 期，1936 年 11 月 15 日。

队剿伐借外力以作乱之土匪共八项要求。嗣后陆续在这份宣言签名者多达150余人,“实可代表华北一般知识阶层之真正意见”。[①] 上海各界救国联合会等团体闻讯后立即致电响应说:“此间同志认为生死搏斗之时期已至,吾人任务重大,决非一纸文书之所能了事。切望北方同志能即日更进一步,先自加紧组织,同时切实领导青年并扩及一般民众,成为坚不可摧之统一阵线,为实力派抗战之后盾。敝会等自当遥为呼应,合力进行,以争取民族解放之最后胜利。”[②]10月18日,上海实业界、教育界褚辅成、穆藕初、项康元、沈恩孚、黄炎培等215人也联合发表《为团结御侮告全国同胞书》的通电响应,说日本如有“轨外行动”,政府应“立以武力制止,遏未来之萌蘖,收已失之桑榆,万勿存投鼠忌器之心,贻噬脐莫及之悔”[③],并表示完全赞同北平文化教育界宣言中提出的各项主张。

由于人民和舆论的压力,加上国民党内抗日倾向的增长,南京政府后来在中日谈判中采取了比较强硬的态度,使谈判停顿下来。

救国运动的发起者们认识到,要抗日救国,完成民族解放的大业,光靠少数觉悟分子发宣言、通电和请愿的活动是无济于事的,必须发动广泛的人民群众尤其是尚未觉醒的落后群众参加。沈钧儒、章乃器、陶行知、邹韬奋四人联名发表的“团结御侮”的

---

① 《国闻周报》,第13卷第43期,1936年11月2日。

② 《上海各救国团体致北平文化界快邮代电》,见《救亡情报》,第23期,1936年10月25日。

③ 《国讯》,第144期,1936年10月21日。

文章中,就明确地提出了发动群众参加救国阵线的任务,说:“抗日救国的基本队伍,当然是人民大众。不管中央当局也好,地方当局也好,国民党也好,共产党也好,都脱离不了民众。要是没有民众的参加,断然谈不到抗日救国,同时在救亡联合战线中,也只有民众是最热诚的,最坚决的,最坦白无私的。”“我们民众文化的落后是不能否认的,抗日救国运动的一个主要任务是在教育最落后的广大群众,使他们踊跃参加救亡联合战线,而不仅在于推动少数前进的群众,作抗日的直接斗争”。[①] 9月18日,全救会第二次执委会议提出扩大阵线,加强组织发动群众特别是落后群众、落后人物,都应争取到救国阵线里来。[②] 随后在一系列文件中反复强调了民众是抗日救国最基本的力量。“我们唤起民众,组织民众和训练民众,也是一种很大的准备。因为半殖民地在抗战期内的国防力量,民众要占第一位”。“特别是对于许多落后的群众,我们应该用技术训练做一个阶石,把他们引到救国阵线的大门里来”。还提出:“我们最大的努力,并不在原有的会员,而在吸收更广大的群众。……种种色色不同的团体,由游艺学术,以至同乡同学的集团,一切左倾右倾的思想,只要大家在救国一点上努力一致,主张一致,都可以把他们组织到救国阵线里来。”[③]《救亡情报》刊登了《怎样唤起民众参加救亡运动》一文,以通俗易懂的语言和明白浅显的道理,阐明发动群众的启

---

① 《团结御侮的几个基本条件与最低要求》,见《沈钧儒文集》,第253、254页。

② 《救亡情报》,第22期,1936年10月18日。

③ 上海各界救国联合会理事会:《现阶段的救亡工作计划》,见《救亡情报》,第22期,1936年10月18日。

蒙方法。[1] 章乃器写的一篇文章说："救国是大众的事业，是只有大众的力量所能成功的。倘使只靠几个文人动笔杆，打通电，发宣言，那便成为虚无飘渺的'文章救国'；倘使只靠几个上层分子奔走南北，向实力派游说、拉拢，那就变成'政客活动'。只有在广大的群众基础上，把群众的呼声变成宣言通电，拿群众的力量去推动实力派，那才是救国阵线的光明大道。所以，拥有群众虽然是救国阵线要遭受压迫的一个主要原因，然而，救国阵线决计不能为要减轻压迫而放弃群众；反之，救国阵线要用广大群众的同情，使压迫者感觉到无处下手。为要争取广大群众的同情和参加，救国阵线便不能不以数量最大落后群众做争取的对象了。争取广大的落后群众，并不是放弃比较少数的前进分子，而是用前进分子做基本部队，去吸收广大的落后群众。"[2]《救亡情报》从11 月 1 日第 24 期开始，连续刊登征求救国会会员的广告，表示欢迎一切不愿意做亡国奴的人们参加。

10 月 19 日，鲁迅逝世后，在救国会的主持下，举行了三天群众性的悼念仪式。中共中央致鲁迅家属许广平的唁电，是通过上海文化界救国会转交的。鲁迅在虹桥公墓的墓地，是宋庆龄委托沈钧儒办妥的。10 月 22 日，上海学生、工人、店员、作家、教授等各界人士六七千人，在蔡元培和救国会的负责人宋庆龄、沈钧儒、章乃器、史良、李公朴、邹韬奋、王造时以及胡愈之等的率

---

① 《救亡情报》，第 11 期，1936 年 7 月 19 日。

② 章乃器：《救国阵线斗争技术的一个标本》，见《新认识》创刊号，1936 年 9 月 5 日。

领下，为这位伟大的民族解放战士送葬。一路上人们唱着悲壮的挽歌："你的笔尖是枪尖，刺透了旧中国的脸。你的发音是晨钟，唤醒了奴隶们的迷梦。在民族解放的战斗里，你从不曾退却，擎着光芒的大旗，走在新中国的前头。呵！导师，呵！同志，你死了，在艰苦的战地，你没有死去，你活在我们的心里！……"①"鲁迅先生不死！""纪念鲁迅先生，要打倒日本帝国主义！""要努力民族解放斗争！"等口号此起彼伏。庄严壮烈的送葬队伍，像一股洪流，成为1936年下半年上海人民一次最大的抗日救亡示威行动。蔡元培、宋庆龄、沈钧儒、章乃器、邹韬奋等均在鲁迅墓前发表简短的演说。沈钧儒报告鲁迅生平事略，最后说："像鲁迅先生这样伟大的思想家和文学家，不但我们人民对他都表示尊敬，就是我们政府也应当敬重他的！他现在虽得不到什么国葬，但今天可说是一个民族的葬仪。"②章乃器说："鲁迅先生所以伟大，是在于他的笔肯为全世界被压迫大众讲话，肯为特别被压迫最厉害的中国民众讲话。"纪念鲁迅先生，我们必须"使没有参加联合战线的人，都觉悟了来参加"。③ 邹韬奋说："今天天色不早，我愿用一句话来纪念鲁迅先生：'有人是不战而屈，鲁迅先生是战而不屈。'"④最后由沈钧儒、章乃器、王造时、李公朴四人将一面由沈书写的"民族魂"三个大字的黄绸子旗帜覆盖在鲁迅的

---

① 《从万国殡仪馆到万国公墓》，见《救亡情报》，第24期，1936年11月1日。

② 《沈钧儒文集》，第260页。

③ 《从万国殡仪馆到万国公墓》，见《救亡情报》，第24期，1936年11月1日。

④ 子冈：《伟大的伴送》，见《生活星期刊》，第1卷第22号，1936年11月1日；《韬奋全集》，第6集第723页。

灵柩上。

从8月开始,日本帝国主义及其豢养的伪蒙军侵犯绥东,随后发动了对绥远大规模的进攻,全救会和上海各界救国联合会等团体立即发表宣言,呼吁援绥抗日。9月6日,救国会组织300多个宣传队共约2000余人,走上街头,进行援绥募捐,并分送宣传品,扩大抗日宣传,当日接触群众数万人。救国会立即将所募得款项如数全部汇交绥省主席傅作义,作为犒赏前线士兵之用。傅作义收到后,复函称救国会诸先生"热心爱国,慷慨输将,拜领之余,莫名惭篆"。[①] 后来傅作义在接见上海《大公报》记者时曾说:"我跟他们并没有关系可言,以前也不认识,未曾见过面,不过,在绥远抗战时,我们这儿收到的第一件捐款,是他们救国会捐来的,而且都由他们这几位先生署名在沪经募的。"[②]11月,在全国范围内掀起了风起云涌的援绥运动。南京救国会在孙晓村、曹孟君等人领导下,与王昆仑、许宝驹等密切配合,并取得冯玉祥的大力支持,推动国民政府中的上层人士如张继、孙科、居正、覃振等发起援绥抗日运动。11月中旬,在南京中央饭店召开各界人士参加的援绥大会,由国民党元老张继主持会议,并发表讲话,国民党左派如经亨颐、柳亚子和不少立法委员、监察委员都到会参加。大会通过成立"首都各界援绥后援会"。这次大会在一定程度上冲破了国民党不准抗日救国的禁令,使南京的救国运动出现了高潮。会后开展的抗日救亡宣传和募捐运动,一

---

① 《救亡情报》,第24期,1936年11月1日。

② 《桂林日报》,1937年4月11日。

直深入到政府各机关、学校、工厂、商店以及医院的病房里，成为1932年以来南京规模最大的爱国运动。[①] 此外，华北、西北、华南地区，在当地救国会参与领导下，也开展了大规模的群众性援绥抗日运动。

11月中旬，全救会再次发表《为绥远问题宣言》，要求政府发动全国规模的抗战，立刻停止内争，停止和日本的谈判。同时分别打电报给国民政府和张学良、傅作义、宋哲元、韩复榘等，要求出兵援绥，坚决抗日。给张学良的电报说："中央信誓旦旦，以不丧失寸土及丝毫主权为言，绥远岂仅寸土，权利何止丝毫，若又以绥远为地方冲突，默认沦亡，则国事真不必闻问矣！望公本立即抗日之主张，火速坚决要求中央立即停止南京外交谈判，发动全国抗日战争，并电约各军事领袖，一面对中央为一致之督促，一面对绥远实行出兵援助。事急国危，幸即图之。"[②]

在援绥抗日运动热烈开展的同时，上海日商纱厂工人数万人，因不堪日本资本家剥削压榨，同时受上海抗日爱国运动的影响，于11月上旬开始举行反日大罢工，提出增加工资，保护工人权益，反对日兵进厂压迫工人等12项条件。救国会发表宣言，呼吁全国同胞援助，并组织罢工后援委员会，予以支持，将募得的捐款在纱厂附近的市场上买了米票，直接发给因罢工而遭到生活困难的工人和家属。罢工最后获得了胜利。

11月12日孙中山诞辰纪念日，救国会发表《为纪念孙中山

① 《救国会》，第481～482页。

② 《救亡情报》，第27期，1936年11月22日。

先生诞辰告全国同胞书》的文章，认为“救国阵线一再提议联合英、美、法、苏，成立太平洋反侵略的集体安全制度，这就是先生当时联俄政策的发展；救国阵线一再提议联合全国各党各派及社会各阶层，建立全民族的抗日统一战线，这就是先生当时容共政策的发展；救国阵线一再提议改善工农生活以增强抗日的力量，这就是先生当时保护工农政策的发展”。文章指出，政策的含义虽然由于时代的改变有所不同，但“民族解放的路线是一贯的”；还说：孙中山的三大政策在1925年~1927年的北伐战争中取得伟大胜利，当前救国阵线师承他的遗教决定的联合战线也必然会胜利。要求每一个救国战士学习孙中山不屈不挠的革命精神，抱宁死不做汉奸顺民的决心，和敌人拼死斗争，取得抗日战争的伟大胜利。[①] 宋庆龄也写了纪念词，要求继承孙中山的遗志，建立反侵略的国际联合战线及联合各党派各阶层的民族统一战线，争取中华民族的解放。[②] 沈钧儒发表的《孙中山主义与救亡阵线》一文说，孙中山有“博大宽容”的革命人格，所以“是民族联合阵线的首创者”。“孙中山主义就是救国主义，而三大政策就是救亡联合阵线政策。”救国阵线所倡导的各党各派联合御侮的政策，与孙中山手订的联共政策，“立意完全相同”。文章还强调指出：“打开窗子说亮话，现在共产党固然一时消灭国民党不了，国民党也一时消灭共产党不了，按照过去‘剿匪’的经验，我们可以晓得，而抗战却已万万不能再行等待。那么只要共产

① 《救亡情报·中山先生诞辰纪念号外》，1936年11月12日。

② 《救亡情报·中山先生诞辰纪念号外》，1936年11月12日。

党能够改变反国民党、反政府的策略，恢复孙总理的联共政策，停止一切内战，以共同对外，还会有什么问题呢。"①是日救国会在上海静安寺路女青年会举行盛大的纪念大会，有千余人参加。李公朴、章乃器、王造时、史良、沈钧儒、沙千里均在会上发表了演说，一致高度赞扬了孙中山"锲而不舍"的革命精神，表示要继承他联俄、联共、扶助农工三大政策，加紧民族解放斗争的活动，以挽救当前严重的民族危机。

救国运动普遍深入到各阶层，不但为工人、职员、知识分子和青年学生所拥护，而且得到工商界人士和某些国民党上层军政人员的同情与支持，促进了国民党统治集团内部的分化。救国会以它鲜明的抗日爱国号召和艰苦努力精神，团结了广大群众，据估计，到1936年底，全国救国会会员达数十万人。② 救国会广泛宣传了建立抗日民族统一战线的主张，对推动抗日民主运动，促进国内和平，起了重要作用，占有很重要的地位。

---

① 《沈钧儒文集》，第262～264页。

② 《火线下的救亡运动》，见《时论》半月刊，第1卷第3号，1936年11月30日；全国各界救国联合会执委马相伯等：《为七领袖被捕事件宣言》，见《救亡情报·西安事变号外》，1936年12月18日。

第二章
国民党对救国运动的迫害，“七君子”事件，救国无罪，人民的抗争

第一节　救国会对国民党诬蔑的反击

一、国民党中宣部告国人书和救国会的辨正

30 年代中期，在国民政府统治区，救国运动是在极端艰难的环境中开展起来的。那时公开倡言抗日是违法犯禁的，发表的文字上只能写成“抗 ×”，不然日本帝国主义就会出来干预，国民党就要取缔镇压。要求停止内战，团结御侮，也与国民党“攘外必先安内”的国策相违背。救国会公然以停止内战，联共抗日相号召，要求建立一个容纳各党各派的统一的抗敌政权，同国民党的对内对外政策相对抗，并以一个全国规模的组织出现，自然被国民党视为大逆不道。尽管救国会文件上公开一再写明：“救国团体不是一个夺取政权的团体，在本质上不应该、不需要和当局对立的，我们对当局应该有政策之争，然而绝对没有政权之争”；[①]它反对当局同敌人妥协，“完全是为着挽救民族的危亡，而决计没有丝毫的恶意，这是一个政策之争，而不是政权之争”；[②]

---

① 《全国各界救国联合会成立大会工作检讨》，第 12 页，1937 年出版。

② 《救国会》，第 91 页。

其目的只是在于推动政府抗日，但却仍然为政府所不容。因此，救国运动从一开始就遭到国民党的诬陷和打击，从而展开了救国无罪和“救国有罪”尖锐激烈的斗争。

上海救国运动刚开展不久，1936 年 2 月初，国民党的特工人员就在一份密报中称：“文化界救国会组织，分子异常复杂，活动范围广大”，“将来毒焰所及，势必直接及于各地青年团体及文化团体，间接更有侵入各种职业、产业团体及民众之危险，故为防患未然计，不可不预筹严密之防范计划。”①国民党上海市党部开会议决，由中央禁止《大众生活》发行，查封生活书店，查封量才补习学校及量才图书馆，并逮捕其主持人李公朴；密令各团体禁止参加文化界救国会，实行新闻检查，封锁其消息。②

紧接着，国民党中宣部发表一篇《告国人书》，对爱国运动横加指责和攻击，诬蔑上海文化界救国会倡导的救国运动，是在共产党的煽惑下，利用民众的一点热情，“藉文化团体知识分子为工具，以逞其危害民国、破坏秩序之阴谋”；其宣言“不曰反对中央，即曰颠覆政府，是皆利用‘救国’的呼声，以作其叛逆行为的掩护”。并说：“现在横亘于我民族前途之大患者有二：一为白色帝国主义，一为赤色帝国主义。因此国人不幸，受其蛊惑而堕落者，亦分为两途：一则为白色帝国主义者之汉奸，一则为赤色帝国主义者之汉奸，而少数不幸受其利用之知识分子与文化团体，

---

① 《一二·九以后上海救国会史料选辑》，第 77、79 页，上海社会科学出版社 1987 年出版。

② 《一二·九以后上海救国会史料选辑》，第 79 页。

又皆成为汉奸之爪牙与工具，不仅为民族之罪人，实不齿于人类。”文告威胁说，如果不听劝告，不加悔改，“甘心受共产党之利用，甘心作汉奸之爪牙”，“政府自不得不本蝮蛇螫手，壮士断腕之决心，为维持社会之秩序，与保护国家之治安起见，当予以最后的严厉之制裁。”[①]这篇文告显然是蓄意制造“救国有罪”的舆论，成为镇压救国运动的先兆。

2月14日，上海文化界救国会发表《对中宣部告国人书之辨正》一文，对中宣部的诬蔑和恫吓作了驳斥。文章说：“上海的救国运动，兴起于华北伪自治运动抬头的时候。当时华北汉奸，组织烟民，冒称民众；华北报纸甚至公然以汉奸理论代表民意。中宣部在那是非颠倒、国格危殆的时候，默不一言；政府当局也未能当机立断，为有效之制裁。我们在悲愤之余，感匹夫之责，才有救国运动之发起。两月以来，赖各地学生及民众救国运动的勃发，和文化界正确理论的开展，舆论为之清澄，人心为之振奋，汉奸为之匿迹。如果党国诸公真能以民族利益为前提，对于这种现象应该是如何的爱护；即使中间有错误的所在，应该是如何的加以善意的指导。不幸得很，中宣部对于汉奸运动，则默加容许；对于救国运动，反严辞厉色，诬陷侮蔑，无所不用其极，这是我们所感到无限的失望的。”文章还反驳说：“中宣部又谓救国团体之宣言，‘不曰反对中央，即曰颠覆政府’，我们检查所有救国会的宣言，绝对没有此种激烈的文句。这许多铁一般的错误，足以证明中宣部显然是受人蒙蔽，更足以证明其所谓‘受人利用’

① 《申报》，1936年2月12日。

云云，也都不过是奸人捏造事实，诬陷救国运动。这种人造谣生事，为虎作伥，究竟是何居心？中宣部何以会被其蒙蔽？是否所谓‘受人利用’者，正为中宣部本身？这是我们所感到无限的疑虑的。”文章庄严宣告：“‘三军可夺帅，匹夫不可夺志’，我们倘使是中宣部一纸诬蔑文告所能恫吓得倒的人，我们早就不敢在‘救国有罪’的环境之下，公然以救国相号召。”[①]这篇辩驳文章，义正词严，掷地有声，及时而有力地驳斥了国民党横加的诬蔑和恫吓，救国运动继续以不可遏止之势向前发展。

沈钧儒曾在一封家信中描述当时的艰难情况说：“因抗日情绪勃发不能遏止，与朋辈中之为大学教授者、作家、出版者共同组织了一个上海文化界救国会。……中间惹起了许多烦恼，中央党政对此会极端嫉视，要解散及逮捕会中重要诸人，应付环境亦极费力。”[②]但他表示既参加救国运动，“就要准备坐牢，甚至砍头，否则就不参加。”[③]王造时也说：“要起来组织救国会，先要有准备进监牢的决心。”[④]章乃器则表示：为了抗日救国，刀锥斧钺，在所不辞。

南京政府不顾爱国群众和舆论的呼声，于 2 月 20 日颁布了《维持治安紧急办法》，规定：“军警遇有妨害秩序，煽惑民众之集会游行，应立予解散，并得逮捕首谋者及抵抗解散之人。”[⑤]随后

① 《大众生活》，第 1 卷第 15 期，1936 年 2 月 22 日。

② 周天度：《七君子传》，第 66 ~ 67 页，中国社会科学出版社 1989 年出版。

③ 钱俊瑞：《爱国主义的伟大旗手》，见《沈钧儒纪念集》，第 80 页。

④ 《韬奋文集》，第 3 集第 126 页。

⑤ 《申报》，1936 年 2 月 21 日。

又以“鼓动学潮,毁谤政府”为名,查禁了《大众生活》等 24 种抗日刊物,并逮捕了上海复旦大学学生救国会 11 名负责人,同情救国运动的李登辉校长等均被殴伤。《大众生活》于被迫停刊前发表《读中宣部告国人书》的评论,要求对爱国运动不要用恶意来估量,否则徒然损伤民族的元气。“客观的危亡事实推动着民众的救亡火焰,增高着民众的救亡热血,压迫的结果只是更惨痛地消耗民族元气而已。”①天津《益世报》也发表《爱国无罪》的社论,对救国运动予以声援,指出:救国会会员中许多是社会中或大学里有声望有品格的学者教授,他们的爱国心是真诚纯洁的。“我们如今只请求政府给人民这个最低限度的权利:爱国无罪! ……须知政府是国家的机关,国家没有了,政府是不能存在的。爱国有罪,人民不敢爱国,到了举国的人民畏罪而不敢爱国,国家必亡;国亡而政府亦随之而亡了。所以今日中国救国之道,中国政府自存之道,最少要做到爱国无罪!”“我们今日只有向政府当局恳切请求:万般有罪,爱国无罪!”②

爱国名将冯玉祥对国民党压制救国运动感到愤愤不平,2 月 16 日他在日记中写道:“收到章先生他们为救国会对此次中宣部的一篇宣言,可算是赤诚极了。读完了之后,(谁)不发生一种对中宣部的很不好的影响呢,真是晕[昏]聩糊涂无所不备了。”“读上海救国会之宣言极有感,我拟即立刻写一长函给蒋,请其特别

① 《大众生活》,第 1 卷第 15 期,1936 年 2 月 22 日。

② 《益世报》(天津),1936 年 2 月 25 日。

注意造谣害人之人。”[1]3 月 5 日日记又记：“到蒋先生处一谈，所谈事项甚多。……三，陶行知、江问渔、章乃器各位先生救国会事，不可压而可联也。”[2]他还对记者发表谈话说：“许多人疑文化界救国会等团体别有背景，我想这是由于报告者的夸大蒙蔽，正给敌人造机会。目前学生的爱国运动及国民自发的救国运动都是民气蓬勃的表现，若能加以适当指导，必可成为救亡工作的伟大力量。所以我觉得无论中央或各省市当局，都应多邀救国团体的领袖时常开诚布公的谈话，甚而相对流涕，务须彼此谅解、合作，共同对外，万不可使自己的力量互相磨擦，互相抵消。”[3]

二、对国民党当局攻击的反驳

全国各界救国联合会的成立，使全国的抗日救亡运动有了一个统一的领导，国民党更视为心腹之患，压迫随之加剧。

6 月 2 日，沈钧儒、章乃器将全救会的宣言和纲领等文件，亲自送交上海市市长吴铁城，希望得到当局的认可，争取合法公开。吴铁城不仅不予承认，反而恶言相加，说你们“要组织抗日政府，就是要推翻国民政府”。沈钧儒、章乃器劝他冷静考虑，不要听信特工人员的情报，无事生非，并说：“市长既然说政府是要抗日的，那么，现政府就会转变为抗日政府，有什么推翻另组的可能和必要呢？”吴说：“你们有了全国性的组织，又有独立的主

① 《冯玉祥日记》，第 4 册第 684 页，江苏古籍出版社 1992 年出版。
② 《冯玉祥日记》，第 4 册第 692 页。
③ 《大公报》，1936 年 3 月 10 日；《救国时报》，1936 年 4 月 10 日。

张，那就是对抗国民政府的，那不是要另组政府又是什么呢？现在我宣告你们的全国各界救国联合会为非法，命令你们：一、立刻写好通告，解散全国各界救国联合会；二、把所有印刷品送到市政府来，以备销毁。否则今天便把你们拘留起来！”“你们要做民族英雄吗？那就让你们尝尝民族英雄的滋味吧！”沈、章从容镇定地回答说：“全国各界救国联合会如同它的名称所表示的，是全国各地的救国会的代表联合组成的，我们没有权力解散它；印刷品已经统统发出去了，没有留存的，市长要逮捕我们吗？那应当依法由法院出拘票来拘捕。”①并说明自己“为良心所驱使，根据全国人民一致的要求，积极从事抗日救国工作，除此以外，别无所求，更谈不上什么野心”。② 坚决表示：“忠于宣言的每一句话，宁可坐牢而不愿卖国。”③他们愤慨吴铁城嘲笑民族英雄，驳斥说：“国难深重，市长不嘲笑汉奸卖国贼，而嘲笑起民族英雄，这使我们感到吃惊！市长难道怕民族英雄太多吗？民族英雄有什么罪过？”④双方争论了数小时，沈、章以“光明磊落的态度，击退了一切意图中的迫害”。⑤

---

① 《救国会》，第439页。

② 《粉碎一切迫害和侮辱，巩固我们的救国阵线！》，见《救亡情报》，第6期，1936年6月14日。

③ 《宋庆龄先生致救国阵线领袖函》，见《救亡情报》，第6期，1936年6月14日。

④ 《救国会》，第439～440页。

⑤ 《粉碎一切迫害和侮辱，巩固我们的救国阵线！》，见《救亡情报》，第6期，1936年6月14日。

6月5日,吴铁城召集全市大中学校校长开会,再一次对救国运动进行攻击。他说:“现在有少数野心家,组织了一个甚么全国各界救国联合会,这里不过是二三十人在那里包办,说得上什么全国联合呢?这个团体简直是一个反动的东西。”他要求校长们负起责来,“取消各学校内的救国会以及一切类似的反动组织”。①

宋庆龄闻悉后,立即写信给救国会领袖表示声援,完全支持他们的正义行动,认为当局一面鼓吹“秘密准备抵抗日帝国主义”,但又一面警告、逮捕我们救国会诸同志,这是一个讽刺,并说:“我们反日的最好方法,是只有加强我民族革命的力量,所以我敢担保你们将作坚持到底的努力。我们的路是长而艰苦的,但只有伟大的斗争才能获得胜利。如果我们能够尽力干去,这种胜利是有保证的。”她表示:“我们非常欣慰签名于这救国会的纲领和宣言之后,我充分支持这个纲领和宣言。”②《救亡情报》也发表《粉碎一切迫害和侮蔑,巩固我们的救国阵线!》的文章,认为“我们的领袖充分表现了他们对于民族的忠心,对于人民的热爱,对于权威的不屈,而且我们应该给他们进一步的信任,拥护他们为中华民族独立解放奋斗到底”。宣称:“对于一切恶意的攻击,我们不需要解释和辩论,我们只有用不可摇动的救国阵线的力量和伟大的献身民族的决心来回答。”③

---

① 《吴市长的谈话》,见《救亡情报》,第6期,1936年6月14日。

② 《宋庆龄先生致救国阵线领袖函》,见《救亡情报》,第6期,1936年6月14日。

③ 《救亡情报》,第6期,1936年6月14日。

6月中旬，蒋介石又邀沈钧儒、章乃器、李公朴三人到南京面谈，[①]并派戴笠到车站迎接，安排他们住宿在豪华的中央饭店。三人事先商定应付的三项原则：第一是要用联合战线去吸收各党各派，但不能把联合战线卖给任何党派；第二是用联合战线去运用各党派的势力，但不能被任何党派来利用；第三是每一个参加联合战线的人，应将其社会、组织、政治关系来充实联合战线，而不能因自身关系削弱联合战线。同时确定，救国会的宣言和纲领、原则、立场决不妥协让步，但不同蒋正面冲突。[②] 在谈话过程中，沈、章、李表示很关切对日作战准备情况，希望有所指示。蒋介石声称："日本人是要我们不战而屈，我现在有把握可以战而不屈。"沈钧儒等说："那太好了，可以立即反攻了，何以华北还要退让呢？"[③]蒋于是又重弹他"攘外必先安内"的老调，说："共产党捣乱后方"，不要国家，"共产党的话不能信"，等等。[④] 蒋介石要求救国会接受国民党领导，沈等说："只要你停止内战，发动民众坚决抗日，那不领导也就领导了。我们救国会是代表全国人民的意志，要求停止内战，一致抗日，救亡图存，谁这样做，我们就同谁团结。"[⑤]章乃器还提出希望蒋"以百姓为心腹，以舆论为耳目"，不要偏听偏信 CC 和军统的情报。蒋介石的目的未能

---

① 蒋介石 1936 年 6 月 12 日日记记载："正午与沈钧儒、章乃器等谈话。"原件现存美国斯坦福大学胡佛研究所档案室。

② 《章乃器先生的谈话》，见《救亡情报》，第 13 期，1936 年 8 月 2 日。

③ 《救国会》，第 438 页。

④ 《救国会》，第 438 页。

⑤ 孙晓村：《"真堪衡岳比芳芬"》，见《沈钧儒纪念集》，第 113 页。

达到，谈话无结果而散。蒋请他们吃饭，由陈布雷作陪。这分明是“先礼后兵”，是后来逮捕他们的先奏。

之后，蒋介石变换手段，引诱救国会领袖离开上海。据王造时回忆说：8月间，蒋介石用分化利诱等手段解决了两广事变，9月中旬以胜利者的姿态到了广州，电令上海市长吴铁城邀沈钧儒、邹韬奋、章乃器和王造时前往会谈，企图使他们离开上海，不能领导即将来临的“九一八”五周年纪念大会和游行示威。他们的答复是过了“九一八”动身，这也显然激怒了蒋介石国民党。[①]

9月6日，上海各界救国联合会为了援绥抗日，发动会员向民众进行抗日救国宣传并募捐，事后国民党上海市党部发表一项通令，攻击这一爱国行动为“借救国为名，敛钱肥己”，并声称救国会为“非法组织，且系反动分子之集团，如任其随处募捐，不啻助长反动势力”，必须予以严禁。[②] 对此，救国会领袖马相伯、宋庆龄、何香凝、沈钧儒、章乃器、王造时、李公朴、史良联名发表声明，予以反驳说：救国会“曾否敛钱肥己，想为国人所共谅。十年来敛钱肥己者究为何种人，亦难逃国人之耳目。”还严正指出：“国难严重若此，党政诸公既不能领导人民从事救亡工作，人民自动组织，应何欣慰之不遑，讵忍诬为反动，实所不解。且其所指事实，系九月六日上海各界救国联合会为绥远抗敌军队募捐，倘为政府抗敌军队募捐而竟成为反动，则岂非媚敌卖国，乃得称

---

① 《王造时自述》，见《上海文史资料选辑》，第45辑。

② 《救亡情报》，第21期，1936年10月11日。

为正动乎?”①

9月18日,上海各界救国联合会在沪西漕河泾举行“九一八”纪念碑奠基典礼,当大批群众聚集在十六铺准备前往漕河泾时,遭到国民党军警的镇压。事后,沈钧儒等举行记者招待会,并发表通电揭露这一暴行:“夫以最和平最有秩序之方式纪念我国空前之奇耻大辱,而遭受此凶狠野蛮之摧残,我当局抗日之谓何?开放民众运动之谓何?”②被殴伤的史良住院治疗时写的《九月的鞭笞》一文,称这“是一个创痛的纪念日”,“血迹在每个角落发现,人们发见了自己的或同伴们的血,全都惊叫起来了。这是上海救国运动起来后第一次的流血。以前流血的是少数人在‘示众’的用意下被牺牲,这次却是堂而皇之的‘一律优待’了。”“当我看到那位后脑喷血的女同胞躺在地上受踢时,我真要愤怒得叫出‘你们是人吗’来了。”③

第二节 国民党对救国会的镇压,“七君子”事件及其营救运动

一、“七君子”事件——救国领袖被捕入狱

1936年10月以后,抗日救亡运动更加广泛深入地发展,趋

① 《救国会》,第203~204页。

② 《救亡情报·九一八五周年纪念血案号外》,1936年9月22日。

③ 史良:《九月的鞭笞》,见《妇女生活》,第3卷第6期,1936年10月1日。

向高潮，尤其是运动的中心上海，与日商纱厂工人的罢工斗争结合起来，显示出强大的声势和威力。此时，日本方面不断向国民党当局施加压力，要求取缔抗日运动，逮捕沈钧儒等救国会负责人。国民党既慑于日本的压力，又对人民群众抗日救亡运动感到惊恐，再也无法容忍，于是镇压开始了。

11 月 23 日凌晨 2 时许，上海市公安局派出八个特务小组，会同英、法两租界的捕房西探，分别到沈钧儒、章乃器、邹韬奋、李公朴、王造时、史良、沙千里、陶行知的家里捕人。除陶行知因已先期出国、未遭逮捕外，沈钧儒等七人同时被捕。沈钧儒、李公朴、王造时三人被押到公共租界静安寺巡捕房，沙千里押于爱文义路捕房，邹韬奋、章乃器、史良则押于卢湾区法租界巡捕房。沈钧儒在寒风凛冽的深夜在捕房看守所冰冷的水门汀地上坐了一夜。① 事情发生前一月，沈钧儒即传闻政府将要逮捕他，一些好心的朋友劝他暂时躲避，但他坦然地说："我不打算走，我准备着被捕，什么时候拘票送到，我就什么时候上法庭去，南京也好，上海也好，我都去得。现在正需要像我这样的老人吃点亏，使大家可以激励一下。"②邹韬奋也说："在被捕的前两三天，就有朋友传来消息，说将有逮捕我的事实发生，叫我要特别戒备，我以胸怀坦白，不以为意，照常做我的工作。我这时的全部的注意力都集中在绥远的被侵略。"③

---

① 《韬奋文集》，第 3 集第 119 页。

② 潘念之：《记沈钧儒先生》，见《救国无罪》，第 169 页，1937 年出版。

③ 《韬奋文集》，第 3 集第 87 页。

由于害怕舆论谴责，上海市公安局通令各报不许登载沈钧儒等七人被捕的消息。[1] 但《立报》和《华美晚报》没有理会这个禁令，于当日在第一版以显著位置刊登了这个消息。《立报》的报道极简单，连七人的名字都未敢刊出。《华美晚报》则较详尽，还登载了他们的简历。随后上海及全国各报相继作了报道。上海市当局不得不于 25 日正式公布沈钧儒等人被捕的罪名说："李公朴等自从非法组织所谓'上海各界救国会'后，托名救国，肆意造谣，其用意无非欲削弱人民对于政府之信仰。近且勾结赤匪，妄倡人民阵线，煽动阶级斗争，更主张推翻国民政府，种种事实，均可复按。政府当局年余以来，曲加优容，苦口劝喻，无如彼等毫不觉悟，竟复由言论而见诸行动，密谋鼓动上海罢工，以遂其扰乱治安，颠覆政府之企图，业经查有实据。现值绥边剿匪吃紧之际，后方尤应巩固，不得不行使紧急处置，以遏乱萌。"[2]显然，这是捏造的莫须有的罪名。沈钧儒等在公安局看到这条消息后的心情，沙千里在狱中写的一段话颇具代表性："我们惭愧得很，我们并没有这种神通，也没有这种企图。布告上这样地说我们，我们倒有些受宠若惊！""我们自信光明磊落，我们看了之后，倒也并不惊异，所谓'欲加之罪，何患无辞！'所以很觉坦然。"[3]

23 日上午 7 时，沈钧儒、李公朴、王造时、沙千里四人被解送

---

① 《全国救国会领袖被捕记》，见《救国时报》（巴黎），1936 年 12 月 12 日。

② 《中央日报》，1936 年 11 月 26 日。

③ 沙千里：《七人之狱》，第 53、55 页，生活书店 1937 年出版。

到江苏高等法院第二分院(简称高二分院)受审。邹韬奋、章乃器、史良则被送到高三分院受审。10时,高二分院第一庭提审沈钧儒、李公朴、王造时。当沈等走进法院时,法庭上已挤满了旁听的人,救国会和沈等的亲友请的辩护律师也已在律师席上就坐。法庭上戒备森严。审判长宣布:“本案情节重大,禁止旁听。”①上海市公安局侦缉队的薛士林代表公安局作为原告,指控沈等有“反动嫌疑”、“鼓动工潮”、“危害民国”等罪,但拿不出任何犯罪的证据,又未具备公文,却要求移提(引渡)到内地法院。沈钧儒等当庭驳斥了公安局代表的诬蔑之词,并对非法逮捕提出抗议,表示坚决反对公安局违法移提。② 依据上海法国租界和中国政府协定,除中国的司法机关无需证据即可向捕房和特区法院移提人犯外,像公安局一类的机关必须有证明才能移提。③三名被告的九位律师张以藩、张耀曾、俞钟骆、陈志皋等轮流进行辩护,声明:“一、搜捕时无法院捕状,违反特区法院决定;二、被告等所犯为‘爱国未遂罪’,毫无其他证件,应立予开释。”④法院被迫裁定:交责付律师保释,改期再讯。于是沈钧儒和李公朴、王造时先行退庭。当他们于中午12时走出法院时,守候在大门外的群众,向他们热烈鼓掌欢迎。

接着,审判长审问仍未保释的沙千里:“为什么组织救国会?”沙答:“为的是救国,因为现在国难正殷,为保全国家土地主

---

① 《七人之狱》,第18页。

② 《七人之狱》,第19页;沙千里:《漫话救国会》,第32页。

③ 《韬奋文集》,第3集第103页。

④ 《沈钧儒等昨再度被拘》,见《益世报》(天津),1936年11月25日。

权之完整，凡属国民一分子，均应同尽国民之责任。”问：“罢工事你干与吗？”答：“我不知道。”问：“你加入共产党吗？”答：“没有。我在加入救国会以前是国民党党员，隶属于三区十八分部，不过他们开会我没有去过。”问：“是否拿到第三国际命令，改为救国会的名义？”答：“我完全不知道。公安局的话是不对的。如说因为救国会会员中有共党，即认为救国会是共党组织，然而救国会会员有国民党，全部即为国民党？这真是不会论理之至。”“不能说救国会的会员做共产党，其他会员也做共产党；如救国会会员做强盗，其他会员也要负责吗？”①沙千里据理指出公安局代表的指控“全属虚罔，毫无根据”。② 蔡六乘等三位辩护律师也指出捕房拿不出犯罪的证据和事实，没有拘票逮捕罪责不明的公民是违法的，法庭不应当违法移提。③ 法院对沙千里也被迫作出交责付律师保释的裁定。

章乃器、邹韬奋、史良于下午4时在高三分院受审。法庭第一个审问章乃器，审判长问他曾否煽动上海日商纱厂罢工。他大声地答道：“我觉得很惭愧！因为我的力量还不够！倘若我有力量煽动日本纱厂罢工，我要很骄傲地回答审判长：我曾经煽动日本纱厂罢工！”审判长问：“你如果有力量，是要煽动的，那你至少是同情的。”章乃器毫不思索地说：“是！中国工人在日本纱厂所受的虐待，和猪猡一样，请审判长问一问全法庭的每一个有良

---

① 上海市公安局档案，50－1－624，未刊。

② 沙千里：《七人之狱》，第19页。

③ 沙千里：《漫话救国会》，第33页。

心的中国人，对于本国同胞遭受到侵略者这样惨酷的待遇，谁不表同情！”[①]在审问邹韬奋时，他坦白承认自己是全国各界救国联合会执行委员，深信参加救国运动是光明磊落的事情，用不着隐瞒。关于他和沈钧儒等三人联名发表的《团结御侮的几个基本条件与最低要求》，以及毛泽东的回信，涉及和共产党的关系问题，他认为此文所主张的是全国团结，一致对外，有原文可按，谁都可以看，可以评论。检察官当庭认为这不能作为犯罪的证据。关于是否参加煽动上海日商纱厂罢工问题，邹韬奋说他所做的只是捐了一天的薪水所得，救济在纱厂里过着牛马生活、罢工饥寒交迫的同胞。法捕房律师也当庭宣称，捕房政治部曾经把所搜去的印刷品研究一番，觉得只是爱国文字，没有犯罪的证据，不允许公安局移提。[②] 史良审讯的情况基本相同。结果三人均由责付律师保出，于当夜8时回家。

沈钧儒等刚刚出来几个小时，上海市公安局长蔡劲军又以从前拿获的共产党员供认沈钧儒等是救国会委员，有共产党嫌疑的口供新线索为借口，致函高二分院说："查反动分子沈钧儒、李公朴、王造时、沙千里等业由捕房捕获解送贵院，并经讯问后交保定期再审在案。兹据确报，该沈钧儒等即有逃亡之虞，应请立予拘案，免生意外。”[③]高二分院又立即发出拘票，于当日深夜再次将沈钧儒逮捕。章乃器、邹韬奋、李公朴、王造时、沙千里五

① 《韬奋文集》，第3集第103页。

② 《韬奋文集》，第3集第96页。

③ 上海市公安局档案50－1－624，未刊。

人也同时分别被捕或自动投案，与沈一同被羁押在捕房监狱。高三分院书记官孙瑛事先打电话把这一消息告诉史良，史良立即用电话通知沈钧儒、沙千里等人，叫他们赶快躲避，自己随即逃离寓所，前往陆殿栋一亲戚家避难。①

24日，高三分院审理时，公安局代表杨福麟指控说："从前拿获的共党都说本案被告等是救国会委员，从前打伤警察的人犯亦说被告等是救国会委员。被告等阳假救国为名，阴施捣乱工作。"②公安局律师詹纪凤则称："被告等从前曾经鼓动人民与军警冲突，被告等所有一班党徒都是救国会内分子，假救国为名，和政府捣乱，应请准予移提。"被告辩护律师鄂森说："现在公安局来文亦说及新事实发现，如认被告有共产党嫌疑，要求移提，须提出相当证据，若无充分的证据，谈不到移送。"李公朴说："公安局说我们有鼓动工潮之嫌，究竟有什么凭据？"王造时也申辩说："公安局说我们鼓励工潮，有共产党嫌疑，究竟有何根据，不能空言主张。"沈钧儒说："所谓新事实，可是说公安局拿到的共产党嫌疑人犯说我们是救国会的委员，便认为有共产党嫌疑，这完全没有理由。"③"既指我有共党嫌疑，又无证据提出，实属不成理论，而保出后又加逮捕，更属违法。"④审判长于评议后宣布：

---

① 史良个人未刊资料，见《七君子传》，第521页。按陆殿栋为史良的恋人，当时在法国巡捕房任翻译。

② 上海市公安局档案50－1－624，未刊。

③ 上海市公安局档案50－1－624，未刊。

④ 《沪市府对沈钧儒等被捕案昨发表正式声明》，见《大公报》（天津），1936年12月26日。

"移送问题应由上海市公安局与上海公共租界工部局交涉办理。"[①]事实上,公安局与法院早已串通,沈钧儒等庭审后,就被公安局移提过去了。章乃器、邹韬奋也于27日上午从上海地方法院移送上海公安局。

按照《中华民国训政时期约法》第八条第二项规定:"人民因犯罪嫌疑被逮捕拘禁者,其执行逮捕或拘禁之机关,至迟应于二十四小时内移送审判机关审问。"[②]沈钧儒等被押解到公安局以后一直没有进行审理,引起社会各方面的重视和关心,对此事纷纷予以责难。上海《大公报》发表的《沈钧儒等六人案杂感》一文中说:沈等为官厅所逮捕,"自系认为有犯罪嫌疑,则何不迅依法定程序由法院办理,而在警察机关羁押多日乎?依照现行法,警察机关须于二十四小时内移交法院,今何不采此措置乎?"[③]沙千里在狱中说:"我们本来很明白,这件案子是政治的,而不是法律的,实在不必牵涉到法律问题去。"[④]

为了在被捕后有一致的主张和行动,避免国民党当局的挑拨离间,分化瓦解,沈钧儒到公安局后即提出:"六个人是一个人!"[⑤]大家一致表示赞同,共同议决三项基本原则:(一)关于救国会团体的事,应由团体去解决;(二)关于六个人的共同事情,

---

① 上海市公安局档案50-1-624,未刊。

② 《国民政府公报》,第786号,"法规",国民政府文官处1931年6月1日印行。

③ 《大公报》(上海),1936年12月2日。

④ 沙千里:《七人之狱》,第61页。

⑤ 《韬奋文集》,第3集第130页。

应由六个人的共同决议去解决;(三)关于各个人的事件,应由各个人自己负责。所谓"六个人是一个人",就是风雨同舟,患难与共,在羁押期间,采取共同一致的态度:有罪大家有罪,无罪大家无罪;羁押大家羁押,释放大家释放;并坚决要求关在一起。倘若当局再压迫他们作脱离救国会的表示,或将他们分别加以处置时,他们就要一致以绝食来进行抵抗。[①] 11 月 29 日,上海市公安局长蔡劲军找沈钧儒谈话达三小时,"提出犯罪疑点,互相质难,辩论良久良久"。沈等要求恢复各人自由,蔡答:"未奉命不敢擅专。"[②]对公安局要求解散全国各界救国联合会,沈钧儒则答称,这是大家讨论决定成立的,他们无权解散。[③]

12 月 4 日下午 1 时半,公安局第三科科长黄华通知沈钧儒等六人说要立即送他们到苏州江苏高等法院去。沈等要求通知家属见一面再走,没有被允准。沈很镇定地说:"好! 走就走!"即去动手整理零物,包卷铺盖。其他五人也跟着去收拾衣物。[④]随即上海公安局黄华偕同督察员五人、警探十余人,如临大敌般将沈钧儒、章乃器、邹韬奋、李公朴、王造时、沙千里六人,及行李十余件,分乘汽车四辆,沿苏沪公路解送吴县(今苏州)横街江苏高等法院看守分所羁押。沈钧儒等六人坐在解送的汽车上,由

---

① 《救亡情报》,第 29 期,1936 年 12 月 9 日;《韬奋文集》,第 3 集第 131 页。

② 《沪救国会常委被捕后禁室中访问记》,见《大公报》(天津),1936 年 12 月 2 日。

③ 《大公报》(天津),1936 年 12 月 5 日。

④ 邹韬奋:《经历》,第 106 页,生活 · 读书 · 新知三联书店 1978 年出版;《救国会史料集》,第 89 页。

玻璃窗向四野张望，感到如此大好河山，竟一天天遭受侵略者的掠夺，而受着残酷压迫的国家人民还未能团结一致对外，是多么痛心的事情。车子行进至半路，李公朴站起来向警察讲演国难的严重和全国团结御侮的主张。武警们听了都很感动，他们和沈钧儒等一起由李公朴带领高唱《义勇军进行曲》、《毕业歌》。次日（12 月 5 日），沈钧儒写了一组题为《听公朴乃器唱〈义勇军进行曲有感〉》的伤时感怀诗："双眼望圜扉，苦笑喊'前进'！闻之为泪落，神往北儿省。……国难如此殷，我侪乃见摒！哀哉勿自馁，驼耳犹知奋！"[①]

12 月 30 日，史良去苏州投案，被羁押于司前街女看守所。

这就是震惊中外的"七君子"事件，[②]也是中华民国史上一件著名的冤案。随后国民党又在南京逮捕了全国各界救国联合会常委、南京救国会负责人孙晓村和曹孟君；在镇江逮捕了罗青、张仲勉、陈道弘、陈卓，查禁和没收了大批书刊。全救会执行委员、著名的爱国老人马相伯也被从上海移至南京居住。

二、日本是镇压事件幕后的策划者

史料充分证实，逮捕沈钧儒等救国会领袖是在日本的压力下，由南京政府直接下令进行的。8 月 10 日，上海日本报纸《日日新闻》登载：日本领事寺崎为上海市民学生缉私抵制日货事访

① 《寥寥集》，第 3 页，"双眼望圜扉"沈自注云："狱室门有洞如窦。"

② "七君子"一词最早见于黄炎培 1936 年 12 月 2 日日记（未刊），因当时史良尚未被捕，故称沈钧儒等六人为"六君子"。1937 年苏州审判开始前后，"七君子"一词才在报刊上出现。

问市府秘书长俞鸿钧，请求严厉取缔一切抗日救国团体。[①] 10月28日，该报又登载消息："最近南京政府拟对上海抗日救国联合会加以弹压，即上海抗日救国联合会近来积极活跃，企图结成抗日救国阵线，但国民政府最近以中日国交调整名目，以中国共产党叛变者刘华(假名)之中心人物，召集上海蓝衣社指导部之'上海特区最高会议'，讨论如何弹压抗日救国分子，最后决议如左：一，将王造时、章乃器、邹韬奋等数十名之抗日救国联合会首脑部，以对付史量才之手段，处以死刑。二，收买抗日救国联合会内之动摇分子，使其发生内部分化作用。三，绝对禁止抗日救国联合会一切言论、出版、集会等公开行动。"[②]《救亡情报》指出这是制造谣言，企图挑拨政府与救国阵线的恶感，但实际上也如实反映了日本要求取缔救国会，压制救国运动的真实意图。对此，全救会于10月30日致电国民政府和各党政要人，并致函上海市市长吴铁城，要求明令宣示保护救国运动，严词驳斥日报造谣，不要"中其奸计，以期上下同心，共赴国难"。[③]

11月中旬，正当上海日商纱厂工人大罢工进入高潮时，日本驻沪领事又向上海市当局提出消灭救国运动三项要求：一、逮捕沈钧儒等七领袖；二、解散救国会；三、取缔日商纱厂罢工。[④] 上

---

① 《救亡情报》，第15期，1936年8月16日。

② 《沪日报造谣》，见《救亡情报》，第24期，1936年11月1日。

③ 《全国各界救国联合会电请政府辟谣并保护救国运动》，见《救亡情报》，第25期，1936年11月8日。

④ 《日提三要求，谋消灭救国运动》，见《救亡情报》，第29期，1936年12月9日。

海市当局也担心罢工扩大，形势恶化，局面不可收拾，要求公安局、工部局协助逮捕救国会负责人。①

18日，日商丰田纺织公司船津总务到上海市政府会见市长吴铁城代理秘书长俞鸿钧，提出要“取缔隐藏在罢工背后的赤色分子”。同日下午，日本驻沪总领事若杉派领事寺崎又找俞鸿钧说，这次丰田纱厂罢工是“一次远远超出劳动纠纷的暴动，其背后有抗日救国会、共产分子领导”；提出：“（一）逮捕抗日救国会的幕后人章乃器（原浙江实行银行副经理）、沈钧儒（律师）、李公朴等五人；（二）搜捕共产党；（三）镇压各大学内的危险分子（特别是参加暴动的大夏大学）；（四）逮捕暴行犯等。”②俞鸿钧表示：第一条，“沈等同为市政府严加注意之人，只是鉴于他们的社会地位等，正等待确凿证据以便逮捕”。（寺崎说要等待确证，“会遥遥无期的，对此，中方应加以考虑”。）第二条，搜捕共产党应该实行。第三条，镇压各大学内的不稳定分子“已安排完毕”。第四条，“暴行犯还未逮捕一人，是怕事态恶化，目标确定后，很快就会逮捕”。俞还特地感谢日方出动海军陆战队的协助。寺崎警告说：“为不使此次事态扩大而隐忍自重，以求无事，将来如果发生同样的事件，说不定会发生不测的情况。”③寺崎随即向工部局提出了上述同样的要求。23日逮捕沈钧儒等七人的当天上午，俞鸿钧秘密通知寺崎，说明这次在公共租界和法租界的逮捕

---

① ［日文］臼井胜美编：《日中战争》（五），日本现代史资料（13），第32页，美铃书房1966年出版。

② ［日文］《日中战争》（五），日本现代史资料（13），第32页。

③ ［日文］《日中战争》（五），日本现代史资料（13），第38页。

是“不顾法律常规进行的，鉴于这种逮捕引起的反映，希望不要在报上发表这一消息”。同日下午，若杉总领事会见吴铁城，吴谈了这次逮捕“所费苦心”，表示“无论如何尽了最大努力”；而若杉则“对其努力表示感谢”。①

上面引述的日文材料，是日本驻上海总领事若杉给外务大臣有田的密电，充分说明日本插手“七君子”事件的幕后活动情况。宋庆龄当时就指出：“任何理智清晰的人士都明白，这种逮捕以及这些罪名都是由于日帝国主义者的影响所致。”②

“七君子”事件发生后，上海《时论半月刊》一篇文章分析了日本为什么在这时迫使政府当局逮捕救国领袖的诸种原因，指出：第一，鉴于救国运动的深入开展，救亡联合战线更普遍地扩大。认为“一二九”以来的救亡运动，虽然轰轰烈烈达于顶点，然而广大工农大众始终没有发动起来，只是学生和知识分子在那里活动；然而现在的救亡运动的确日益深入到工农中去。上海日商纱厂的总同盟罢工，就是明显的例子。这次罢工波及青岛、天津、汉口，有扩大为全国规模反日罢工之势，这对日本帝国主义是一个沉重的打击。“救亡阵线正在建立它的脊骨，敌人当然大起恐慌，便阴谋促使它的御用工具逮捕爱国领袖了”。第二，绥远抗战的爆发，给全国人民的鼓励不可估量。全国人民的援助，是使敌人胆寒，而给绥远抗战援助最有力的当然是救亡阵

① ［日文］《日中战争》（五），日本现代史资料（13），第40页。

② 《宋庆龄先生为全国各界救国联合会七领袖被捕声明》，见《救亡情报》，第28期，1936年11月29日。

线。“于是为了切断全国人民对绥军的援助，打击救亡阵线便是敌人首先的一着”。“禁压人民支持抗战的最好方法，便是首先打击反日斗争最坚决的队伍，最英勇的分子”。第三，不仅在救亡阵线里边已有许多上层人物，而且在中央与地方政府和别的部队中的如冯玉祥、李烈钧、李宗仁、白崇禧、张学良、阎锡山，以及在野的马占山、李杜、蔡廷锴、陈铭枢等著名将领，都同情支持抗日救国运动，这使敌人很害怕。“因此主使这次事件，一面逮捕救国领袖以切断它和上层分子的联合；一面更便政府打击救亡运动，使人民仇视政府，加深中国的内争”。[①]

上海市政府吴铁城、俞鸿钧等之所以敢于逮捕爱国领袖，除了日本的压力外，还因为蒋介石和南京政府在背后支持。11 月 23 日，上海市公安局代表唐豹及律师詹纪凤在法院提审沈钧儒等人时均明白声称：“各被告均有共党嫌疑，奉中央密令拘捕。”“本案系奉南京密电令拘。”[②]沈钧儒等人被捕后的第三天（11 月 26 日），冯玉祥曾密电蒋介石，认为沈等热心国事，设立救国会，宣传救国，并非如某些人所指为共产党和捣乱者。“其存心可为一般人所谅解，今若羁押，未免引起社会之反感，而为日人挑拨离间之口实。拟请电令释放，以示宽大。”[③]12 月 2 日，蒋介石与陈布雷商复冯玉祥函。3 日，蒋复电说：“沈钧儒、章乃器等诸人，

---

① 贺刚：《火线下的救亡阵线》，见《时论》半月刊，第 1 卷第 3 号，1936 年 12 月 5 日。按，贺刚为刘群的笔名，见前注释。

② 上海市公安局档案 50－1－324，未刊。

③ 《冯玉祥为营救“七君子”与蒋介石来往密电》，见《历史档案》，1981 年第 1 期。

有为中（蒋自称，下同——著者）所素识者，亦有接谈数次者。前曾以国家大势，救国要义，向之详切劝导，乃彼等不唯不听，而言论行动反日益乖张，若非存心祸国，亦为左倾幼稚病，中毒已深，故尔执迷不悟。近更乘前方剿匪紧张之时，鼓吹人民阵线，摇惑人心，煽动罢工，扰乱秩序。中处迭据确报，沪上罢工，其经费均由章乃器以救国会经费散发，每日七千元，其背景可知。若非迅予制裁，不特破坏秩序，危害民国；即彼等自身，亦必重陷于不可赎之重大罪恶。值此国难严重，固当集中心力，爱惜人才，但纲纪不能不明，根本不能不顾，故此时处置，正所以保全彼等，使不得更趋绝路以祸国。中意除依法惩处，不令放任外，仍当酌予宽待，以观其后。务望兄等同此主张，以遏乱萌，而正视听。”①5日，蒋在日记内写道：“沈、章等之处置。”②蒋还曾对人说：“我对他们是很客气的，谈了话还请他们吃饭；可是他们反而闹得更凶了，所以只好逮捕了。”③陈布雷回忆说：“所谓人民阵线沈、邹、章、李等七人之被检举案亦发生于此时，各方为之营救，来电颇多不明立场者，蒋公均命以严正剀切之词复之。”④

---

① 《冯玉祥为营救“七君子”与蒋介石来往密电》，见《历史档案》，1981年第1期。

② 原日记现存美国斯坦福大学胡佛研究所档案室。

③ 章乃器：《我和救国会》，见《救国会》，第439页。

④ 《陈布雷回忆录》，第63页，廿世纪出版社1949年出版。按，陈布雷为蒋介石的秘书。

三、声势浩大的营救运动

爱国无罪，救国有功。这一政治冤狱激起人民的极大义愤，各方面人士开展了声势浩大的营救运动，要求立即将沈钧儒等人宣布无罪释放。

11月24日，全救会为爱国领袖无辜被捕发表《紧急宣言》说："全国各界救国联合会领袖们的行动是公开的，是大公无私、光明正大的，可以昭之天日而无愧的。""将救亡领袖的无辜加以逮捕，实在是一种对于全国人民爱国运动的一种公开的无理摧残！在这日帝国主义进攻绥远的今天，更完全是一种在客观上助长敌人势力的行动。"表示："救国会的人士既以身许国，决不是逮捕等等足以阻遏其志愿的。如果当局不愿让人民救国，一定要人民做垂手听命的顺民、亡国奴，那么一切不愿做亡国奴的人们，也都一定会自动起来争取他们的生存权利的！"①同日，全救会还发表紧急通电，提出政府当局逮捕七领袖，"实出意外，敝会现除仍决继续工作，率全国救国民众为诸领袖作后盾，并要求当局将此案公开审判，将领袖立即释放外，尚望全国各界人士，各公团，凭正义，凭良心，一致主持公道，加以援助"。② 27日又发表《告当局及全国国人书》，对上海市当局于25日正式公布所谓"救国会为非法组织，勾结共产党，破坏人民对政府之信仰"，以及"鼓动罢工风潮，阴谋捣乱治安"等罪名作了驳复，并指出："敝

① 《救亡情报》，第28期，1936年11月29日。

② 《救亡情报》，第28期，1936年11月29日。

会名属救国，则其组织之目的在救国，乃昭然若揭之事实。敝会此一年来所发表之言论、主张、文件，目的均在主张要求政府立即停止内争，一致对外。此有文件可供证明，万不容他人加以诬蔑。”“此次敝会七领袖于一无罪证之情形下，即为市公安局会同英法租界捕房所逮捕，于法律上言之实为非法；就领袖本身言之，实为无辜”，要求当局立即释放诸领袖。①

《救亡情报》同时发表《勿为仇者所快》的社评，指出：“自七领袖被捕事发生后，上海的日文报纸就满载了幸灾乐祸的消息，并有宋庆龄先生亦已被捕的消息传来。从日本人这种兴高采烈的神气间，我们当然可以看出，当局这一次的将七领袖加以逮捕，是如何地满足了日人的要求，以及如何地在客观上帮助了日帝国主义者。”②要求立即释放救亡阵线领袖，公开保护救国运动，开放民众组织。这一期《救亡情报》还刊登题为《在打击中开展我们的工作》的文章，表示救国阵线是不怕打击的。“我们不能悲观，更不能沮丧，但也不能愤激、盲动。我们需要切实地、沉着地配合目前的形势，马上就在这个打击中开展我们的工作。领袖是因了救亡而被捕的，我们不能在当前因注意领袖的被捕事情而将救亡的工作忘掉。我们应当将营救领袖的工作，与当前的救亡工作配合起来！”

沈钧儒等被捕的当天，宋庆龄即委托孙科带函给冯玉祥，请他进行营救。她在信中对沈等无辜被捕表示“殊为愤慨”，并说：

---

① 《救亡情报》，第28期，1936年11月29日。

② 《救亡情报》，第28期，1936年11月29日。

“我国东北失地几及六省，而绥远战事又已爆发，国难严重至此，正国民急应奋起救国之时，章先生等系救国会办事人，救国为全国国民责任，岂救国者即为共产党乎？”[1]冯玉祥复函宋庆龄，称已与孙科共同设法营救，并曾去电蒋介石请其早日释放。26日，宋庆龄还在一项抗议声明中表示“反对此等违法逮捕，反对以毫无根据的罪名横加于诸领袖”；并指出：“救国会的七位领袖已经被捕了，可是我们中国还有四万万人民，他们的爱国义愤是压迫不了的。请让日本军阀们当心些罢！”[2]12月初，宋庆龄还介绍章乃器、邹韬奋等的家属去南京找冯玉祥，商讨营救办法。[3]

24日，冯玉祥找陈立夫谈话，提出让“七位来南京谈谈为好，以免自己对立”。陈立夫提出：“一、维持政府威信；二、中央不便与地方不一致”，实即不同意。冯认为“是即是非即非为好”，[4]并说：“保持中央威信，我对此六字听了即头疼，即讨厌，为什么说的人很有意思，真是不解了。”[5]杜重远24、25日连续几次去见冯玉祥，商量营救事，据冯的日记记载：“见杜重远先生，为七位被捕事，说得很详细。”“见杜先生于铁道部，谈些如何营救七位之事。”“见杜先生谈沈、章先生之事久之。”[6]杜重远还和黄炎培商

---

① 《宋庆龄冯玉祥营救“七君子”电函选》，见《民国档案》，1985年第2期。

② 《宋庆龄先生为全国各界救国联合会七领袖被捕声明》，见《救亡情报》，第28期，1936年11月29日。

③ 《宋庆龄冯玉祥营救“七君子”电函选》，见《民国档案》，1985年第2期。

④ 《冯玉祥日记》，第4册第837页。

⑤ 《冯玉祥日记》，第4册第838页。

⑥ 《冯玉祥日记》，第4册第837、838页。

量营救对策。据黄炎培日记记载:“11 月 23 日,夜四时,得卫玉、重远电话,知救国会沈衡山、章乃器、沙千里、邹韬奋、李公朴、王造时,史良被捕。”“27 日,访重远长谈,知廿二夜沈衡山、章乃器、王造时、李公朴、邹韬奋、沙千里、史良被捕以来情况。”“28 日,重远来。”[①]12 月 2 日,胡愈之、徐伯昕也到黄炎培处研究营救事,是日黄在日记有如下记载:“八时半,胡愈之、徐伯昕到职社商六君子事,沈、章、邹、李、王、沙。”[②]

11 月 30 日,马相伯致电冯玉祥说:沈钧儒等“其血心爱国,人人钦仰,视东北义勇军有过之。国家兴亡,匹夫有责,杀一不义,虽得天下,文武不为。今学生爱国,罪以共党;人民爱国,罪以共党,至沈君等数人以民胞物与之心则有之,以苏俄为心,窃可以首领保其无也,幸我将军有以体恤之。”[③]随后,马相伯还和何香凝、宋庆龄以全国各界救国联合会执行委员名义,联名发表《为七领袖被捕事件宣言》,再次揭露日本帝国主义者在政府和救国阵线间的挑拨离间和政府的无理迫害,并重申:“我们的立场是要求全国人民,不问党派,不问信仰,不问地位,实行真正的精诚团结,停止一切内争,立即对日抗战,求得中国之自由和平等。”“救国阵线的立场始终没有变更过,而且今后也决不会变更。”[④]

为了声援沈钧儒等爱国领袖,冯玉祥、于右任在南京发起征集十万人签名营救运动,“以表示民意所依而促南京最高当局之

① 黄炎培日记,未刊。

② 黄炎培日记,未刊。

③ 《宋庆龄冯玉祥营救“七君子”电函选》,见《民国档案》,1985 年第 2 期。

④ 《救亡情报·西安事变号外》,1936 年 12 月 18 日。

觉悟”。[①]

中国共产党的《红色中华》报和《救国时报》也著文抨击国民党对救国运动的摧残，认为逮捕救国领袖，“实为全国人民所痛心疾首的。全国人民决不会为南京政府的爱国有罪政策所威胁而坐视中国的灭亡，必须再接再厉，前仆后继，来发展正在开展着的全国救亡运动。”[②]全救会“努力从事救国之宣传与救国运动之组织，号召全民团结，一致对外，近来我海内外同胞的救国运动之进展，该会实具有巨大推动与赞助之功”，号召海内外救国团体和同胞一致行动起来，反对南京政府“爱国有罪的暴政”，援救爱国领袖，争取救国自由。[③]

沈钧儒等七人被捕后，全国各地救国会分会纷纷致函全救会执委会，对当局摧残民众爱国运动表示愤慨，并询问今后救国阵线行动方针及援救七位领袖之办法。执委会在复函中均说明救国阵线虽经此打击，仍决不变更初衷，本团结御侮之要求，力避政府与人民之对立，促成国内各党派各阶层在抗敌救亡目标上，停止内战，联合一致，以打击全民族公敌日本帝国主义，挽救国家的危亡，免中敌人离间分化毒计。对被捕领袖之援救办法，则决定由救国团体发动广泛的合法请愿运动，向政府要求：一、立即释放被捕诸领袖，并依法公开审理；二、开放民众运动，予全国人民以救国之自由。[④]

---

① 《救亡情报》，第 29 期，1936 年 12 月 9 日。

② 《反对南京政府实施高压政策》，见《红色中华》，1936 年 11 月 30 日。

③ 《争取救国自由》，见《救国时报》（巴黎），1936 年 11 月 30 日。

④ 《救亡情报》，第 28 期，1936 年 11 月 29 日。

为了援救被捕入狱的救国领袖，上海成立了后援会，表示“要把这个事变，广泛的传播，大家起来援助我们的领袖，挽救我们的国家”。[①] 上海实业界领袖穆藕初等发起援救爱国七领袖运动，获得上海各界的签署赞成。援救意见书认为，被捕七人在上海都是有身家，有信誉，为人所钦敬的。他们组织的全国各界救国联合会，其救国工作曾在报纸杂志上公开宣传，现在忽然说他们犯了危害民国罪，真是骇人听闻的事。“他们被捕已经七八天了，法院也讯问好几次，还没有提出他们的证据，我们现在以上海市民的资格，要求当局从速依法公开审理。如果证据确凿，就依法判罪，谁也没有话说；如果没有证据，或是证据不足，就应当无罪开释，早早恢复自由，以便大家为国努力。因为我们认为民族国家危急到了目前的地步，是需要每一个国民贡献他的能力于国家的，何况他们都是国家的优秀分子呢！”[②]夏丏尊、史国纲、杨卫玉等一些文教界知名人士也著文要求迅速恢复沈钧儒等人的自由：“吾人以为政府当局对于文化界应存爱护之念。沈君等均系知识分子，且在过去对于文化社会事业，亦不无微劳足录，此为一般人所知，纵使沈君等忧时心切，偶或流于偏激，似亦不无可谅之处。我政府向以宽大为怀，对于汉奸叛贼，一旦悔悟，犹且许以自新之路；至若少数学者书生，言论行动偶越轨外，苟非蓄意反对政府，安见其不能为我当局所谅解而置之囹圄乎？”

---

① 《救国领袖被捕后各界纷起援救》，见《救亡情报》，第29期，1936年12月9日。

② 《救国无罪》，第125页。

"沈君等六人均为当今才士,倘获早日恢复自由,俾在政府指导之下,献身民族复兴运动,为御侮前敌增加一分人力,亦即为国家民族保全一分元气,此则吾人所馨香祷祝者也。"[①]沈钧儒等在公安局羁押期间,上海各界人士前往探视慰问者络绎不绝,每日以百计,仅 11 月 30 日一天即有二百余人。[②] 这对沈等也是一种莫大的鼓舞。

救国领袖被捕消息传到北平后,平津文化教育界迅速作出反应。许寿裳、许德珩、张东荪、张申府等 109 位知名人士于 24 日联名致电国民政府:"国难严重,端赖合作御侮,不容再事萁豆之争。章等热心救亡,全国景仰,敢请即日完全开释,勿再拘传,以慰群情,共赴国难为幸。"[③]北平学生救国联合会立即召开紧急会议,商讨援救办法,当经议决:一、停课二日,以示对被捕诸领袖声援;二、由清华、燕京、北平、中国等 15 所大学各推派代表二人,组成请愿队,代表北平学生界赴京请愿,要求政府立即释放被捕领袖,开放民众救国运动,勿中敌人挑拨奸计。[④]《清华周刊》发表专文评论说:"我们要认清,这些救亡领袖决不是光杆的个人,他们有着无数的民众作后盾;民众所以拥护他们,也并非有爱于他们的个人,而是因为他们的思想言论,确能代表整个民众的要

① 《读大公报〈沈钧儒等六人案杂感〉后》,见《国讯》,第 149 期,1936 年 12 月 11 日。

② 《救亡情报》,第 29 期,1936 年 12 月 9 日;《救国时报》(巴黎),1936 年 12 月 10 日。

③ 《救亡情报》,第 29 期,1936 年 12 月 9 日。

④ 《救亡情报》,第 28 期,1936 年 11 月 29 日。

求。他们被捕后各地民众坚决抗议和热烈的声援，便是铁证。”[①]

天津《益世报》发表题为《算外账莫算内账》的社论，认为逮捕沈钧儒等人，给了人们“一个深刻的刺激”，“对热烈提倡爱国救国的人，当局加以危害民国紧急治罪法的处置，吾人实未敢轻予赞同。”还指出：救国阵线倡导的各党派大联合，实即精神团结，一致对外，这实际上是数年来国人的一致主张，亦为政府号召国人之点，任何人有这种主张，当不成罪。“总之，中国到了今日，内账外账绝无同时清算的机会。合作御侮，方有生机；萁豆相残，同归于尽。”[②]

在成都，经车耀先和《力文半月刊》等各方面救亡积极分子的秘密联络，于11月26日在成都春熙路青年会小礼堂召开各界声讨国民党镇压救亡运动、声援七领袖的群众大会，并筹备成立各界救国联合会。会上，车耀先慷慨激昂，痛哭流涕地控诉国民党的倒行逆施。[③] 广州各界于11月27日举行反日群众大会，反对压迫救国运动，要求立即释放“七君子”。广州各大学教授洪深、尚仲衣、林励儒等40余人亦联名电请政府释放各救国领袖。[④] 此外，广西、山东等各救国团体亦开展了营救运动。

国民党逮捕爱国领袖也引起一些党政上层人士的不满。在南京的国民党中央委员于右任、孙科、冯玉祥、李烈钧、石瑛、蔡元培等20余人联名致电在洛阳的蒋介石，表示对此事应“郑重

---

① 《清华周刊》，第45卷第5期，1936年11月29日。

② 《益世报》，1936年11月25日。

③ 林蒙：《成都地区的抗日救亡运动》，见《大西南的抗日救亡运动》，第2页。

④ 《救亡情报》，第30期休刊号，1936年12月25日。

处理”。[1] 爱国将领蒋光鼐、蔡廷锴致电林森说：“救国会领袖沈钧儒等七人被捕，闻讯不胜骇异！现当绥战紧张，敌寇进迫愈急，民气激昂，正为发动全国抗战绝好时机，岂可有此违反民意之举动。恳即严令释放，并开放救国运动，免为亲者所痛，仇者所快。”[2]广西实力派人物李宗仁、白崇禧、黄旭初致电冯玉祥、孙科、居正等：“当此日人主使匪伪侵我绥东，全国舆情极端愤慨之时，政府对爱国运动，似不应予以压迫。……且沈钧儒等七人，平时或主教育，或主言论，其为爱国志士，久为世人所公认，如政府加以逮捕，足使全国志士寒心。”[3]

“七君子”事件在海外华侨和国际人士间也引起了很大反响，旅居欧洲、美国和东南亚各国华侨以及国际知名人士罗曼罗兰、爱因斯坦、杜威、罗素、孟禄等都致电南京政府，要求恢复沈钧儒等人的自由。

杜威、爱因斯坦等16位著名科学家和教授致电蒋介石、孔祥熙、冯玉祥说：“中国处境困难，至表同情。我们以中国朋友的资格，同情联合及言论结社自由，对于上海全国各界救国联合会七位学者被捕的消息传到美国，闻者至感不安，同人尤严重关怀。”[4]英国中国人民之友社的罗素等在援救电中说：“中国人民的朋友们对于全国各界救国联合会领袖们之被捕，非常关怀。我们相信，这种逮捕是由日本主使，因为日本害怕中国的统一与

① 《大公报》(天津)，1936年12月5日。

② 《救国无罪》，第122页。

③ 《桂林日报》，1936年11月26日。

④ 《救国时报》(巴黎)，1937年2月5日。

自由,我们希望立即释放被捕的抗日志士。”①

全欧华侨抗日联合会、巴黎中国学生会、旅法华工总会联名致电南京政府:“日寇攻绥方急,正应团结抗日,何乃自毁长城!望速释放,以示政府救国之诚。”②留英中国学生抗日会的电文指出:“若主张抗日即为共党,主张联合即为危害民国,则全中国国民皆应为政府阶下之囚,罪亦不在此数人。”③旅美侨胞致电说:“国难日亟,正宜全国一致抗敌,乃今自毁长城,不胜惶惑。盼立释七领袖,并惩办陷害主犯。”④旅美华侨柳无垢、陈其瑗、刘维炽、冀朝鼎等300余人还发表告海外同胞书,认为沈钧儒、章乃器等“奔走呼号,目的纯在抗日救国,不仅得全国人民之敬佩,且得全世界之同情。抗日救国不仅我全国同胞之公意,亦我全国人民之天职。若谓沈、章诸先生有罪,是我四万万同胞均为有罪也。”并指出:“吾人久读救国联合会及沈、章诸先生之文字,他等主张民族解放斗争则有之,煽动阶级斗争则无有;主张督促政府抗日则有之,主张推翻政府则无有;主张援助上海日纱厂工友罢工则有之,煽动总罢工则绝对无有。……至所谓‘勾结赤匪,煽动阶级斗争’云云,均系上海市政府之恶意宣传。”⑤要求立即释放七领袖,实行对日抗战,保障人民救国运动。此外新加坡等地华侨亦有相同的表示。

---

① 《救国时报》(巴黎),1936年12月28日。

② 《救国时报》(巴黎),1937年1月28日。

③ 《救国时报》(巴黎),1937年1月28日。

④ 《救国时报》(巴黎),1937年1月20日。

⑤ 《救国无罪——“七君子”事件》,第216~217页。

著名爱国将领张学良、杨虎城为营救“七君子”，也作了努力，并促成了西安事变的爆发。

第三节　救国会、“七君子”事件和西安事变

一、救国会劝促张学良、杨虎城抗日

鉴于国民党是一个统治着全国，拥有着庞大军事力量的大党，但又坚持“先安内，后攘外”，不仅不领导全国人民抗日救国，反而极力压制救国运动，成为抗日的巨大压力。因此，救国会成立后的主要活动，是围绕停止内战、团结一致、抗日救国这个中心任务，利用各种机会进行宣传组织工作，广泛开展群众性抗日救亡运动，争取救国自由；同时争取国民党内同情和支持爱国运动的将领如冯玉祥、张学良、杨虎城等，迫使国民党改变政策，督促它抗日。救国会曾于 11 月 17 日致电张学良，要求他立即督促中央发动全国抗日战争，已如前述。

张学良、杨虎城在西北率领东北军和十七路军奉命“剿共”，损兵折将，屡遭失败后，开始对国民党“攘外必先安内”政策产生怀疑，寻求与共产党联系，联合抗日。随后，共产党通过各种渠道和人物，在争取张学良和杨虎城转向合作抗日方面，做了大量工作。与此同时，救国会也极力从旁劝促张、杨停止内战，一致抗日，挽救危亡。

张学良同情和支持上海救国运动。这一运动也给予了他以新的鼓舞力量，加强了他停止内战、抗日救国的决心。1935 年 10

月末到12中旬，张学良到南京先后参加国民党第四届六中全会、第五次全国代表大会和五届一中全会。随后他到上海漕河泾监狱去探视他素所尊重的老友杜重远，表示亲切的慰问。杜重远是救国会的重要成员，东北辽宁沈阳人，曾在上海创办《新生》周刊，积极宣传抗日救国。如前所述，《新生》周刊因为《闲话皇帝》一文，遭国民党封闭，杜重远被判处徒刑投入监狱。张学良和杜重远在谈话期间，杜向他介绍了沈钧儒、章乃器、邹韬奋等人从事抗日救国运动的情况，并劝告张一定要看清民族危亡的严重局势，一举改变过去执行蒋介石的"剿共"内战政策的错误做法，东北军能攻善战，应当用武于抗日疆场，立功于驱逐外侮的征战中；认为日寇并不可怕，真正可怕的是一个民族丧失了气节。只要万众一心，中国还是有前途的。张学良在谈话中十分欣赏杜重远的看法，精神很振奋，并表示他目前正在研究时局和抗日问题，不会辜负老友的期望。① 1936年春，杜重远因病转到上海虹桥疗养院，2月间，张学良到南京开会，随后又去上海虹桥疗养院探视杜重远，并继续密谈抗日救国问题。②

在此前后，高崇民到上海漕河泾监狱去探望杜重远，他们分析了形势，感到国民党实行"攘外必先安内"政策，长此下去，国亡无日，非另谋出路不可。高还带来了张学良的信，张在信中向

---

① 应德田：《张学良与西安事变》，第46页，中华书局1980年出版；孙铭九：《回忆杜重远先生二三事》，见《杜重远》，第206页，新疆大学出版社1987年出版。

② 侯御之：《忆亲人杜重远同志》，见《人民日报》，1983年6月5日；胡愈之：《我的回忆》，第296页。

杜表示慰问，说他将进行营救，还说："我的方针是拥护领袖，健全自己，这都是为了恢复失地，我绝不会忘记处在水深火热之中东北三千万父老兄弟，我绝不会屈服，请兄放心！"①10月9日，高崇民偕阎宝航、卢光绩等五人再去看望杜重远，研究时局问题。杜重远主张张学良应利用在西北之机会，与杨虎城联络，停止内战，搞西北大联合，依西北为抗日根据地，和国内各实力派联系。杜重远还提出，由高崇民持他们共同研究起草的信给张学良，并在张身边襄赞其事；还说他与杨虎城和杜斌丞有些交往，于是写了信让高崇民去和杨虎城等联系。杜重远从此成为张、杨走"西北大联合"道路的引路人。

胡愈之也经常去看望杜重远，协助他做东北军人士的工作，使他们转向抗日一方面。他说："杜重远在争取东北军抗战工作中作了重大贡献"，"是张学良与东北军转变的幕后策划者。"②

1936年7月，张学良去南京出席国民党五届二中全会，住在首都饭店。其时沈钧儒、章乃器、李公朴等代表救国会到南京向二中全会请愿，借机前往饭店会晤了张学良，"畅谈当时各地救国运动风起云涌的一派大好形势"，并商讨"组织联合战线，抗日救国诸问题"。张同他们进行亲切的谈话，曾邀章乃器去西北理财，邀杜重远掌东北大学，并答应给予救国会以经济上的援助。③

---

① 转引自《高崇民传》，第82页，人民日报出版社1991年出版。

② 胡愈之：《我的回忆》，第28、198页。

③ 应德田：《张学良与西安事变》，第73页；栗又文：《西安事变与张学良将军》，见《西安事变资料》，第2辑第82页，人民出版社1981年出版。按：一说此次会晤在上海。

据徐雪寒回忆说:“地方实力派与救国会有联系……救国会通过潘怀素、张语还、杜重远与张学良联系,张曾捐了二三千元给救国会。”[①]

张学良后来自己回忆说:“在五全大会后,良在京,耳所闻,目所睹,使心情感受重大的刺激,今尚记忆者,略述如下:(1)友朋之讽劝,如沈钧儒、王造时等之鼓励……”[②]“沈钧儒、王造时等则云:良同蒋公密切之关系,以及今日之地位与过去之历史,应破釜沉舟,向蒋公谏陈,当无不听纳之理,他人不敢言者,以良当言之。”[③]

同年,杨虎城去上海医治牙病并检查心脏,住进上海虹桥疗养院,与杜重远经常见面,“商讨抗日救国大计”,[④]并通过杜的介绍,和沈钧儒等人多次见面,了解情况。杜重远和杨虎城的这一段相处,在沟通张学良、杨虎城关系与进一步合作起了不小作用。[⑤] 9月8日,杜重远刑满出狱后,继续为团结御侮、抗日救国而努力工作。10月,他去西安与张学良、杨虎城晤谈,促进他们联合抗日。

---

① 周天度访问徐雪寒纪录,《救国会史料集》,第1100页。按徐雪寒曾任救国会组织部干事,部长是沈钧儒。

② 张学良:《西安事变忏悔录》,见香港《明报月刊》,第3卷第9期,1968年9月。

③ 李云汉:《西安事变始末之研究》,第38页注68,台北近代中国出版社1982年出版;王禹廷:《细说西安事变》,第278页,台北传记文学出版社1989出版。

④ 侯御之:《忆亲人杜重远同志》,见《人民日报》,1983年6月5日。

⑤ 米暂沉:《杨虎城传》,第87页,陕西人民出版社1979年出版。

此外,救国会还通过王炳南对杨虎城做了卓有成效的工作。徐雪寒回忆说:“王炳南是救国会成员,又是杨虎城部队的党委书记,救国会通过他做杨虎城的工作,成绩显著。”[①]另外杨虎城和杜重远又分途把王炳南介绍给张学良。因之在西安事变前,“他也常和张见面谈话,很受张的重视。他在西安活动的范围非常广阔,对西安事变的酝酿与策划发生了重大的作用。”[②]

二、“七君子”事件——西安事变的诱因之一

国民党倒行逆施,非法逮捕救国领袖,摧残救国运动的行径,引起张学良、杨虎城的极大不满,决心为营救他们出狱而不惜一切努力。

此前不久,蒋介石于 10 月 20 日到达西安,亲自坐镇督促张学良、杨虎城继续进行“剿共”内战。张、杨一再向蒋介石进谏,停止内战,把枪口对向日本侵略者,强调抗日已成大势所趋,人心所向,内战的结局,无论谁胜谁败,都是中国国防力量的损失,在客观上帮助了民族的敌人。但遭到蒋介石的严词拒绝与申斥。张、杨见“苦谏”彻底失败,便商定对蒋采取“兵谏”行动。张对杨说:“我们为了国家,对蒋也仁至义尽了,现在只有干的一条路。”他们表示:“为了抗日救国,牺牲这两个团体(东北军和十七路军)也值得。”[③]“七君子”事件发生,加速了对蒋介石实行“兵

---

① 周天度访问徐雪寒纪录,《救国会史料集》,第 1100 页。

② 《杨虎城传》,第 95 页。

③ 王菊人:《记西安事变前后的几件事》,见《西安事变亲历记》,第 140 ~ 141 页。

谏”的进程。

11 月底,张学良派其亲信秘书应得田去上海公安局慰问“七君子”。应带两箱桔子,化名“乔所钦”,见到沈钧儒等时转告说:“张学良反对内战,联共抗日的决心已定”,①希望他们不要灰心丧气。与此同时,王炳南也去看望沈钧儒等人,并传达了重要口讯。沙千里说:“救国会领袖被捕,对张学良刺激很大,认为国民党自己不抗日,还要抓抗日的人。有一件非常内部的事。王炳南是杨虎城身边的机要秘书,留学德国,在德国参加共产党,他是救国会成员,杨虎城决心干(指西安事变),王炳南是起了作用的。我们被捕关在上海公安局时,他来看望我们,并暗地里对我们说,不要紧,过不了多少天就有新的大事情要发生。估计他是早参与西安事变的。”②

12 月 3 日,张学良只身自驾军用飞机飞往洛阳面见正在那里部署“剿共”内战的蒋介石,央请他改变“攘外必先安内”的错误政策,释放沈钧儒等爱国领袖。稍后他在一次大会上说:“上海各救国领袖究竟犯了什么罪,我想全国大多数人谁也不晓得。沈钧儒是一位六十多岁的著名教授,他所犯的罪,只好说像他自己所说的‘爱国未遂罪’!”③“他(指蒋介石)在上海逮捕了七位救国领袖,我为了这件事,曾单身一个人没有带,乘军用机飞洛阳,请他释放那几位无辜的同胞。其实我同那几位既不是亲戚,

① 应得田:《张学良与西安事变》,第 76 页。

② 周天度访问沙千里纪录,《救国会史料集》,第 1096 页。

③ 张学良:《对总部全体职员的训词》(1936 年 12 月 13 日),见西安《解放日报》,1936 年 12 月 16 日。

又不是朋友,有的见过面,也不大熟。而我所以援救他们,不过是因为主张相同,意志相同。”蒋介石拒不接受张学良的请求。张学良见蒋介石如此固执不听劝谏,忍无可忍,便说:“委员长这样专制,这样摧残爱国人士,和袁世凯、张宗昌有什么区别?”蒋却回答:“全国只有你这样看,我是革命政府,我这样做,就是革命!”①

张学良几次面诤“苦谏”无效,感到十分沮丧愤懑,加上12月9日西安学生万余人冒着凛冽刺骨的寒风游行请愿,要求抗日,情绪异常热烈,给张以很大的触动,迫使张学良和杨虎城决心实行“兵谏”。事后张学良陈诉说:“我曾将我们的意见,前后数次口头及书面上报告过委员长。我们一切的人都是爱国的人,我们痛切的难过国土年年失却,汉奸日日增加,而爱国之士所受之压迫反过于汉奸,事实如殷汝耕同沈钧儒相比如何乎?我们也无法表现意见于我们的国人,也无法贡献于委员长,所以用此手段以要求领袖容纳我的主张。”②援救沈钧儒等爱国领袖,保护救国运动,实为引发西安事变的原因之一。周恩来在西安事变十周年和二十周年纪念会上都说:“经过‘一二九’学生运动,全国救亡运动,‘七君子’之狱,尤其是中国人民红军完成二万五千里长征转向东渡黄河抗日,全国抗日高潮必然要走向抗战,大势所趋,人心所向,这已无可阻止。唯独蒋介石先生别具

---

① 张学良:《在西安市民大会上的讲演词》(1936年12月16日),见西安《解放日报》,1936年12月17日。

② 中国第二历史档案馆藏:《名人全宗档案》,见《西安事变档案史料选编》,第82页,档案出版社1987年出版。

心肠，硬要在日寇进攻绥东之际拒绝东北军请缨抗日，强迫张学良、杨虎城两将军继续进行内战。他这种倒行逆施，不仅未能达到目的，反而激起了西安事变。”[①]“东北、西北军受广大人民和共产党的影响，要求抗日，西安学生请愿，‘七君子’事起，最后逼出西安事变。”[②]

12月12日，张学良、杨虎城发动震惊中外的西安事变，扣押了蒋介石，人民群众抗日救国的要求，通过张、杨“兵谏”的猛烈形式出现。当日，张、杨通电全国，痛斥蒋介石国民党丧权辱国，背逆人心，残害忠良，说：“绥东战起，群情鼎沸，士气激昂。……前方之守土将士浴血杀敌，后方之外交当局仍力谋妥协。自上海爱国冤狱爆发，世界震惊，举国痛心，爱国获罪，令人发指。”[③]提出八项主张，其中之一即要求立即释放被捕之爱国领袖。随后张、杨还与到西安调停事变的中共代表团周恩来向蒋介石、宋子文提出，安排宋庆龄、沈钧儒、杜重远、章乃器在改组后的国民政府中任职。[④] 17日，蒋介石表示接受张学良提出的“改组国府，采纳抗日分子”；“释放被捕七人”等四项条件。23日，蒋又向宋子文、宋美龄表示：“返回南京后，他将释放在上海被捕之七人。”[⑤]

---

① 《解放日报》（延安），1946年12月13日。

② 《周恩来同志在纪念西安事变20周年座谈会上的讲话（摘要）》（1956年12月16日），见西北大学历史系中国现代史教研室等编：《西安事变资料选辑》。

③ 西安《解放日报》，1936年12月13日。

④ 《周恩来选集》（上卷），第71页，人民出版社1980年出版。

⑤ 宋子文日记，该日记现存美国斯坦福大学胡佛研究所档案室。

西安事变反映了人民群众在国家民族危亡之际，对蒋介石国民党的“先安内后攘外”内战政策，痛恨到了极点，停止内战，抗日民主，救国自由，都不能用通常发宣言、通电、请愿等合法斗争方式达到，必须用特殊手段强迫国民党当政者接受。“九一八”以来人民群众抗日救国运动的浪潮，至西安事变达到了顶点。“兵谏”无疑对蒋介石是一副清醒剂，他开始认识到内战不可能再继续进行下去，团结一致抗日，是不可逆转的历史潮流，如不改弦更张，就无法维持其统治，而将被人民的浪潮所吞没。在中共代表团周恩来的斡旋下，张学良、杨虎城与蒋介石、宋子文达成了停止内战，集中国力，一致对外；改组政府，集中各方人才，容纳抗日主张；释放上海各被捕领袖等协议，西安事变得以和平解决。12 月 25 日下午，蒋介石离开西安时，在机场还对杨虎城说：“回南京后，实行(一)停止内战；(二)释放救国会领导人等六项承诺”，并信誓旦旦的表示：“我们答应你们的那些事，我回南京后一一都可以实现，不然我也不成其为国家民族之领袖。”①

三、救国会在西安事变中的态度和主张

沈钧儒等七位救国领袖被捕后，对救国会是一个沉重打击，但它并没有因此完全停止活动，一些其他负责人和活动分子如胡子婴、胡愈之、钱俊瑞、徐雪寒等勇敢地负起责任来，继续坚持

① 《蒋离陕前表示救亡具体意见》，见西安《解放日报》，1936 年 12 月 27 日。参阅申伯纯：《西安事变纪实》，第 163 页。

抗日救国工作，他们除了积极设法营救自己的领袖外，对于西安事变这个重大事件，救国会必须表明自己的意见和态度。当时情况不明，处于完全隔离的状况；救国会领袖又被关押在监狱，不准探视，无法征求他们的意见，而南京的何应钦等武力讨伐派正占上风，剑拔弩张，内战一触即发。救国会内部极个别人出于义愤，也主张杀掉蒋介石，以平民愤。胡子婴等人开会研究，根据救国会"停止内战，团结御侮"的一贯宗旨，凭他们自己的认识水平以及对当前局势发展的判断，提出和平解决的主张。一方面肯定张学良、杨虎城提出的爱国政治主张，同时表示不赞成武力诤谏办法，并反对中央当局用武力讨伐张、杨。12月15日，救国会发表《为当前时局紧急宣言》，对张、杨提出的"联合各党各派，实行民主政治，联合全国力量，出兵收复失地"表示赞同，但认为"扣留蒋先生，实行武力诤谏"，是"不合常规的办法"，"不能为全国所赞同"；要求南京当局"尊重全国的民意，和平解决陕事；同时要求张、杨诸将军立刻恢复蒋先生的自由，和中央剀切磋商，实行抗日大计。"①16日，南京政府颁布讨伐令的当天，救国会又致电中央政府，吁请避免内战，指出："当兹寇氛日亟，抗战紧张之秋，任何内争，均足消耗国力，授敌以可乘之机，万恳督励前方将士，继续抗敌，而对陕事郑重处理，务期避免内战，庶几各方实力，得以精诚团结，共赴国难。"②

与此同时，杜重远也致电冯玉祥、孔祥熙，请他们"力持镇

① 《救亡情报·西安事变号外》，1936年12月18日。
② 《救亡情报·西安事变号外》，1936年12月18日。

静，以营救委座为第一要着。倘蒋公发生不测，则今后中国纷乱无人可以收拾”。[①] 随后，他受熊式辉的急电邀请，星夜赴京商量善后大计。11 月 19 日，他在给黄炎培、杜月笙的信中说：“绥东战事方酣，西安变乱忽起，抗敌前途受一巨创，凡属国人莫不痛心。”希望他们从各方面做工作，并提出：“今日之事不宜操之过急，各党各派均宜打破成见，共挽危舟。倘能规划得法，进行顺利，则蒋公一出，团结之力反而坚固；否则意见分歧，各执其是，群龙无首，大局紊乱，中国不欲作西班牙之续者势不可得。”[②]

稍后，江苏高等法院侦讯沈钧儒等人，举出张学良八项要求相告，询问他们对于“兵谏”办法是否赞同，沈等答称：“此种‘兵谏’办法有引起内战，削弱抗日力量之危险，不能赞同。”[③]

胡愈之回忆说：“对于解决西安事变的态度，救国会内部不完全一致，有的人主张杀蒋。当时南京国民党统治集团内部，亲日派何应钦已想趁机去掉蒋介石，由他们取代蒋介石统治。亲日派上台，只能扩大内战，加紧对爱国力量的压迫，‘七君子’的安全也更难保障。所以，我们救国会对西安事变的宣言中，坚持救国会的一贯立场，强调团结，明确提出释放蒋介石，停止内战，一致抗日。”[④]

西安事变和平解决，蒋介石在张学良的护送下回到南京后，救国会还发表了《为当前时局第二次宣言》表示庆贺，并要求政

① 此电见下引杜重远致杜月笙、黄炎培信中。

② 杜重远致杜月笙、黄炎培信，未刊，原信由周天度保存。

③ 《救国会》，第 266 页。

④ 胡愈之：《我的回忆》，第 39 页。

府立刻释放全国爱国政治犯,恢复沈钧儒等领袖的自由。[①]

毫无疑问,救国会对西安事变及其和平解决的态度和意见是正确的,是与中共中央的主张一致的。如上所述,杜重远和救国会都曾受到国民党的迫害,而且救国会领袖沈钧儒等人尚被系于囹圄之中,他们丝毫不计较个人恩怨,完全是从全民族抗日救国的大局考虑问题。

第四节　救国会领袖对国民党继续迫害的抗争

一、江苏高等法院起诉书

西安事变和平解决后,内战已经停止,国内出现了和平局面,抗日民族统一战线开始逐步形成,时局发生了重大变化。1937年2月,国民党召开五届三中全会,发出了释放政治犯,开放言论自由,保护救国运动,聚集人才的明确信号,南京政府已转到抗日方面来。救国会所倡导的停止内战,团结抗日的局面业已出现,因此人们均以为沈钧儒等七人必可无罪释放。南京政府的一部分要人和司法行政部长王用宾、江苏高等法院检察官等都表示,侦查期满后,取消羁押是不成问题的,不致提起公诉。然而,历史是曲折前进的。由于日本帝国主义和亲日派的存在,国民党开始转变,但并没有彻底转变,尤其是对人民群众的抗日救国运动继续采取压制迫害的政策。

---

① 《国难新闻》,第1期,1937年1月11日。

沈钧儒等七人被押到苏州江苏高等法院看守所后，提审过几次，讯问内容与在上海所问差不多，但也有所增加，概括起来，包括下面几点：一，救国会反对政府，甚至有推翻政府的企图；二，主张停止内战，有袒护共产党的嫌疑；三，鼓动工潮；四，提倡人民阵线。他们的答复是：第一，救国会主张救亡图存，团结全国力量，一致抗敌，而且承认中央的领导权，没有任何政治野心和争夺政权的企图。它对政府政策有某些甚至是严厉的批评，这是任何国家国民都有的权利，而且其目的在推动政府抗日，绝不是反对政府，推翻政府。第二，救国会主张集合全国的人力、财力、物力，一致反抗日本帝国主义。国内任何力量，不应该在自相残杀的内战中有一丝一毫的消耗，尤其不愿中央在国内的冲突中，消耗它高度的实力。所谓袒护，显然不符合事实。共产党现在尚有很多武装，也是中国的一部分力量，并且它已一再通电表示愿意在中央的领导下共同抗日。为加强对抗敌人的实力计，自以停止讨伐为宜。这种主张完全是出于民族立场，毫无其他作用。第三，关于鼓动工潮问题，因为日本纱厂里面的中国同胞在罢工后饥寒交迫，救国会捐了一些钱救济，并未煽动罢工。第四，救国会主张的是民族阵线，即是救国联合阵线或人民救国阵线，从未用过“人民阵线”四字。前者以拯救民族危亡为要旨，是要一致对外的，后者是以工人阶级为中心，含有对内的意义。[①]沙千里说：“每次讯问，问来问去，老是问那一套，如同将一桶水，

① 沙千里：《七人之狱》，第74～75页；《韬奋文集》，第3集第110页。

倒来倒去,还是这么一桶水,倒不出什么新花样来。”①

西安事变爆发后,南京政府当局认为:张学良、杨虎城的八项主张的第三项是要求立即释放被捕之爱国领袖,其他几项与救国会的主张复完全相同,而救国会又在事变前20天曾有电报给张学良,希望他火速坚决要求南京政府援绥抗日,且全救会与西北各界救国联合会等救亡团体关系密切,既然这样,全救会显然是“勾结军人,谋为轨外行动”,因此迁怒于沈钧儒等诸救国领袖。CC首领陈果夫、陈立夫竟要求枪毙“七君子”,以警告张、杨,幸而为冯玉祥所阻止。冯玉祥说:“我们的人被扣在西安的不止七个,而且中间有蒋委员长,这时千万不能动杀机,动了杀机我们的人危险太大。”②“杀了沈等,救不了蒋介石,却堵死了与张、杨通声气的余地,此刻千万不可轻率从事,更不宜去轰炸西安,这样会玉石俱焚。”③但二陈仍觉不如此不足消心头之恨,说:七人关在狱中,还是天天有人去探望,经常发表谈话,混淆视听,扰乱人心,危害民国,不杀彼等不足以消除祸患。冯玉祥说,这也容易,禁止他们会客就是了。二陈无奈,只好表示同意。当时南京政府司法部在给苏州江苏高等法院的一封密电说:“李公朴等案情节重大,兹值西安事变,人心浮动,其通电尤复淆乱听闻。仰饬看守所务加派看守,严密戒护,毋得稍涉疏虞。”因此从12月14日起,苏州江苏高等法院看守所顿时紧张起来,门口增加了

① 沙千里:《漫话救国会》,第50页;参见《七人之狱》,第94页。

② 章乃器:《七十自述》,见《文史资料选辑》,第82辑第40页。

③ 胡子婴:《关于救国会和“七君子”事件的一些回忆》,见《救国会》,第463~464页。

宪兵和保安队,不仅朋友禁止见面,家属也不许探望。连他们看报都不准许。沈钧儒等意识到形势的紧张,在混乱的局势下,意外的牺牲不是绝对不可能的,因此,他们共同表示:如果国民党当局把他们“几个人绑出去枪毙”,他们要“一致的从容就义,高唱《义勇军进行曲》”,临刑时“一致大呼:打倒日本帝国主义!民族解放万岁!”①

从上年12月4日沈钧儒等人被羁押,到1937年2月4日侦查期满后,延长了两个月,到4月3日又已届满,按照法律规定,法院不能再羁押下去。问题是在取消羁押后,如何处置沈等七人,是让他们再出来从事救国活动呢,或者把他们送到外国去,或者给他们一官半职,以符合延揽人才的主旨,还是以别种更严厉的方法来束缚他们的行动,据当时报纸披露,这种种方案,“南京政府内部就有过许多争议”。这些争议是“通过两陈(陈果夫、陈立夫)、孙(科)、宋(子文)、冯(玉祥)、李(烈钧)(以上都是同情抗日的,虽然同情的程度不一样)和汪(精卫)、何(应钦)(主张亲日的)等的意见,表现出政府内部对七位先生错综复杂的态度”。②

3月9日,沈保儒持其弟沈钧儒的信到司法行政部长王用宾家,希望此案能运用法律手段求得公正解决。王用宾说:沈钧儒等“日内总可恢复自由,苏州曾来请示,我已有所指示”。又说:“令弟意侧重在法律,我亦不能不从法律立场上着想,尽请令弟

① 《韬奋文集》,第3集第132页。

② 《救国时报》(巴黎),1937年5月25日。

放心。”“张、杨此次举动尚可拉倒，况赤军亦由中央改编，又况其他，真不成话也。”[1]3 月末侦查期满前几天，人们正等待沈钧儒他们出狱，沈等也在收拾行李，作出狱准备。

4 月 3 日，是对“七君子”法定羁押侦查期满的最后一天，江苏高等法院检察官公然又炮制了一份《起诉书》，罗织成“十大罪状”，即所谓（一）“有意阻挠中央根绝赤祸之国策”；（二）“不承认现政府为有统治权，并欲于现政府外更行组织一政府”；（三）“蔑视政府，故为有利于共产党之宣传”；（四）“提倡人民阵线”，有“国际背景，政治野心”；（五）“抨击宪法”；（六）煽动工潮；（七）宣传与三民主义不相容之主义；（八）与第三国际有关系；（九）“勾结军人，谋为轨外行动”，引发西安事变；（十）罗青曾参加以危害民国为目的的团体（按实指组织江苏各界救国联合会），有牵涉章乃器并及沈钧儒、邹韬奋之处。结论是被告等“共同以危害民国为目的，并宣传与三民主义不相容之主义”，“系共犯《危害民国紧急治罪法》第六条之罪”，[2]对沈钧儒、王造时、李公朴、沙千里、章乃器、邹韬奋、史良、陶行知，以及罗青、顾留馨、任颂高、张仲勉、陈道弘、陈卓共 14 人提起公诉，并通缉陶行知等人。

---

① 《沈钧儒文集》，第 273 页。

② 《起诉书》，见上海《大公报》、《时事新报》，1937 年 4 月 7 日。按国民政府 1931 年 1 月 31 日颁布的《危害民国紧急治罪法》第六条规定：“以危害民国为目的而组织团体或集会，或宣传与三民主义不相容之主义者，处五年以上，十五年以下有期徒刑。”见《国民政府公报》第 688 号，1931 年 2 月 3 日。

沙千里在苏州狱中就认为“起诉书完全不了解政治上的新形势,和太诬蔑救国会的主张;不但咬文嚼字,断章取义,曲尽罗织的能事;而且张冠李戴,指鹿为马,惟恐我们的言行不成犯罪。《刑事诉讼法》实质的真实发见主义,完全为其抹煞,被告有利的情形,竟然无一注意。我们万不料侦查四个月之久,起诉书理由竟然如此空洞、歪曲,真是诬蔑了国家,诬蔑了神圣的职务!”他表示:“我却深深相信民族思想和救国行为,决不是起诉书或牢狱所能阻遏或消灭的。”[①]4 月 7 日,沈钧儒在致其长子沈谦信中亦表示:“虽起诉并不为之烦扰。……起诉文今日已载各报,汝等可放心,因其内容甚为牵强,很易攻破也。”[②]

《起诉书》4 月 7 日在各报刊登出来后,一场救国无罪和“救国有罪”的尖锐激烈斗争,在江苏高等法院内外展开了。

二、诱降与反诱降

起诉书提出之后,国民党中央秘书长叶楚伧出面,通过杜月笙、钱新之向沈钧儒等被告进行劝降迫降活动,提示只要他们切实保证以后不再从事救国活动,留居京中或出国,即可撤回公诉,或先行交保。沈等剀切表示:“三中全会后,政府既宣示上下团结一致对外之主义,本人亦深愿在中央领导下,从事爱国运动。”[③]

---

① 沙千里:《七人之狱》,第 120、121 页。

② 《沈钧儒文集》,第 275 页。

③ 《起诉书提出以后》,见《广西日报》,1937 年 6 月 10 日;《救国会》,第 244 页;《救国会史料集》,第 331 页。

与此同时，上海救国会方面曾推派代表面见市党部常委兼社会局长潘公展，请其转圜。潘认为：“该案仍完全为政治问题，并非法律问题。设沈等能切实受政府领导，则一切自可迎刃而解。本人既为沈等老友，深愿去苏一行，向彼等剖释政府态度，恐沈等仍固执成见，徒然碰钉子。”①救国会认为，地方最高当局之一既有此种坦白诚恳表示，实为人民与政府消释误会，合力对外的极好机会，因而即将此意转告沈钧儒等人。沈等即联名亲笔致潘一函，表示竭诚欢迎来苏一谈。

但国民党内的强硬分子叶楚伧等人，以沈钧儒等人仍表示要继续从事爱国运动，于是以“应照顾到党部威信”②为由，主张按《危害民国紧急治罪法》判处徒刑，随审随判，如沈等不作任何辩护或上诉，即可押送南京反省院；入院后，必须认错并写具悔过书，方准交保释放。但国民党当局担心如果贸然判罪，在法律上站不住脚，将引起社会舆论的谴责，于是指令法院“取‘多调查，少开庭’的办法”，以“避免法律上社会上之若干重大麻烦”。③ 苏州高等法院曾一度传出将于4月28日开庭审问之说，全国关心此案的民众都纷纷准备到苏州法院去旁听，结果并未举行。

沈钧儒的家书和李公朴在狱中写的日记，都记载了叶楚伧

---

① 《起诉书提出以后》，见《广西日报》，1937年6月10日；《救国会》，第244页；《救国会史料集》，第331、332页。

② 李公朴日记原件，1937年5月4日。

③ 《起诉书提出以后》，见《广西日报》，1937年6月10日；《救国会史料集》，第332页。

所谓顾及“党部威信”和“政府面子”的幕后活动情况，以及他们所持的坚定态度。

5月2日，沈钧儒致其长子沈谦信中说：“我等事，在我们只希望两种结果：一撤回公诉；二判决无罪。此两种结果，都是要在外边讲妥，然后从法律的立场来做一个手续的结束。还有一种，交涉不能获有迅速结果而彼此却有相当谅解，那就是交保的办法。把这几个人交保出来，然后再进行切实的交涉。……不过要我们表示，我可以赌咒说：‘以后仍愿继续努力抗日工作，尤其愿在政府领导之下，牺牲一切。’不过如其要我认错悔过，那是无异杀我，宁可判罪入牢，不能自毁其人格也。除此一点外，几乎多可商量。从前的确没有反对政府，为什么要硬派我是反对政府；的确没有背景，为什么硬要说我有背景?！多几人有背景，多几个人反对政府，这种做法，我真不懂于政府、党有什么好处?！真可不必。政府代表国家，与个人不同，无所谓恩怨，无所谓面子不面子，有嫌疑抓进来，了解了释放他，愈见得政府有是非，愈见得政府有威信。”①

5月4日，李公朴的日记写道：“褚慧老（褚辅成字慧僧，为浙江名流，沈钧儒的老友——引者）来告中央叶楚伧等对本案意见，令人感触殊多。叶谓‘应顾到党部威信’。党部威信的受打击，一由于日本帝国主义之压迫，一由于党部自身之不健全。本案无论怎样办法，其于挽回党部威信的地方有限得很。对外则恐惧，对自己的组织散漫，均可置之不顾，而对于可压迫的人，则

---

① 《沈钧儒文集》，第282页。

利用其政治权力任意施用，不顾舆论以至封锁舆论，吾以为则［这］一切都不是真要希望挽回党部威信的办法。”“关于案件的进行，在法律方面严格的依规定进行，尽量的依法争持，不稍顾忌。在政治方面则尽人力以待天命，但绝不企图早几天恢复自由而做自毁立场的事。我们过去的工作若不是为自己的，那么我们现在也就不应为自己有所迁就。中国社会上的‘正义’之气已经微弱得很，但是我们不能再自我来削弱它的力量。”①又5月16日记载：“我们虽急切的希望恢复自由，但以不失过去立场与个人人格为限。如其不然，则我们固早具坐牢之决心耳。开庭后，我们仍本素来主张说我们应该讲的话。……关于法律的程序，则除非撤消公诉以外，我们总照例按步进行。我们虽不能拒绝任何强制执行的去处，但我们将誓死不签署任何有失立场与人格的书面文件。我们相信牢外整个局面好转，我们总可出去；外面情形不好，我们即出去亦无用处。”②

5月23日，叶楚伧在给杜月笙、钱新之的信中，道出了他们策划诱降迫降，将沈钧儒等七人强制送反省院的阴谋：“沈事宣判之日，自当同时谕交反省院，以便一气呵成。至就近交反省院一节，弟意不如在京，因在京出院以后，出国以前，更可多得谈话机会。中央同人颇愿与倾心互谈，一扫过去隔阂，而于其出国之时，归国之时，均可于此时日中重开坦白光明之前途，于公于私均为有益。”他在信中还特别指出：“若虑及途中引起注意，自可

---

① 李公朴日记原件，1937年5月4日。

② 李公朴日记原件，1937年5月16日。

避免一般递解之形式，毫无形迹可寻也。”[1]

国民党这一花招，遭到沈钧儒等七人的坚决抵制。他们认定个人自由事小，争取救国无罪事大，宁可不出狱，决不丧失立场和有损人格，毅然拒绝进反省院的无理要求。

5月25日，沈钧儒等致杜月笙、钱新之信说：“楚伧先生表示愿倾心互谈，一扫过去隔阂，措词诚恳，尤所私慰。钧等亦甚愿面聆中央诸公之教益，惟愚意政府既有意扫除隔阂，何妨再示宽大。窃钧等事之解决途径，不外乎法律程序与政治救济。就法律方面言，目前尚可撤回公诉，或宣判无罪，此不但无损于政府之威信，反可表示政府之德意，似不必坚持判罪。就政治救济方面言，判罪后尚可特赦，似亦不必坚持进反省院。衡以扫除隔阂之原则，似不宜再令案情表现过于严重；而进南京反省院一层，尤难索解。倘仅为谈话方便起见，则钧等本意，不论撤回公诉，或判决无罪，或在苏保释，均拟即日赴京面谈，以期完全谅解。”[2]

5月27日，李公朴日记以《对本案的一点随感》为题写道：“关于本案，我们始终自信无罪，中间虽经友人代向中央解释，以及其他调停办法，我们在根本上虽是不愿意，但我们也根本无权力反对任何办法或接受任何办法。最近家属来谈外间有我们同意什么什么办法的传说，这显然是一种误会，或为一种恶意的宣传。当然在政府一定要判罪的决定下，友好为我们进行特赦或其他可避免执行缩短刑期的办法，我们在不损立场与不丧人格

① 《救国会》，第240～241页。

② 李公朴日记原件，1937年5月25日。

之条件下,我们当然也不反对。我们现在尚未被判罪,我们一切仍依法律手续进行。""此外有许多朋友深怕我们受骗或上当等顾虑,殊不知我们决不会做违反过去立场及丧失人格的事。至于在政府权力范围内要判罪或其束缚我们个人身体自由的办法,在积极方面,我们可说是毫无力量反抗的。……如果要骗我们自动做不愿做的事,说违背初衷的话,则我们是相信那是不可能的,虽暴力也无用处。"①

章乃器则说:"眼对着前面的曙光,脚踏着身边的实地,一步步迈进。""历史上赴汤蹈火视死如归的人物所靠的就是一个坚定的信念。要有坚定的信念,先要有正确的信念;只有正确的信念,才不会动摇,才能坚定。""我们一说出抗日两个字,就要想到炮声一起,倾家荡产,粉身碎骨,都是意中事,就应该立刻下牺牲一切的决心。"②

6 月 1 日,他们在致杜月笙、钱新之的信中,义正词严地回答说:"钧儒等以和平奋斗之手段,为抗日救亡之呼吁,冤被羁押,迄今已六月,徒以旨在团结全国,故始终不愿以个人之屈辱稍示忿怒,致重违团结之初衷。但自问无罪,天下亦尽知其无罪,为国家民族前途计,亦终认救国无罪四字应令其永留于史册。但能否达此目的,则仗义执言,责在社会,而最后决定之权在政府。钧儒等身羁囹圄,惟有尽其在我而已。"关于判罪送反省院问题,他们在信中指出:"日前待时(沈钧儒聘请的辩护律师秦联奎字

① 李公朴日记原件,1937 年 5 月 27 日。

② 李公朴日记原件,1937 年 5 月 26 日。

待时——引者)先生来苏,述及判罪送反省院后,当日保释,为政府已定之办法,但谓送反省院仅为便于交保之一种手续,并不实际留羁,亦不须签署任何书状。钧儒等秉爱国之热忱,竟被处害国之罪行,闻之深滋悲痛。……复思通常反省人出院以后,行动须受监视,仍为不自由之人,钧儒等如遭同样待遇,则反不如在监静待执行期满之能取得完全自由。"①

同一天,沈钧儒等人复函救国会的重要成员彭文应、张定夫,也表示了反对进反省院的坚定立场:"两兄不顾艰难,为弟等筹谋奔走,公谊私情,均令弟等铭感无已。……判罪送反省院事,弟等绝对未同意,救国无罪,亦无反省之可言,弟等为公为私,对此点均须力争到底。最近曾致杜、钱两先生一函,兹将函稿另录奉闻,两兄阅后,即可知弟等之真实态度也。"②

三、"七君子"等答辩状

江苏高等法院起诉书提出后,沈钧儒等七人做的第一件事,便是商量聘请辩护律师。根据当时法律中关于每一名被告可以聘请律师三人为辩护人的规定,决定每人都聘三名律师,组成一个强大的辩护团。由于沈钧儒是上海律师公会的常务委员,对上海的律师比较熟悉,由他推荐;沙千里多年以律师为职业,与许多律师熟识,也从旁协助。他们选择的标准是,不限于自己认识与否,也不问其政治倾向如何,只要他有影响,不反对抗日救

① 《沈钧儒文集》,第 290 页。

② 李公朴日记原件,1937 年 6 月 1 日。

国即可。他们聘请的律师分别为:沈钧儒的辩护人:张耀曾、秦联奎、李肇甫。王造时的辩护人:江庸、李国珍、刘世芳。李公朴的辩护人:汪有龄、鄂森、陈志皋。沙千里的辩护人:江一平、徐佐良、汪葆楫。章乃器的辩护人:陆鸿仪、吴曾善、张志让。邹韬奋的辩护人:刘崇佑、陈霆锐、孙祖基。史良的辩护人:俞钟骆、俞承修、刘祖望。这些律师中,有的当过司法总长、国会议员、大理院(相当于后来的最高法院)审判长,以及现任的大学法学院院长、大学教授、上海和苏州律师公会会长等,在社会上都很有声望。请这样多的律师,而且都是知名人士辩护,这在司法界的历史上是绝无仅有的。

在聘请辩护律师的同时,他们最后写成约一万七千余字的《答辩状》递交法院。

6月7日,沈钧儒等七名被告和他们的义务辩护人在上海各大报发表长篇《答辩状》。答辩状阐明救国会成立的背景和其主张说:"被告等目击河山破碎,痛念国亡无日,奋起赴难,未敢后人。当时救国会及被告等均认为救亡唯一要道,端在全民族团结一致,御侮抗敌。故言论行动莫不以此为依归。至和平统一,集中力量各点,则均不过为求达此项目的之方法。"答辩状指出:"起诉书认为被告等有共同以危害民国为目的而组织团体,并宣传与三民主义不相容主义之嫌疑。然以被告等爱国之行为,而诬为害国;以救亡之呼吁,而指为宣传违反三民主义之主义,实属颠倒是非,混淆黑白,摧残法律之尊严,妄断历史之功罪。"答辩状逐条驳斥了起诉书对他们的诬告,最后表示:"据上陈述,可知被告等从事救国工作,无非欲求全国上下团结一致,共御外侮，与政府历来之政策，及现在之措置，均无不合。起诉书于救国会之目的及政府之国策，均有未明，所列犯罪证据十款，无一足以成立。”因此郑重要求江苏高等法院，“秉公审理，依法判决，谕知无罪，以雪冤狱，而伸正义”。[1]

同时全救会也发表《为江苏高等法院为沈章诸先生提起公诉的答辩并告全国人民和全体会员》书，指出救国是国民之天职，抗日是图存的要着，纵使所见有轻重之不同，所行有先后之各异，但绝非危害民国之行为，更为民主共和国的中华民国法律所容许。何况“三中全会及蒋委员长曾一再表示容纳各种意见，开放言论自由，招揽各派分子，集中全国人才，以完成我救国建国之伟业。……故将风马牛不相及的危害民国紧急治罪法加之于众人皆知的爱国志士，不仅有失立法本旨，抑且昧于国家大势”。[2] 呼吁党国领袖、社会硕望、全国同胞及全世界人民，本正义法理，为本案作合法之声援，俾得迅速判决被告无罪，立即无条件释放。平津各界 1690 余人亦另嘱托律师代拟一答辩书，认定：“惟就起诉书所采取之书证，通体观察，追求真意，苟不断章取义，故意周内，则不特足以证明被告等非以危害民国为目的，且证明其所宣传者，又何曾与三民主义不相容，应无犯罪之可言。”[3]

6 月 9 日，苏州高等法院开庭审理“七君子”案的前两天，沈

---

① 以上见《救国会》，第 248、249、269、270 页。

② 《救国时报》（巴黎），1937 年 5 月 22 日。

③ 《沈钧儒等被诉危害民国嫌疑案（一）》，见《益世报》（天津），1937 年 6 月 10 日。

钧儒等因以前致杜月笙、钱新之信未得复信，再次致信他们申明：“钧等对本案态度，始终坚守不妨碍救国运动及不侮辱个人人格之原则，为救国无罪而努力。诚以个人受屈事小，国家前途及民族气节事大也。区区苦衷，必蒙亮察。现开庭之期已迫，深恐法院匆促宣判，我方依法力争，同时进行上诉，不但有损司法尊严，且使本案之解决，愈感困难，故切盼先生等立即设法延迟判决，一面再为筹更妥之解决。弟等辩诉状发表后，深信各方当能愈加谅解。此时能由鼎力斡旋，必可挽回局势。”①

当时有一篇文章报道了政府中一些内幕情况：“现在全国人士所中心注目的问题之一，即为救联会领袖之审案。盖此案之结局如何，关系于时局之发展、民族之前途者至为重大。在三四月曾有沈、章诸先生即将无罪释放之传说，乃四月三日沈先生等已在准备出狱之时，江苏高等法院竟违悖国人公意，提起公诉，因而引起各方舆论之极大愤懑，一致为沈先生等之后援，法院不得已延期审问。”“可是南京政府中之亲日分子则百般挟持，必欲陷沈先生等于有罪而后已，并拟定在判决后即解赴南京反省院，强制‘反省’。……亲日分子竟欲强横到底，坚持判罪。至昨日各被告已得到江苏高等法院六月十一日下午一时审判之传票。据确讯：法院已内定随审随判，随解南京反省院。当局曾对七被告示意，谓倘不递辩诉状，或开庭时不作任何口头上之声辩及声明上诉，则解反省院后可以从速省释。……惟南京亲日分子已在当局前布置就绪，不论沈老先生等服与不服，判罪后就即日解

① 《救国会》，第270页。

往南京,各项手续均已处理停当。”①

四、法庭上的抗辩(一)

国民党当局诱降的图谋未能得逞,即决定对“七君子”开庭审理。6 月初,在江苏高等法院开庭之前,国民党当局所拟定的一审判罪,并送反省院的谋划,已被人们识破。同情上海救国运动的《立报》发表了题为《应具辟谣的常识》的社论,为了避免国民党的新闻检查,很巧妙地采取否定的语气将它公之于众。这篇社论说:“这几天社会上竟发生许多谣言,有的说该案虽尚未开庭,而早已定谳;有的说该案将不待充分辩论,一庭之后即判决,甚至称决定判处徒刑五年,对援引的条文,也言之凿凿。……这种谰言的传播,无论动机如何,都足以削弱政府的信誉,动摇国内团结一致的基础。”②

6 月 11 日,天色阴沉,11 时开始下小雨,“七君子”案在苏州江苏高等法院由刑事第一法庭正式审理。法院大门内外,到处站满了全副武装的宪兵和警察,戒备森严。被告沈钧儒、章乃器、邹韬奋、王造时、李公朴、沙千里、史良以及罗青、顾留馨,于 11 时由汽车接到法庭,环坐于候审室内(任颂高于开庭前赶到)。法院定于下午 1 时开庭,但不到 12 点,门口就聚集了二三百人,多系青年男女,还有上海、南京、苏州等地的新闻记者。有五位

① 《亲日派挟持下之南京政府竟欲对救联会领袖实行判罪》,见《救国时报》(巴黎),1937 年 7 月 5 日。按此文应是写于 1937 年 6 月 1 日。

② 《立报》,1937 年 6 月 10 日。

老人平均年龄在70岁以上,都是知名人士,其中张元济、沈卫、陶家瑶三位是特地从上海赶来的,另二位是苏州很有名望的绅士张一麐和李根源。人们想看看当局对这批“爱国犯”究竟怎样处理,是“爱国无罪”呢,还是“爱国有罪”? 政府当局事前宣称审判要公开进行并发出了一些旁听证,但看到这么多怒容满面、愤愤不平的群众,害怕有人在法庭内破坏秩序,临时却贴出布告:“依法院组织法第六十五条之规定,停止公开,所有已发出之旁听券,一律无效。”[①]鹄立在蒙蒙细雨中的群众都十分愤慨,要冲法院。一位老人大声说:“我活了七十多岁,却从来没见过这种案子,为了爱国,竟要坐牢,竟要吃官司,现在还不准我们听审。……一切都越弄越不成样了。”[②]另一位老先生接着说:“有什么办法,这叫一朝权在手,便把令来行,现在是他想怎么办就怎么办! 那有什么法律!”[③]胡子婴、沈粹缜、张曼筠等“七君子”的家属在门外喊道:“为什么不公开?”“这是司法吗?”[④]表示不相信法院的审判,要求非旁听不可。沈钧儒等全体被告决定不公审不发言,辩护律师也表示要保持缄默。后经张一麐前往交涉,法院始不得已允许家属和新闻记者入内旁听。原定开审时间由1时展至2时。

1时3刻各报记者11人,被告家属20人,开始进入法庭。

---

① 《沈案昨在苏公审》,见《大公报》,1937年6月12日。

② 郑禹:《“爱国无罪”案听审记》,见《国民》(周刊),第1卷第1期,1937年6月18日。

③ 沙千里:《漫话救国会》,第63页。

④ 《立报》,1937年6月12日。

接着审判长方闻偕推事汪钰、郑传缨、书记官李望、检察官翁赞年等入庭升座，沈钧儒等被告辩护律师秦联奎、李肇甫等共25人陆续也跟着进入。2时被告九人传到，各人供毕年龄、籍贯后，分立左右。随即检察官起立宣读起诉书后，令其他被告退出，只把救国会的领头人、第一被告沈钧儒一人单独留下，于是正式审问开始。

沈钧儒在法庭上从容沉着，不卑不亢，以简单犀利的语言，明白晓畅的说理，回答了审判长的讯问。下面是当时审问纪录的部分摘录。

审判长问：你怕吃力吗？要不要拿一个椅子？

沈钧儒答：用不着的。

问：全国各界救国联合会是怎样组织的？

答：全国各界救国联合会是以各地救国会作单位的，先由各地斟酌地方情形，分别组织各个救国会，再来联合起来，成立该地各界救国联合会，再由各地各界救国联合会派代表组成全国各界救国联合会。譬如上海的各界救国联合会就是它的一个单位。

问：加入救国会有什么手续吗？

答：凡愿意抗日的都可加入，没有什么限制。我们觉得每一个中国人都应该救国，都有能力救国，所以对于入会的人没有任何手续上的限制。不过有一点我可说明，以供审判长作参考。上海在"一二八"事变的时候，就有一个叫做上海各团体救国联合会的组织，我们那时都参加过，所以到了去年组织救国会，我们认为以各团体来组织是有流弊的，三个人也可组织一个团体，五个人也可以组织一个团体,应当把“各团体”改做“各界”,所以就成立了上海各界救国联合会。这五年以来,上海的救国工作从来没有间断过,现在的救国会,就是一贯发展下来的。

问:你参加的是那一个救国会。

答:本人参加的是文化界救国会。

问:全国各界救国会联合会是什么时候成立的?

答:是二十五年五月卅一日成立的。

问:你是执行委员还是常务委员?

答:是常务委员。

问:五月卅一日开了全国各界救国联合会成立大会以后,继续开过会吗?

答:开过两次执行委员会。

问:都在什么时候?

答:我们在上海开会是不很自由的,所以要找到开会的地方很不容易。我们第一次开执行委员会,是在大会闭幕以后第二天;第二次是在马相伯家里开的,因为马相伯也是执行委员,日子记不清楚了。

问:你们的大会宣言是何时起草的呢?

答:大会上推人起草的。

问:宣言是秘密的吗?

答:在二号那天,我们曾拿了宣言到上海市政府去找过吴市长。

问:吴市长赞成不赞成呢:

答:那我不能知道。不过我们后来与他还很有来往;只有从他把我们拿来这一点上追想起来,也许是不赞成。

问:你们的宣言是作什么用的?

答:是表明全国各界救国联合会的宗旨的,对民众对政府陈述我们的抗敌主张。

问:是作宣传用的吗?

答:也可以说是作宣传用的,是向民众而且也要向政府说明我们全救会的宗旨。次日送宣言给吴市长,也是这个意思。

问:你们的政治纲领呢?

答:那时大家对抗日意见还不能全然相同,所以,我们提出了这个初步政治纲领,向各方征求意见,并供大家的研究。

问:政治纲领里面关于联合各党各派召集救亡会议两点是怎样解释的?

答:集中全国力量共同抗日。

问:所谓联合各党各派是指那些党派呢?

答:并没有指定是那一党那一派,希望全国各党各派,都放弃成见共同联合起来抗敌。当然,凡是中国人,除了汉奸都在内。

问:你们指的那些党派还没有联合起来?

答:在全救会成立的当时,西南两广当局与共党的红军,都尚在显然与中央站在对抗的地位,所以我们那时主张要联合起来。

问:那末,你们就愿意负这个联合之责吗?

答:我们觉得当时中央政府与地方政府,与共产党之间,的确并未统一。我们以为内部的纠纷不解决,是不能说到抗敌的。所以当时主张由人民来呼号,促进大家团结。我们希望是要各方的实力不要自相消耗。

问:国民党是不是被联合的一个党呢?

答:国民党当然是联合中的一个,并且,当然居于领导的地位。

问:还有共产党呢?

答:假使西南与共产党是抗日的,我们认为当然应该联合。我们主张在中央政府的领导下,把抗敌的一切力量统一起来。从前蒋委员长也说是要先安内而后攘外,我们主张和平统一,消除内部纠纷,也就是先要安内的意思。

问:那末,纲领里面说建立一个统一的抗敌政权是什么意思?

答:这一点请审判长特别注意。起诉书里面曾说,我们主张建立一个统一的抗敌政权是为的对内,不是对外,这是极大的错误。我们从来没有讲过另组织一个政府的话。我们认为国民政府当然是最高的组织。我们是国民政府统治下的人民,如果有另行组织政府的企图,那就是革命,怎样会把自己的文件公开,并且拿去见吴市长呢?

问:各党各派既然共同组织抗敌政权,那末国民党一党治国怎样解释呢?

答:我们主张各党各派在统一的抗敌政权之下,是仍由国民党来做领导。

问:那末,怎样统一呢?

答:我们认为只有消灭内部纠纷和矛盾,才能一致对外。而也只有和平才能统一。那就是统一,要是这样,那才是真正的统一(原文如此——著者)。这数年以来,国家方面因内部纠纷所受的损失也已不少。

问:所谓各党各派包括那些党派,是否指容共而言?

答:国内所有党派都在内,如象国家主义派、第三党等也是不能否认的政党,共产党当然也在内。说到容共与清共,那只是政策的转变,不是绝对的。按孙中山先生的遗教,“容共”是团结力量的好名词,但清共以后变成坏名词了。关于救国会的所有文件,只说停止内战,从未说过“容共”二字。

问:你赞成共产主义吗?

答:赞成不赞成共产主义,这是很滑稽的。我请审判长注意这一点,就是,我们从不谈所谓主义。起诉书竟指被告等宣传与三民主义不相容的主义,不知检察官何所依据?如果一定要说被告等宣传什么主义的话,那末,我们的主义就是抗日主义,就是救国主义。

问:抗日救国不是共产党的口号吗?

答:共产党吃饭,我们也吃饭,难道共产党抗日,我们就不能抗日吗?审判长的话,被告不能明白。

问:那末你同意共产党抗日统一的口号了?

答:我想抗日求统一,当然是人人所同意的。如果因为共产党说要抗日,我们就须要说“不抗日”;共产党说统一,我们就须要说“不统一”,这一种的说法,是被告所不懂得的。

问:共产党真能抗日吗?他们一面主张抗日,一面主张土地革命,你晓得吗?

答:这要问共产党员,我不知道。不过我们认为在抗日前提下,可以联合共产党。因为能够不损国力,团结一致。最近这数年,蒋委员长为国劳苦,军队方面的损失,财政方面的损失,不知多少。这是一种事实,我们人民不能不关心。

问:你们反对政府剿共么?

答:这不是这样简单说法的。我们最反对的是日本要来与我们合作防共;关于剿共,我们没说过。不过政府剿共十年,政府与人民很苦,我们不能不关心。至于说我们巴结共产党,我们的脑子里想也想不出来。

问:你同章乃器、邹韬奋、陶行知四人发表的"团结御侮告国人书"是什么时候?

答:大概七月间。

问:说些什么话?

答:主要的是叫全国人民大家团结御侮。(沈供至此,已三时五分,要求赐茶一杯。李肇甫律师以沈年老,恐不能久站,请给沈座。沈摇手连说"不要!""不要!"移时茶至续审。)

问:为什么要发表这小册子?

答:救国工作是很艰苦的;因为各方面不易了解,所以我们才发表这小册子,向各方提出最低限度的要求。

问:救国会有共产党么?

答:救国会会员很多,无从知道。对于入会的人不能问明他是不是共产党,只问他抗日不抗日,并且共产党那里会自己说明是共产党的呢?所以要问也问不出来。

问:你知道你们被共产党利用么?

答:假使共产党利用我抗日,我甘愿被他们利用;并且不论谁都可以利用我抗日,我都甘愿被他们为抗日而利用。

问:组织救国会是共产党指使的吗?

答:刚刚相反,我们组织救国会,正是为了国内不安,要叫共产党大家都来一致抗日。审判长这样的问话,那是错误的。

问:在你们看来,共产党有没有抗日的表示?

答:我们在报上看见是有的,他们要通过山西去打日本帝国主义。

问:你们与共产党有没有往来?

答:从来没有什么往来。

问:那末毛泽东的那封油印信呢?

答:那是毛泽东在报上看到了被告等的主张才写信给我们的。在这个信上,开头就说得很明白。

问:你们去年什么时候打电报给张学良的?

答:大概是十一月十几日,绥远事变发生以后,不但打电报给张学良,同时也打电报给国民政府、傅作义、宋哲元、韩复榘等军事领袖。

问:打电报给他们是什么意思?

答:请求他们援绥,并督促中央领导全国出兵抗日。

问:全国各界救国联合会和上海各界救国联合会登记没有?

答:我们与上海市党部、市政府等常有文件往来,在文件上就有救国会的戳印,所以虽没有登记,但上海各党政机关各界人士都已知道的。至于手续上没有登记的原因,那是因为知道上海当局的为难。大家知道,救国会如果向市党政机关正式登记,说不定日本人会向上海当局提出无理要求的。为了避免这种外交上的困难,所以没有做形式上的登记手续。

问:那么,救国会就是秘密的了,因为人民团体是必须登记的。

答:这一点,审判长的猜想是错误的。救国会虽没有登记,但所做的事情都是绝对公开的。如果把不登记认为就是秘密的,我们拿宣言去见吴市长又怎么解释呢?救国会是没有丝毫秘密性质的。

问:西安事变你知道吗?

答:当时在看守所里,无从知道。

问:那末,罢工的事情知道不知道呢?

答:我不是工人,我不知道。

问:救国会组织罢工后援会吗?

答:当时在孙中山先生诞辰纪念大会上,有日本纱厂的工人报告日本帝国主义怎么虐待他们,杀害他们,他们没有办法,只好罢工了。在罢工时间,没有饭吃,没有屋住,要求各界同胞援助。因此当场由大家提议组织了一个日商纱厂罢工后援会,援助他们,并且当场募捐得四百余元。

问:人民阵线与救国阵线有什么不同?

答:那是绝对不同的。人民阵线是对内,而救国阵线是对外的。我们没有用过"人民阵线"这个名字。

问:救国阵线怎样对外呢?

答:全国人民各党各派各阶层应该放弃一切成见,在抗日前提下联合起来。

问:为什么称为救国阵线呢?

答:就是大家一致救国的意思;什么阵线,什么阵线,所以有了许多不同的名词的缘故，完全是为了说话的方便关系。

问：你还有别的意思吗？

答：我觉得把西安事变的责任加在我们身上实在奇怪，请审判长向张学良调查。[①]

审问共进行了一个半小时。最后律师李肇甫起立发言，要求就西安事变与救国会的关系、人民阵线问题、反对剿共问题，进行调查；律师刘宗佑、鄂森亦提出了同样的要求。审判长均连连摇手，表示不用调查，并且“忿然作声，谓卷宗送党部检查，可阅者自准调阅，其不可调阅者亦多”。[②]

沈钧儒审问完毕后，依次对章乃器、王造时、李公朴、邹韬奋、沙千里、史良以及顾留馨、任颂高、罗青进行了审问。审问详略虽有所不同，所提问题则大体一样，没有超过审问沈钧儒所涉及的范围，各个被告也作了类似的申辩。限于篇幅，不一一备录，这里只摘录第二、第三、第七被告章乃器、王造时、史良的几段供词如下：

审判长问章乃器：救国会的目的是什么？

章乃器答：说起来很简单：对外求抗日，对内求和平统一。

问：团结各党各派是组织政府吗？

答：不是的。团结各党各派并不要他们争政权，而不过要他们贡献力量抗日。我们只希望国民政府能有一个统一的抗日政权。

---

① 《救国会》，第271～283页。

② 天津《大公报》，1937年6月13日。

问:你对于各党各派是主张联合的吗?

答:在这国难空前严重的时候,每一个中国人都愿意各党各派联合起来一致抗日的。

问:用什么方法去联合呢?

答:我们认为只要中央能够提出一个具体的抗日国策,向各党各派说明,取得他们的谅解,各党各派一定可以联合起来一致抗日的。

问:为什么你们反对国民政府颁布的国民大会组织法和宪法草案,说它是想巩固一党专政的基础?是否反对一党专政?

答:关于这一点,我先想请问一下审判长:宪法颁布之后,是不是依然要一党专政的?(承审推事不回答)据我所知道,三民主义明明规定宪政时期是还政于民的,是不能再有一党专政的。宪法也规定人民有结社、集会、言论、出版的自由,事实上,我们批评宪法,并不是反对宪法。

问:你对于共产党的抗日有什么意见?

答:如果共产党要求抗日,自然应该让他来一同抗日的。

问:剿共是错误的吗?

答:我们认为我们内部不应该再有摩擦,在亡国的威胁之下,自己内部还有什么恩怨可说呢。

问:你知道共产党抗日另有作用吗?

答:我相信大多数有良心的中国人,决不会另有作用;倘使少数人另有作用,我们不必怕。

问:你们主张抗日,不是和共产党一样吗?

答:我相信,在抗日这一点上,政府现在的主张与我们也是一样的。[①]

最后辩护律师张志让起立发言，请求法院就关于中央国策及所牵涉的对共产党问题，调查下述几个文件：（一）三中全会宣言；（二）三中全会根绝赤祸决议案；（三）蒋委员长在三中全会后的谈话；（四）民国二十一年四月国难会议宣言，借以研究救国会主张与中央国策有无抵触之处，同时向马相伯、吴铁城、张学良调查起诉书所涉及的有关被告问题。

接着审判长问王造时：你们大会宣言有句话说：各党各派派代表进行谈判，建立一个统一的抗敌政权，是不是不要现政府呢？

王造时利用他擅长演说的特点回答说：抗日救国这是救国会的目的。救国会认为必须全国人民团结起来，全国力量集中起来，才能够达到这个目的。我们大家都知道，在救国会发生的时候，全国人民还没有真正完全统一起来，全国的一切力量也还没有真正完全集中起来。这几年来的国难与国内的分裂情形实在有极大关系，如果国内有真正统一的局面，一切力量已经真正集中了，那末我中华民国决不至于被日本帝国主义抢去东北四省和察哈尔、河北的一部分，到今日这种河山破碎的地步！因此，救国会认为必须全国真正统一起来，把全国的人力、财力、物力真正集中起来，才能谈到抗日救国。救国会成立的当时，表面上虽然好像统一，事实上仍有各党各派间的纠纷，实力派间的摩擦，以及思想上的斗争，我们很痛心。救国会有见于此，所以认定要抗日救国，必须全国同胞不分阶级，不分党派，团结一致，放

---

① 《救国会》，第287、288、289页。

弃一切成见，在中央政府领导之下，发动全民族的神圣抗日解放战争！这就是统一的抗日政权的意思。不料起诉书把政权和政府混为一谈，真是不知政治为何物！被告是研究政治学的，据我所知，政府是一个国家的机构，政权为政府行使他的职能的力量；政府是具体的，政权是抽象的。政府目前最迫切、最重要、最神圣的任务是抗日。我们要抗日，就不能不使这个作为我们国家机构的政府有极强大的力量。这极大的力量必须全国统一才能发生，我们所说的统一的抗日政权的意义便是如此。我们查考中外的历史，便知道要抵抗外侮，必须要有一个强固的政府；但要有一个强固的政府，必须要有极大的权力。在欧战期间因为情势急迫，各国的政府的权力都是有增无减。在现在，以侵略为怀的日本、德国、意大利固然如此，就是主张和平的英、美、法、苏，它的政府权力也莫不有增加的趋势。……（王造时的答话，被审判长阻断。）

问：你反对剿共么？

答：我们的宣言上并无此语，只说停止内战；而停止内战的主张完全是从抗日一点出发。因为要抗日，所以要全国一致团结；因为要全国一致团结，所以要停止内战。如果共产党接受中央的领导去抗日，我们自然希望一切枪口向外。

问：为什么要援助罢工呢？

答：不是援助罢工风潮，而是援助罢工工人。我们为了工人没有饭吃，没有衣穿，才援助他们的。我们不但自己援助，并且希望当局对于在日本压迫下的工人也应该加以援助。他们虽是日本工厂的工人，但到底是中华民国的国民，是我们的同胞！

问:救国阵线与人民阵线有什么不同的地方?

答:救国阵线与人民阵线根本相反。人民阵线的目的是在反对法西斯蒂势力的,比如法国、西班牙的左倾各党派曾经联合起来反对国内倾向法西斯蒂的右倾势力。所以人民阵线是国内工农及小、中产阶级人民的反法西斯蒂的阵线;是有阶级背景的;是左倾党派与右倾党派斗争的。救国阵线正是要求国内的各党各派放弃内部的斗争,要求各阶级、各党派放弃成见与集团小我的利益,一致团结起来,打倒外来的侵略者。起诉书把人民阵线与救国阵线硬弄成一物,真是莫明其妙。须知救国阵线与人民阵线不但毫不相同,而且恰恰相反:一是对内,一是对外。我们认为,在整个民族受压迫的时候,不应有阶级的对垒。①

辩护律师李遹骏起立发言说:因为被告是专门研究政治学的,所说的话很值得注意,请书记官宣读笔录,或将笔录交被告核对。

史良作为第七个被告最后一个受审,时间已是 6 点 20 分。史良不畏强豪的倔强个性和她弃满自信与正义感的内心,使得她在法庭上面临即将开始的审讯斗争,反而显得格外精神焕发,态度从容。

审判长问:你在救国会担任什么工作?

答:妇救常委及全救常委。

问:全救大会宣言和纲领是什么意思?

答:团结抗日。

---

① 《救国会》,第 293 ~ 296 页。

问:你赞成各党各派联合救国吗?

答:凡是中国人,除汉奸卖国贼外,都应该联合一起抗日的。

问:联合各党派是联合共产党吗?

答:救国会的意思任何党派都要联合,不管它是国民党也好,共产党也好,不分党派,不分阶级,不分男女,分的只是抗日不抗日。

问:建立统一的抗敌政权是不是指另组政府?

答:政府与政权是有分别的,政府是国家机构,政权是这个机构发挥的力量。譬如五权宪法的五权也是政权,并不能说五个政府!我们主张的是扩大政权,始终未想到改组政府,

问:你们主张联合各党各派,这不是共产党提出的口号吗?

答:救国会主张不分阶级,不分党派,不分男女,一致抗日救国,是由于全国大众的要求,不是跟着共产党喊的口号。

问:你们是组织人民阵线吗?

答:救国会从来没有讲过“人民阵线”这句话,并且中国也不需要人民阵线。

问:那么,救国阵线呢?

答:救国阵线就是人民大家起来站在一条抗日救国的阵线上。

问:西安事变你知道吗?

答:事前不知道。

问:你知道救国会是违法的吗?

答:不知道,我们觉得起诉书对被告等援引的《危害民国紧急治罪法》是绝对错误的。如果一个国民真的犯了《危害民国紧

急治罪法》，在今日也只有劝导才是道理。我们并没有犯《危害民国紧急治罪法》，把我们所有的抗日行动和救国主张硬拉到危害民国上面去，不知是何用意。

问：你还有话说吗？

答：没有别的话，我觉得我们的一切行动都是本着爱国心的。①

整个审问一直延续到下午7时。江苏高等法院没有得到任何可以对被告定罪的口供和依据，决定于第二天再审。张志让律师提出延期，未获允准。

国民党当局一意孤行，决定第二天续审时按照《危害民国紧急治罪法》判罪，并强制送反省院。但是毕竟西安事变和三中全会以后政治形势与背景不同于前，"七君子"这些对手又并不是俯首听命、甘心受辱的弱者，而是赤诚爱国的铮铮铁汉，沈钧儒、史良、沙千里又熟谙法律，他们还有一批著名律师和法学专家作为自己的辩护人，并且有全国广大人民的声援。原来在当天的审讯中，沈钧儒等曾一再提出要求对起诉书列举的事实，向有关人员如马相伯、吴铁城、张学良、宋哲元等进行调查，并要求认真研究答辩书中已经指出的文件和书籍上的证据，以证明被告无罪，审判长均不予考虑，径行谕知陪审推事驳回，有时则以摇手示意，不加置答；辩护律师要求重加考虑，则以借口时间关系，制止发言。当晚，辩护律师吴曾善、张志让和被告沈钧儒等共同研究，为了打乱国民党在第二天结审，随审随判罪，强制送反省院

---

① 《救国会》，第306～308页。

的部署，决定先发制人，由沈等七名被告按照《刑事诉讼法》条文规定，写具《声请回避状》。回避状以合议庭推事"已具成见，不能虚衷听诉，而将专采起诉书所举不利于被告之主张以为诉讼资料，断难求得合法公允之审判"为由，[①]向法庭递状，要求主审的审判长和推事全体回避。全体律师也拒绝参与审理，实行"罢席"。因此第二天下午开庭时，律师席上空无一人。法院猝不及防，无可奈何，审判长不得不宣布停止诉讼程序，改期再审。审判因此中止，斗争的第一个回合取得了胜利。

退庭后，沈钧儒写了一首题为《胜利》的诗：

我不要这一种胜利！
眼看着地图变了颜色，
六千万同胞沦亡在深渊之底。
我们如果还有一些人气，
那里有心思来与自家人斗鼠牙，争虫臂！
我早已忘掉了我自己。
我祈祷着这一天，
能把我们的血，
飞洒在关外数千里与天无际的白雪上；
把我们的骨，
深埋在那一边的土里。
这才是我们的胜利！

① 《申报》，1937年6月13日。

也就是我们民族的胜利！国家的胜利！

我再也不要其他的胜利！

沈钧儒在这首诗的“附记”中写道：“六月十二日退庭，有谓我等胜利者，痛伤久之，答以此诗。”①诗句充分表达了“七君子”忧国伤时的心情，和为还我河山而愿抛头颅、洒热血的崇高豁达情怀。

五、蒋介石态度的改变

如前所述，蒋介石在西安事变中曾同意张学良、杨虎城提出的释放上海被捕的爱国领袖的要求，并保证回京后即下令办理。他虽然没有立即实现自己的承诺，但也并没有完全食言而肥。国民党五届三中全会后，内战停止，国共第二次合作正在积极进行，全国人民强烈要求团结抗日，形势较前有了明显的变化。5、6月间，蒋介石准备邀集一些社会名流在庐山开会，共商抗敌御侮，复兴民族的大计。“七君子”都是著名的学者，又是抗日救国的领袖人物，当然也在网罗之列。因此，蒋介石希望“七君子”一案快些收场，使他们能及时赶去赴会。6月初的一天，蒋介石嘱咐叶楚伧早些结束“七君子”案，不要再拖延下去了。叶说：“我们早已安排妥当了，先在苏州高等法院对他们审讯一下，然后押解到南京反省院，具结‘悔过’，再由杜月笙出面把他们保释出来，送到庐山参加会议。”蒋介石听后皱皱眉头说：“不要这样麻

① 《寥寥集》，第72～73页。

烦了吧!”叶楚伧诡称:钧座放心,沈钧儒等人已经同意这样安排,不会有什么问题。蒋介石这才点点头说:“那也好,不过到时候一定要把他们送来啊!”[1]当时有记者报道说:“‘准予保释’的风传,记者在上海早听见过了。据说,蒋委员长在庐山时,曾致电中央,请释七人,送他们到庐山去谈话,不想中央党部方面有人主张一定要他们写悔过书,他们那里肯写。”[2]

上述蒋介石和叶楚伧的对话情况,是胡子婴6月6日从《大公报》社社长张季鸾那里探悉的。张季鸾虽然不在国民党政府担任什么官职,但其人足智多谋,一向颇受蒋介石的器重,遇有什么重大问题,往往征询他的意见;而他对蒋介石的献策,往往只用含蓄的几句话轻描淡写,点到为止,蒋介石心领神会之余,更加佩服。张季鸾刚从庐山回上海,他在那里会见了蒋介石和叶楚伧,因而得知这一情况。胡子婴认为,国民党内部蒋介石与叶楚伧等人之间,对“七君子”案的处理有不同意见,叶等千方百计并坚持诱降,并非出自蒋介石的主张,这点十分重要。第二天即6月7日,胡子婴便赶往苏州,向沈钧儒等汇报了这一新情况。沈钧儒等听后,经过反复研究,觉得可以利用国民党内部的矛盾,击破诱降的阴谋,争取案件早日结束。沈钧儒同张季鸾比较熟识,于是由他写了一封信,请张再一次上庐山,向蒋介石面陈他们抵制进反省院的决心。胡子婴持信赶回上海,再一次去见张季鸾,转达沈钧儒等人的意见,并说明沈等的决心,如果解送

① 《救国会》,第470页。

② 《沈钧儒先生等访问记》,见《救国无罪》,第176页。

反省院，他们将采取绝食手段，斗争到底，虽死不惜。张季鸾因刚从庐山回来，他不愿在蒋介石眼里成为“七君子”的说客，表示不愿意再度上山。胡子婴知道张季鸾是十分维护蒋介石的，就因势利导向张指陈利害说，“七君子”一案已经引起全国和全世界人民的关注，在这方面，蒋委员长的信誉不免受损。他们如果因被强制送反省院而绝食致死，那对委员长威信必将受到极大的损害。这几句话对张季鸾有所触动，他沉思了一会最后说：“庐山我是不再去了，既然沈老托我，我就给蒋公写封信吧，试试看有没有转圜的余地。”于是当面把信写好，信不长，大意是：钧座毅然决然地要实行抗战，就要动员全国民众，共同对敌。但是现在主张抗敌的最大群众组织救国会七位领导人，却还关在监牢里，这是与人民对立，于抗敌不利。现在他们七人坚决反对进反省院，甚至准备采取绝食的手段，如果万一发生不幸，则各方面的反应将对国家、对委员长均有不良影响，请钧座三思。①

6 月 12 日，就在沈钧儒等递交声请回避状的这一天，钱新之去南京看望蒋介石的亲信秘书陈布雷。正好蒋从庐山打电话给陈，询问“七君子”案件有什么问题没有，并嘱咐他在顺利结案之后，将他们如期送往庐山。陈布雷不知情况有变，还满有信心地说没问题，“七君子”经过“协商”，同意进反省院，办完手续，即可送上庐山。但当日下午，苏州审讯发生声请回避的波折，一时不能审结送反省院的讯息传送到了陈布雷那里。就在此时，蒋介石又去电话告诉陈布雷，说张季鸾有信给他，沈钧儒等反对进反

① 《救国会》，第 472 页。

省院,不惜用绝食来进行抗拒,究竟是怎么回事,他很不放心。陈布雷无法再隐瞒真相,就将沈等声请回避的事报告了蒋介石。蒋听后发怒,训斥了陈一顿。陈布雷遭申斥之后,立即亲自去到钱新之寓所,央他打电话给在上海的杜月笙,请他邀张季鸾与钱新之于第二天同去苏州探望"七君子",劝告他们少安毋躁,还说委员长也是要抗日的,彼此并没有什么根本分歧,正在想妥善办法了结他们的案子,企图借此稳住沈钧儒他们,不要再生意外枝节。钱答应照办。

于是,6 月 13 日下午,钱新之、杜月笙即偕同张季鸾、黄炎培以及沈钧儒的辩护律师秦联奎到苏州去探视沈等七人,并转述蒋介石对他们关怀宽大之意。[①] 沈钧儒等七人当即给蒋介石写了一封辞意诚挚、坦陈心迹的信交钱新之代转,信中说:"顷月笙、新之二先生来视,具述钧座对钧儒等关怀宽大之意,至深感慰。钧儒等前年在华北垂危之际发起救亡运动,为全国团结御侮之呼吁,其动机纯在发动人民之力量,为中央制止分离运动之后盾,使国家增强统一抗敌之基础,其决无反对政府之用心,可质天日,所发表文件,足资证明。……就逮以来,倏逾半载,在此时期,政局趋势,益见明朗。三中全会对于和平统一,抗敌御侮,以及开放言论、改善民生之意旨,均有剀切之宣示,尤为全国所共鉴,此皆钧座精诚之感召有以致之,而为钧儒等之所深切体会者也。钧儒等在羁押中,对个人利害,非所计及,其所忧惶系念者,则为救亡运动之前途。如能在政府抗敌御侮之国策下,努力

---

① 李公朴日记原件,1937 年 6 月 13 日。

工作，关于此问题，深愿得间面谒钧座，倾怀陈述，冀获钧座剀切之指示，以求得合理之解决，则对国家对社会始均可告无罪，而无负于钧座之厚望焉。”①

14日，蒋介石密电叶楚伧：“如沈钧儒等来山时，请代邀杜月笙、钱新之两君同来牯岭晤谈为盼。”②

17日，沈钧儒等在致杜月笙、钱新之信中，对蒋介石的关怀再次表示感激之情，并重申反对进反省院的决心：“介公爱护盛意，钧等为公为私，始终感激。如蒙准予保释，趋赴庐山，必可剖陈一切，获得合理之根本解决。对于经过反省院一点，钧等认为于国家前途无益，于个人人格有损，万难接受，不得不誓死力争，惟有尽其在我，依法应诉而已。”③信的末尾还要求将他们坦白诚挚之意，向蒋介石及各方详为解释，继续从中转圜。

鉴于前次答辩状多侧重于对起诉书逐款答辩，而未注重涉及政治范围，对救国会的政治主张和见解解释不够；而江苏高等法院在开庭审判中，均问及被告有无改组政府，颠覆国民党政权的图谋，并拟借此定罪，故沈钧儒等于6月22日写了《第二次答辩状》，状文着重指出：“缘救国会发起于二十四年终华北问题极端严重，分离运动迫于眉睫之际，故当时中心主张即为制止分离运动，统一民族阵线，而以抗日为最高之目标，其‘促成一个统一的抗敌政权’之呼号，即根据此种要求而来，其意在集中抗日力

① 《救国会》，第309～310页。

② 《救国会》，第310页。

③ 《救国会》，第311页。

量于中央领导之下，而绝无改组政府之企图，实彰彰明甚。即以常识判断，被告等为主张息争御侮之人，亦安忍倡改组政府之说，以增重内争，消耗国力，而自陷于矛盾乎？其次，若'停止内战'及'全国各党派各阶级合作'等主张，其意义亦均在保存抗日力量，而使之集中于政府领导之下。千言万语，殆无不以抗日为依归。……"答辩状还认为，三中全会以后政府现时的对内对外政策，大体上即救国会所祈求者，不同之处，至多不过轻重缓急有别而已。救国会过去之活动，其缺憾仅在未能消除隔阂，多加沟通，而绝非有与政府国策不能相容之处。沈钧儒等表示："秉此信念，自更愿在政府领导之下，为抗日救国而尽瘁。如不蒙亮察，置之于罪，窃恐于民族为不利，于政府亦有损。被告等既以身许国，个人利害固非所计也。"最后说："目下华北危机，依然迫急，敌伪伺隙思逞，不减前年。被告等身处囹圄，忧惶万状，为国自效，固尝寤寐以求之。为此理合补具意见，请钧院盱衡时局，宣告被告等无罪，为政府国策作进一步之阐明，为民族增一重之团结，国家前途，实利赖之。"①

第二天，即23日，沈钧儒等再次致书蒋介石，并寄去第二次答辩状副文一纸，信中说："顷杜月笙、钱新之两先生来苏，转示钧座致杜、钱两先生寒电（按即上述6月14日致叶楚伧密电），请杜、钱两先生偕同钧儒等赴庐晋谒，面聆教益，足见钧座宽大恳挚及爱护钧儒等之至意，公谊私情，铭感曷已。"最后表示："嗣后如获在钧座领导之下，竭其驽骀，为国效力，不胜大愿。一俟

① 《申报》，1937年6月23日。

由杜、钱两先生保出，即当随同杜、钱两先生赴庐聆训。”①

但叶楚伧坚持要沈钧儒等必须写具悔过书，才能上庐山。6月22日，他在致杜月笙、钱新之密电中说：“沈事势非先将悔过书内容决定，未便赴庐，务乞立即转知具悔过书。如能接受，并草送文稿，弟廿四晨到沪，可再作内容文字之研究。”②

当杜月笙、钱新之22日将蒋介石致叶楚伧和叶致杜、钱两密电携至苏州给“七君子”看时，李公朴在日记中写了如下一则感想：“关于悔过书一点，在最早的时候，就有人暗示过，我们曾坚决的明白说，这是不可能的。后来闻杜先生亦表示反对，并向叶说明一切，叶亦认为不必再提。此次观叶电，竟仍谓须悔过，真不知是何用意。吾人力争人格，乃为国家民族保存正气，应早为中央如叶先生等人所详知。到庐山是蒋先生要我们去，非我们求去，今以具悔过书为我们赴庐的条件，是直等于不要我们赴庐耳。因为我想叶先生当亦深知，吾人是决不会签署任何有失立场、有失人格之文件耳。”③邹韬奋也说：“誓死保全人格，是要替中华民族人格稍留余地；誓死力争救国无罪，是要替救亡运动前途稍留生机。”④

稍后(7月16日)，沈钧儒在致其儿子沈谅的一封信中，道及当时国民党统治集团内部在“七君子”案件上的矛盾和分歧时说：“我事真太复杂，有一点无从说起。蒋对我等似有谅解，曾由

---

① 《救国会》，第311～312页。

② 《救国会》，第311页。

③ 李公朴日记原件，1937年6月28日。

④ 李公朴日记原件，1937年6月28日。

杜月笙、钱新之、黄任之等到苏州来过两次，传蒋意欲我等往庐山面谈，而中央及地方党部似不愿我等与蒋直接解决，种种破坏，于是要判我等罪，要我等写悔过书，要于判罪后送反省院，要于赴庐山时对外宣布是将我等改押反省院。因此，我们设法拒绝一切，只好庐山也不去。在法院方面尽量用法律手续来对付。……无论如何，救国无罪是非力争不可。"①

从上年"七君子"事件发生时，蒋介石主张严厉镇压，到今年5、6月转而采取宽大怀柔政策，这从一个侧面也反映了蒋介石对内对外政策的变化，即从"攘外必先安内"转向对外共同抗敌御侮。这是时代发展的必然结果，历史毕竟在曲折中前进了。蒋介石思想政策上的这种变化，对随后不久"七君子"的出狱，起了决定性的作用。

六、法庭上的抗辩(二)

前述6月12日沈钧儒等声请回避，江苏高等法院审理暂停。当日有记者问高院院长朱树声如何裁定，何时再开庭，朱答称："现对于沈等各被告声请，如何裁定，正由推事评议中，约一二日可以决定接受与否。如承审推事认为声请理由充分，回避当然不成问题，否则将由另一庭各推事评议决定。至何时开庭，也要回避问题解决后才能决定。"②被告家属和辩护律师当即表示，如承审推事肯回避自无问题，否则决向最高法院抗告。朱树声当

① 《沈钧儒文集》，第326页。

② 《立报》，1937年6月13日。

晚即电京报告，司法行政部复电指示："此案苏高法院有裁定权，高院如认为无理由，可予驳回；如被告不服，可向最高法院请求裁定。"[1]后江苏高等法院经裁定照准。

6月24日，第二次开庭审理前夕，沈钧儒等又向法院提出《声请调查证据状》，除请求调查他们上次开庭时提出的20多个问题外，另提出10个问题，要求法庭调查证据。[2]

6月25日，大雨滂沱，江苏高等法院第二次更新审理，戒备仍然十分森严。由于沈钧儒等被告写了声请回避状，本案改由刑二庭审理。主审为朱宗周，承审推事李岳，陪审推事张泽浦，主科书记管翎飞，检察官仍为翁赞年。开庭情形同上次一样，法庭门前悬牌告示，除家属与新闻记者外，一律禁止旁听。是日上午9时开庭，被告辩护律师团绝大部分先一天下午即赶到苏州。开庭前，记者特别征求律师们的意见，他们说："本案证据未能完全调查时，绝不希望草草终结。"[3]

第一次审理与第二次审理之间，相隔有10多天的时间。沈钧儒等被告在一起回顾第一次审理的情况，大家有一种感觉，就是在法庭上太守法了，比较被动，一问一答，虽也反驳，但态度太和平。邹韬奋讲话比平时声音还低一些，旁听的人都听不清；王造时平时很会讲话，在法庭上能言善辩，讲得较多，效果不错。由此他们受到启发，决定将法庭当成讲台，理直气壮地宣传抗日

---

① 《立报》，1937年6月15日。

② 《时事新报》，1937年6月25日。

③ 《大公报》（上海），1937年6月26日。

救国的主张，申辩他们救国无罪，说出他们要说的话，驳斥对他们的种种非法诬蔑，扩大抗日救国的宣传影响。

这次审判长对各被告讯问的问题，计有：一、各救国会之组织；二、全国各界救国联合会宣言中所谓“联合各党各派”及“建立一个统一的抗敌政权”的意义；三、《团结御侮的几个基本条件与最低要求》一文中所列有容共嫌疑之字句；四、救国会与毛泽东及共产党之关系；六、抨击宪法草案；七、各被告与日商纱厂之罢工有无关系；八、与张学良的关系及与西安事变有无因果；九、《救亡情报》之发行；十、要求释放政治犯之主旨。[①] 由于拿不出各被告颠覆政府，危害民国的真凭实据，审判长对上述各问题虽不厌烦地反复讯问，但完全没有什么新的内容，各被告之供词亦均大同小异，与第一次开庭时之供述几乎完全相同。“惟对于检察官起诉书所列各点，则均称是断章取义，故意入人于罪。”[②]

全日讯问达七小时之久。沈钧儒、章乃器、王造时、李公朴、邹韬奋、沙千里、史良等人依次审讯。审问李公朴时已是上午11时37分。

审判长问：救国会的宣言和纲领宗旨怎样？

答：抗日救国。

问：联合各党各派就是容共吗？

答：不同的。联合各党是“九一八”以后国难会议以来上下的共同主张。内容是化除成见，共同抗日，检察长大惊小怪，竟

---

① 《新闻报》，1937年6月26日；《时报》，1937年6月26日。

② 《大公报》（上海），1937年6月26日。

牵涉到容共去了,真是不懂。

问:共产党也主张抗日吗?

答:是。

问:共产党要建立国防政府你知道吗?

答:这于我们无关。

问:所谓建立统一的抗日政权,是否就是指那国防政府?

答:我根本没机会看到共产党的建议,见了起诉书以后才知道一些,根本上两者没有丝毫关系。

问:救国会的宣言上和纲领上不是有建立抗日政权吗?

答:我很奇怪,现在竟有人以为共产党说过的话,别人都不能说。共产党说抗日,别人就不能说抗日。国难如此危急,共产党既然愿意抗日,我们当然欢迎。关于共产党抗日有无决心问题,那不是我们所知道的。说共产党所提的建立国防政府和我们所说的建立抗日政权有关,那更错了。

问:你们的主张是容共?

答:我们以抗日为最大前提,无论国内国外的抗日势力都要联合。

问:你被共产党利用,你知道吗?

答:四万万人都要抗日,我相信审判长也要抗日的,难道也被共产党利用吗?①

因时间已近12时,刘崇佑律师提出午餐时间问题,审判长摇铃退席。

---

① 《大公报》(上海),1937年6月26日。

下午审理最后集中于西安事变与被告及全救会的关系问题。全救会同张学良和西北各界救国联合会等救亡团体确有一定联系,在抗日救国问题上的主张也基本相同。但西安事变绝非全救会所主使,更不是沈钧儒等几个身系囹圄的人所煽动的,而是蒋介石自己逼出来的,事实昭然,人所共知。如前所述,西安事变发生后,全救会即发表宣言,表明反对扣压蒋介石,主张和平解决,立即释放蒋的主张。后来江苏高等法院第五次侦查沈钧儒等人时,略举张学良八项主张相告,询及被告等于兵谏办法赞成与否,沈等当即明白答称:“此种兵谏办法有引起内战,削弱抗日力量之危险,不能赞同。”[①]但起诉书竟全然不顾事实,诬指沈等“勾结军人,谋为轨外行动,驯至酿成巨变,国本几乎动摇”;[②]在审理中,硬说西安事变与他们有密切关系,这显然是蓄意罗织,故入人罪。

沈钧儒等和他们的辩护律师,同检察官翁赞年展开了激烈的争论,法庭上几次气氛十分紧张。

审判长问:“你们要向张学良调查,是什么意思?”沈钧儒说:“我们与西安事变毫无关系,但起诉书硬说我们有重大关系,如贸然判罪,我们是不服的。”张志让律师起立发言说:“张学良所提救国会议,与救国会主张救亡会议性质是否相同,应把双方意见进行比较,有向张学良调查的必要。”问:“你主张建立统一抗敌政权是张学良改组政府的意思吗?”沈答:“救国会所有文件,

---

① 《救国会》,第 266 页。

② 《救国会》,第 235 页。

从未提到改组政府，起诉书硬说我们与张主张相同是错误的。”①章乃器说：“在去年十一月间，我们在报上见绥远抗战，所以打电报给张学良，要求出兵援绥，同时也有电报给政府及傅作义，是要求一致出兵。”审判长问：“你们昨日具状请求调查证据是什么根据？”章答：“刚才检察官所说的西安事变是我们勾结而成的，有何根据，所以要请向张学良调查。又马相伯亦是文化界救国会委员，他曾有谈话在报上发表，说我们的救国运动他愿意以头颅来保证我们无罪，所以又要请审判长向马相伯调查。”②

审问邹韬奋时，检察官翁赞年起立发言：被告刚才说本检察官断章取义，故入人罪，这是不对的。你们给张学良的电报，叫他出兵抗日，他未得中央的命令，怎能抗日？并且他隔绥远很远，事实上也不能抗日，救国会电报在11月中发出，西安事变即于12月中爆发，救国会电报引起西安事变，所以此次虽依据《危害民国紧急治罪法》第六条之规定起诉，但核诸各被告之行为，实有构成《危害民国紧急治罪法》第一条第三款第四款之可能。③邹韬奋大声回答说：“我刚才说断章取义，罗织入罪，是指人民阵

---

① 《沈钧儒等案高院更新审理》，见《时报》，1937年6月26日；《时事新报》，1937年6月27日。

② 《时事新报》，1937年6月27日。

③ 《大公报》，1937年6月26日。按《危害民国紧急治罪法》（1931年1月31日公布）第一条为“以危害民国为目的，而有左列行为之一者处死刑。”其第三款为“勾结叛徒图谋扰乱治安者。”第四款为“煽惑军人不守纪律，放弃职务，或与叛徒勾结者。”见《国民政府公报》，第688号，1931年2月3日。

线而言，但检察官却牵到张学良的问题，这是牛头不对马嘴。审判长若认为检察官的话是对的，那么请不必再讯问下去了。”审判长频频摇手，制止其发言，但邹韬奋不理，接着说：“被告刚才讲话被检察官驳斥，所以我也有权辩解。”审判长递全救会致张学良电文给邹韬奋看，邹阅毕后又说：“此电内容明白说请他出兵抗日，并非叫他举行兵谏，且全救会同时有同样电文给国民政府及傅作义、韩复榘、宋哲元，检察官何以不仔细看看。”检察官又起立发言说：“因为你们给张学良电引起事变，而给国民政府及宋、韩、傅电，则并未引起事变。”邹说：“请检察官说明电报中所谓援绥究竟和西安事变有何因果关系。”①检察官无言可对。

沙千里说：“给张学良通电，因张为东北人，应出来打日本人；同时有电给国府和傅作义，西安事变是否由此电而起，请问张学良，此电报是为打日本人还是引起内战？”“张学良八项主张中有与我们相同的，中国人所受压迫相同，要求相同是自然的道理。”②

史良说：“报上只注意致张电，而不注意给政府与傅作义的两电，又何以指张电即为勾结？因为内容是一样的。”“请张援绥电文，词义文句甚明，乃检察官既强指我们勾结工人，（按：指支持上海日商纱厂工人罢工——引者），复又强指勾结西安，须知工人系受日人压迫而罢工，我们实亦并未勾结西安。检察官亦中国人，何苦坚欲挑拨我们民众与政府间的关系。”又说：“电请张援绥为一事，西安事变又为一事，犹诸刀铺出售一菜刀，嗣购

---

① 《沈钧儒等二次庭讯供词（三）》，见《时事新报》，1937年6月28日。

② 《更新审理沈钧儒等案》，见《立报》，1937年6月26日。

者竟以之杀人,刀铺售与之目的,实在供切菜,当然不负罪责。”[①]

刘祖基律师请求向张学良进行调查,张必能公正坦白作证。

刘崇佑律师称,关于西安事变,叫张学良来作证,是法院应行使的权力。救国为全国要求,为了法院威信,为了本案明白起见,应彻底调查,才能使全国清楚本案真相。

江庸律师说:“西安事变未澈底查清,将责任加在被告,实太冤了。主张是否一样,非问张学良不可,然后再加比较。”[②]

俞承修律师提出,不仅要传讯张学良,而且要调查军法会审案卷,看张学良有无危害民国或全救会煽动张学良的事实。

这时,全体辩护律师24人激于义愤一致起立,向检察官表示抗议,要求调查证据,法院内空气十分紧张。审判长说:“此事要评议后再定”,并声称各辩护人对证据一点,经讯问各被告后再谈。检察官翁赞年则说:“不用传张学良,讯问笔录已够。”[③]“已在起诉书上载明,不必调查。”[④]

李文杰律师说:“电报给张学良,给傅作义,检察官说绥、陕隔开数省,实则绥、陕接近,这点要请检察官看看地图。”

刘崇佑律师接着说:“通电发表后,即有西安事变发生,且起诉书中说被告与张‘互相联络’,互相联络是‘互’,是谁去谁来,

---

① 《沈钧儒被诉案苏高院昨竟日审讯》,见《时事新报》,1937年6月26日;《时报》,1937年6月26日。

② 《更新审理沈钧儒等案》,见《立报》,1937年6月26日。

③ 《更新审理沈钧儒等案》,见《立报》,1937年6月26日。

④ 心炎:《“爱国无罪”案二次听审记》,见《国民》(周刊),第1卷第9期,1937年7月2日。

决不是一方面。‘勾结’也是两面相勾，既然相勾，须传张始能明白，否则含糊得很。”

一位辩护律师说：“上午检察官代表国家愿罗织人罪，而下午同样代表国家不愿调查有利被告证据，这很不解。”另一位律师说：“检察官应根据诉讼法公平兼采有利证据。”①

沈钧儒起立发言说：“勾结军人，应用危害民国罪第一条判处死刑，至少应判处无期徒刑，但蒙检察官‘宽容’，却用第六条。起诉书既说‘勾结’，但检察官侦察四月，罪证尚未确定，要请检察官彻底调查证据，我宁愿受国法处分。”②

检察官哑口无言，不能再重弹老调了。

此时，李公朴又跑到前面说：“请问检察官侦察四月，那样有利被告证据曾加调查？现请检察官另外调查。”③

章乃器又发言说：“检察官自己不调查证据，并且阻止审判官调查证据，这是不对的。检察官刚才说代表国家行使职权，就是对的。但是我们希望代表中华民国的人格来说话，不要叫老百姓丢脸。”④

王造时、沈钧儒要求再次发言，被审判长制止。

李文杰律师说：“检察官是代表国家的神圣公务员，执行职务应拿出证据来。”敬树诚律师说：“检察官侦查费四月之久，起

---

① 《更新审理沈钧儒等案》，见《立报》，1937 年 6 月 26 日。

② 心炎：《“爱国无罪”案二次听审记》，见《国民》（周刊），第 1 卷第 9 期，1937 年 7 月2 日。

③ 《更新审理沈钧儒等案》，见《立报》，1937 年 6 月 26 日。

④ 《大公报》，1937 年 6 月 26 日。

诉书完全错了。”

检察官翁赞年这时气极败坏，不等律师说完即站起来说：“请书记官记入笔录，将依法起诉。”审判长朱宗周态度较好，充当调解人，劝告双方息争。此时，全体律师又站起来，说：“检察官不应以‘记入笔录’、‘起诉’来威胁辩护人，检察官这种话，也请书记官记入笔录。”①

为了要求调查证据，从下午4时到5时，被告及辩护律师同检察官又发生激烈争辩，法庭空气十分紧张热烈。李文杰在当天的日记上写下了这样几句话：“与检察官大开辩论，庭上空气，至为紧张。”②沙千里也回忆说：“我们同检察官就调查证据的问题，进行了激烈的辩论。检察官常常被问得瞠目结舌，几次恼羞成怒地大叫：‘这是侮辱检察官，我要检举！’‘你叫什么名字，你叫什么，记入笔录！记入笔录！我要依法起诉！我要依法检举！’在旁听席上引起哄堂大笑。”③

下午5时35分，审判长宣布暂时退庭评议。律师休息室内很热烈谈论着刚才与检察官争辩的一幕。坐在法庭墙旁长凳上的“爱国犯”们，“频频摇头叹息”，对这场无理审判，“满脸堆着不胜地羞耻的表情”。④

---

① 《更新审理沈钧儒等案》，见《立报》，1937年6月26日。

② 李文杰：《回忆上海律师界为“七君子”案进行辩护的斗争》，见《文史资料选辑》，第73辑第190页。

③ 沙千里：《漫话救国会》，第72页。

④ 《“爱国无罪”案二次听审记》，见《国民》（周刊），第1卷第9期，1937年7月2日。

6时零5分，审判长、检察官、律师、被告再回到法庭，审判长宣布："请求调查西安事变，评议结果，决向军委会调集军法会审案卷及事变真相，其他请求应毋庸议"[1]；并决定调查完毕后，再定期公审。退庭后，沈钧儒等被告在军警的押解下，分乘三辆汽车被送回了看守所。

7月5日，因沈钧儒等被告自4月5日羁押期满已届三个月，江苏高等法院以"证据尚未调查完备，尚有继续羁押之必要"为由，[2]将他们的羁押期间再延长两月。

江苏高等法院于休庭后致函军事委员会，调查张学良的案卷。7月6日，军委会的复函如下："贵院二十六年六月二十八日第二五六三五号公函，以受理沈钧儒等危害民国一案，嘱检送张学良劫持长官一案卷宗，以资参证等由。查张学良劫持长官一案内，与沈钧儒有关之供词仅：'我们一切的人都是爱国的，我们痛切的难过国土年年的失却，汉奸日日的增加，而爱国志士所受的压迫反过于汉奸。事实如殷汝耕同沈钧儒相比，如何乎？'等数语，相应函请查照为荷。"[3]

这封复函援引张学良这段话，是张于1936年12月31日在军法会审时的供词，并无其他任何"互相勾结"的新证据和线索。这清楚表明，张学良发动西安事变，完全是基于他的一片抗日爱国赤诚，和对沈钧儒等爱国领袖无辜被捕表示深切同情，并无其

---

① 《更新审理沈钧儒等案》，见《立报》，1937年6月26日。

② 《大公报》，1937年7月8日。

③ 李公朴日记原件，1937年7月24日。参见前引文。

他。这就给那些利用西安事变来栽赃陷害“七君子”的人一记响亮的耳光。江苏高等法院这种毫无道理和极不得人心的审讯，实际上再也无法继续进行下去，所以后来并未再开庭。

第五节　救国无罪，人民的声援

一、新的营救抗议浪潮

从4月江苏高等法院对沈钧儒等人提起公诉，到6月苏州审判期间，“七君子”案件成为全国舆论注意的中心问题之一。人们都明白，问题在政治而不在法律，争取救国自由，不仅关系救国运动的命运，而且“要影响整个民族的前途”。[①] 因此，全国各方面人士纷纷发表宣言、函电和评论，开展了较前一阶段更加广泛的营救运动，强烈要求国民党当局对沈钧儒等人宣判无罪释放。

4月11日，毛泽东致电潘汉年说：“闻法院对沈钧儒等起诉将判罪，南京又有通缉陶行知事，爱国刊物时遭封禁……以上各事完全违反民意，违反两党团结对外主旨，望即入京向陈、张诸君提出严重抗议，并要求迅即具体解决。”[②]同一天，周恩来致电

---

① 《全国各界救国联合会为沈钧儒等七先生案的一个报告》，见《救国时报》（巴黎），1937年5月25日。

② 中共中央文献研究室编：《毛泽东年谱》，上卷第688页，人民出版社、中央文献出版社1993年出版。电文内“陈、张”指国民党谈判代表陈立夫、张冲。

参加国共谈判的国民党代表张冲，指出对沈钧儒等提起公诉的作法“大失国人之望”，希望张“进言当局，断然改变此对内苛求政策”。[1]

12 日，中共中央发表宣言，认为沈钧儒等“以坦白之襟怀，热烈之情感，光明磊落之态度，提倡全国团结，共赴国难，停止内战，一致抗日，此实为我中华男女之应尽责任与光荣模范，而为中国及全世界人民所敬仰”。以莫须有的罪名逮捕他们并长期关押，不特全国人民反对，世界有识人士所不满，甚至国民党内部爱国分子亦多愤愤不平，西安事变八大要求中，提出立即释放他们，即是明证。西安事变和平解决，三中全会开始表示出自愿放弃其错误政策，“全国人士亦正以诸先生之能否无条件开释以判断国民党有否与民更始之决心”。宣言表示：“吾人对此爱国有罪之冤狱，不能不与全国人民一起反对，并期望国民党中有识领袖之切实反省。”[2]要求国民党彻底放弃过去的错误政策，立即释放诸爱国领袖及全体政治犯，取消陶行知等的通缉令，并彻底修改《危害民国紧急治罪法》。

同日，周恩来致电叶剑英，告以沈钧儒等被起诉及通缉陶行知等，毛泽东已电潘汉年赴南京谈判，并准备发起援救沈钧儒、陶行知等的运动，要叶通知中共西安地下党组织准备响应。[3] 15 日，周恩来致信蒋介石说：对沈钧儒等起诉并通缉陶行知等，已

---

① 中共中央文献研究室编：《周恩来年谱》，第 361 页，人民出版社、中央文献出版社 1989 年出版。

② 《解放》周刊创刊号，1937 年 4 月 24 日。

③ 《周恩来年谱》，第 362 页。

引起全国不安。"良以三中全会后，先生即以释放沈、章、邹诸政治犯，容许言论自由，晓谕全国，会今沈、章、邹诸人，政治犯也，其行容或激越，其心纯在救国，其拥护统一尤具真诚，锒铛入狱已极冤，抑乃苏州法院竟违背先生意旨，诉以危害民国之罪，不特群情难平，抑大有碍于政府开放民主之旨。先生洞照四方，想能平反此狱，释沈等七人并取消陶等通缉，以一新天下耳目，是则举国民众所引颈仰望者也。"[①]4 月 22 日，毛泽东又复电周小舟："……我们根本反对苏州六爱国领袖之被审讯，主张立即释放。"[②]5 月 23 日，周恩来电告中共中央，准备赴庐山见蒋介石，提出商议的若干问题，释放"七君子"是其中之一。[③]

7 月 3 日，因南京政府准备重新审查"七君子"案，毛泽东、周恩来致电潘汉年，嘱请立即通过沈钧儒等的家属和律师同"七君子"磋商，设法与 CC 方面出面调解的人谈判，以"不判罪只到庐山谈话则为上策，只判轻罪而宣告期满释放此为中策，释放而请到南京做事或出洋此为下策。"[④]中共河北省委刊物《火线》也发表文章指出：起诉救国领袖，"不仅在于科罚他们几个以'危害民国'的罪名，停止他们的救国活动，而且在于打击整个中国人民的爱国救亡运动，确定一切参加抗日救国的，都为非法的活动。……我们广大人民是有权而应该批评与坚决反对的，这不仅是关于沈钧儒等几个人的罪名与释放问题，而是关于今后全

① 《周恩来书信选集》，第 131 页，中央文献出版社 1988 年出版。

② 《毛泽东年谱》上卷，第 670 页。

③ 《周恩来年谱》，第 364 页。

④ 《周恩来年谱》，第 370 页。

国人民是否获得抗日自由问题。”①

巴黎《救国时报》发表了《再一次号召国人》、《要求南京政府立即释放救联七领袖》、《究竟是谁“危害民国”!》等一系列社论,认为江苏高等法院为南京政府下国法所系的机关,政府对于此案的指示,即使不能依从民意,亦应根据事实,始可维护一国法律之尊严及政府之威信。综观全救会及其领袖本身之文件、言论与行动,起诉书所列十项罪名,无一可以成立。“这种‘救国有罪’的案件,在今日最令人失望、痛心与危惧的,特别是在国民党三中全会后,国人在企望南京能秉承多年血的教训,毅然改图,实行对外御侮、对内民主的国策,以建树和平统一,民族复兴的大业的时候,这种罪证毫无的爱国罪案……实际上是摧残国家人才,是增加日寇的威焰。”“因此控诉救联七领袖案,不独关系七领袖本身的安全,而且亦关系乎将来国策之动向与中华民族的存亡。这是救国力量与日寇及亲日分子搏斗的重要关头。我全国同胞,无论团体个人,不论党派信仰,都须认清此案之严重意义,奋起力争,要求南京政府立即释放救联七领袖,要求救国自由。”②还说:“对于这样领导全国人民从事爱国运动的团体,对于为抗日救国运动而坚决奋斗的爱国团体的领袖,任何一个有民族天良的同胞,都必然表示无限的同情与拥护;任何一个不愿做亡国奴的同胞,都决不容忍爱国领袖的久陷囹圄。”③“南京

① 《评沈钧儒等被控事件》,见《火线》,第75期,1937年4月30日。

② 《再一次号召国人——要求立即释放救联七领袖》,见《救国时报》,1937年4月10日。

③ 《要求南京政府立即释放救联七领袖》,见《救国时报》,1937年5月22日。

政府对于这样尽心竭力呼吁全国人民抗日救国，力争民主的爱国志士，竟加‘危害民国’的罪名，使全国人民不能不发生偌大的疑问：‘到底是谁在危害民国？！’”。[①]《救国时报》还刊载了不少全国各方面和海外营救“七君子”，争取救国无罪的活动消息邮寄国内，沟通讯息，对了解事件真相，推动营救运动的开展，起了很好的作用。

4月7日，在苏州养病、同情救国运动的国民党中央执行委员李烈钧亲赴江苏高等法院看守所两处看望沈钧儒等和史良，表示慰问。[②] 冯玉祥也去苏州看望沈钧儒等人，表示“拟请当局不咎既往，从轻处罚，予以释放”。[③] 随后，冯又致信陈布雷说：“沈君等见事之未尽美善，不无义气磅礴，致出过激步骤，或远于事实，此固人所难免。……尚希鼎力设法请求先生（指蒋介石——著者）曲予周全，为国家惜人才，为伊等进规补，运筹在握，两全齐美，庶彼等早日开释，咸知所感，将来为国效用，来日方长也。”[④]

5月，上海文化界谢六逸、胡愈之、夏丏尊、欧阳予倩等百余人，联名呈请国民政府蒋介石及其他国民党要人，称沈钧儒等七人“素行纯正，热心爱国，案关政治，仰乞钧座鉴核主持，免开爱国有罪之恶例，而励团结御侮之精神”。[⑤] 上海金隔界领袖徐新

① 《究竟是谁在“危害民国”?》，见《救国时报》，1937年7月25日。

② 上海《大公报》，1937年4月9日。

③ 《北平晨报》，1937年4月22日。

④ 《宋庆龄冯玉祥营救七君子函电选》，见《民国档案史料》，1985年第2期。

⑤ 天津《大公报》，1937年5月27日。

六、林康侯、吴蕴斋、秦润卿等10余人联名通电要求释放章乃器；上海书业公会、商务、中华、开明等大书店联名要求恢复邹韬奋自由。[①] 南京、苏州、无锡、镇江等地也开展了营救运动。著名律师、前大理院院长江庸等20余人联名向江苏高院请愿，认为依据法律，侦查期限不得超过六月，如到期仍无结果，便应立即释放。现对沈钧儒等诸先生侦查已逾六月，既不审判，又不释放，显系违法行动，因此要求依法立即释放七领袖。[②] 6月10日，上海市民4800余人联名签署请愿书，递交江苏高院，从政府、司法、救亡三方面阐述爱国无罪，要求撤回公诉，迅速恢复沈等自由。[③] 6月12日，上海召开了有六百余人参加的援助沈案市民大会，并发表宣言说："我们人民一向是爱护政府的，政府也只有受人民爱护才有力量去打敌人；但是要人民爱政府，总得人民有爱护政府的自由，爱护国家和反对敌人的自由，所以孙中山先生不但讲民族主义，还要讲民权主义、民生主义。因为如果人民爱国的时候，这也算犯法，那也要吃官司，民族主义怎样能够行得通呢？敌人怎样能够赶得跑呢？如果要是七位救国领袖因为救国而被办罪，那么人民是不是要误解政府不能实行三民主义呢？外国人是不是要笑话政府不想打敌人，专门自己闹分裂呢？由此看来，七位先生的事，其实是我们整个国家和全体同胞的事。我们要求政府立刻释放他们，拥护政府释放他们，政府和人民团结起来

① 《国人纷起营救救联七领袖》，见《救国时报》，1937年7月20日。

② 《国人纷起营救救联七领袖》，见《救国时报》，1937年7月20日。

③ 上海《群众新闻》，1937年6月11日。

抗敌救国。”[①]

6月9日，平津学生数千人举行大示威，抗议江苏高院对七位救国领袖的起诉和判罪。华北各界救国联合会推出代表到苏州监审，代表经过天津、济南等地时，“沿途赴车站欢送的群众达数千人”，都提出恢复沈等自由的要求，请代表向江苏高院法庭转达。有的群众要求北平的著名律师组织辩护团赴苏为七领袖辩护，并募集讼费。成都和重庆各界救国联合会皆有宣言和代电发表，要求法庭宣判七领袖无罪，无条件释放，政府应切实取消爱国治罪的政策。西北各界救国联合会的营救运动更为积极。“该会所在地邻近苏区，因受红军抗日宣传之薰陶，人民爱国情绪万分高涨，故该会发起之运动规模极大。”[②]广州7000余学生签名要求爱国自由和宣判沈等七人无罪。全救会华南区总部发出长篇电文，号召全国同胞一致营救，并为沈等代募讼费。[③]

6月6日，全欧华侨抗日救国联合会、中华民族解放同盟等团体，上书南京政府，认为起诉书对救国会的宣言等文件“不详本末，断章取义”，“此等行为，显系违背中央‘集中人材’、‘共赴国难’的原则”；要求中央取消《危害民国紧急治罪法》，迅速释放救国领袖。[④]

舆论界对国民党的倒行逆施都表示不满，相率发表评论，指出：救国无罪，经过西安事变和国民党三中全会，国内形势已有

① 《救国会》，第330页。

② 《国人纷起营救救联七领袖》，见《救国时报》，1937年7月20日。

③ 《国人纷起营救救联七领袖》，见《救国时报》，1937年7月20日。

④ 《救国时报》，1937年7月5日。

很大变化，救国会号召停止内战，一致对外，与三中全会宣示的"精诚团结，共赴国难"主张没有不同，因此对沈钧儒等七领袖的羁押并欲判罪，是毫无道理的。

《东方杂志》7月份用大字标题《轰动全国的沈钧儒等七人案》，详细刊载了《起诉书》、《答辩状》和沈等受审的情况。津沪《大公报》发表《沈钧儒一案起诉感言》，认为救国会系时代心理所产生，此际如果绝对课以当时责任，"纵令情真罪当，恐难保不于全国青年以不良之反应"，"于当轴收拾全国人心，促进大同团结之精神，殊有未妥"。还说："现在情势一变，上下双方，皆应勾销陈迹，一新态度。直率言之，如危害民国紧急治罪法，虽于废止，亦无不可。"[①]《立报》发表《求立互信》的短文，对《大公报》的上述论点表示完全赞同[②]，同时还在另一篇社论中指出，这一案件为国内外人士所注视，不仅外国人将以此判断我国司法制度是否健全进步，国内人民也都以此观测政府今后施政方针的趋向。因此，政府不能不特别审慎，希望不会再"有第二个杜重远案发生，以自隳其立场，自隳其信誉"。[③]

《申报》认为，沈钧儒等案是国家大不幸的事。三中全会既已宣示和平统一、团结御侮之宗旨，政府当局即"应以宽大为怀，在党政机关正确之指导下，容许人民御侮救亡之自由。当局本身尤应率先倡导民众救亡之组织与训练"。[④] 沈等倡导救国运

① 《大公报》，1937年4月6日。
② 《立报》，1937年4月13日。
③ 《应具辟谣的常识》，见《立报》，1937年6月10日。
④ 《从沈钧儒等案说到统一救国》，见《申报》，1937年4月8日。

动,“出于爱国动机,殊有不容一笔抹煞者”,如果在今日仍因此构罪,“宁非至可扼腕者耶!”[①]

上海《天下日报》连续发表了《当局应注意沈案的政治影响》、《吁请宣告沈钧儒等无罪》、《沈案的观察》、《救国究否有罪》等评论文章,认为如果根据危害民国罪处理此案,一般国民将因此而疑及政府三中全会后“所抱的基本施政方针,与被告等所提倡的救国宗旨有什么不同”;这种疑虑将使人民与政府间的“隔膜加深,对于民族国家的团结统一,投下不堪乐观的影响”。[②]同时指出,沈钧儒等人是社会上有地位,国内并不多见的优秀人物,是“赤胆忠心的为国家为民族的志士,领导民众从事救国家救民族的领袖”。人们热烈希望他们“早日恢复自由,重新回到救国阵线上来”,要求政府对他们“判决无罪,迅即开释,以慰民情,以固团结”[③]。如能吸收他们参加庐山谈话会,“定可促进全国上下共信互助,精诚团结,以开内政之新纪元”。[④]

上海《群众新闻》的评论说:沈等能不能得到公平的判决,“是今后国民能否有救国自由的一个重要关键”;要求司法当局“认清民族危机深刻的程度和国际情势的趋向,根据三中全会团结御侮的决议案和蒋委员长释放政治犯和集中人才的诺言,顺从全国人民的要求,公开判断,不要被敌人挑拨离间的阴谋所蒙

---

① 《沈钧儒等七人案开审》,见《申报》,1937年6月11日。

② 《当局应注意沈案的政治影响》,见《天下日报》,1937年6月11日。

③ 《救国究否有罪》,见《天下日报》,1937年6月27日。

④ 《吁请宣告沈钧儒等无罪》,见《天下日报》,1937年6月24日。

蔽,操切从事,招致出'亲痛仇快'的恶果来"。[①]

《北平晨报》社论指出:三中全会虽有新的趋势,然而事实的表现还不充分。"沈钧儒等之拘捕起诉,更和政府嘴里所说的相矛盾,而与全国及世界不良印象。政府为增加御侮力量打算,虽外国尚须联合,虽外国人民的好感尚须取得,请问:自己的人民何以不速联合一致?何以对于人民救国团体认为非法?对于从事救国者认为犯罪?这是极难理解的。"[②]

天津《益世报》认为,全救会是当时政治环境一部分民意及民情的产物,不可太重视沈钧儒等七人的责任,而抹煞当时的政治环境。沈等"终是爱国书生","此数人与一班汉奸集团公开干卖国勾当者,分别奚止天壤?……惟爱国果可有罪,国家对卖国者又将如何?"[③]

《广西日报》发表一篇署名文章说:沈钧儒等"献身救亡,呼吁抗敌,大义凛然,功在青史";"纵有万罪,万罪都在爱国。当国家危难的今日,当轴应惟恐人民不爱国,断不能因爱国而判民以罪。"[④]

民意不可侮。国民党当局在处理"七君子"事件时,不能不考虑强大的舆论压力和人心的向背。

---

① 《从执政者的政治认识说到沈章等案》,见上海《群众新闻》,1937年6月11日。

② 《论沈案与精神团结》,见《北平晨报》,1937年5月6日。

③ 《对沈等二次答辩状感言》,见《益世报》,1937年6月25日。

④ 杜若:《沈钧儒等的开审》,见《广西日报》,1937年6月12日。

二、救国入狱运动

为了争取救国自由，防止江苏高等法院在第二次开庭时对沈钧儒等判罪，“永远造成历史的大错”，同时表示“希望当局领导救国的最大诚意”，[①]宋庆龄、何香凝、胡愈之等人倡导的救国入狱运动，把营救“七君子”的运动推向了一个新的高峰。

6月25日，即江苏高等法院更新审理“七君子”案的当天，宋庆龄、何香凝、胡愈之、诸青来[②]、沈兹九、胡子婴、王统照、张天翼、陈波儿等16人，发表救国入狱运动宣言，声称：“沈钧儒等七位先生关押在牢里已经七个月了，现在第二次开审，听说还要判罪。沈先生等犯了什么罪？就是犯了救国罪。救国如有罪，不知谁才没有罪？我们都是中国人，我们都要抢救这危亡的中国。我们不能因畏罪就不爱国不救国。所以我们要求我们拥护信仰的政府和法院，立即把沈钧儒等七位先生释放，不然我们就应该和沈先生等同罪。沈先生等一天不释放，我们受良心驱使，愿意永远陪沈先生等坐牢。”宣言还指出：“我们准备去入狱，不是专为了营救沈先生等，我们要使全世界知道中国人决不是贪生怕死的懦夫，爱国的中国人决不仅是沈先生等七人，而有千千万万个，中国人心不死，中国永不会亡。”[③]

同一天，宋庆龄等给江苏高等法院的呈文中写道：“沈钧儒

---

① 《宋庆龄女士等向上海新闻界的书面谈话》，见《救国无罪》，第133页。

② 诸青来是国家社会党的首领之一，后来沦为汉奸，是汪精卫伪政府中的一员。

③ 《妇女生活》，第4卷第12期，1937年7月1日。

等从事救国工作,并无不法可言,羁押囹圄,已逾半载,倘竟一旦判罪,全国人民均将为之惶惑失措。具状人等,或为救国会会员,或为救国会理事,或虽未加入救国会而在过去与沈钧儒等共同从事救国工作。爱国如竟有罪,则具状人等皆在应与沈钧儒等同受制裁之列。”他们表示:“不忍独听沈钧儒等领罪,而愿与沈钧儒等同负因奔走救国而发生之责任。”因此特联名具状,束身待质,要求江苏高等法院将他们悉予羁押审讯。“爱国无罪,则与沈钧儒等同享自由;爱国有罪,则与沈钧儒等同受处罚。”①

与此同时,宋庆龄等还制定了《救国入狱运动规约》,宣称“救国入狱运动以争取救国无罪为其唯一目的”,凡参加者,可一人或数人联合向江苏高等法院或当地法院具状,声明愿与沈钧儒等案各被告连带负责,并请求法院传押审讯。“如沈等无罪,则同获自由;沈等有罪,愿同受处罚。……在沈钧儒等七人未经全体无罪开释之前,决不请求法院释放。”②

宋庆龄等就救国入狱运动向上海新闻界发表的书面谈话,对发起这一运动作了较详尽的说明。谈话指出:以前孙中山曾对三民主义下过一定义,说“三民主义就是救国主义”;起诉书认为沈钧儒等组织救国会,宣传抗日救国主义,是危害了民国,并宣传与三民主义不相容之主义,是错误的,危害民国的罪名绝对不能成立。如果法庭竟判定有罪,“那就将成为世界上空前未有的冤狱”,“而且在政治上要铸成大错”。因为沈钧儒等因组织和

---

① 《救国时报》,1937 年 8 月 5 日。

② 《妇女生活》,第 4 卷第 12 期,1937 年 7 月 1 日。

参加救国会而被判罪,则一切参加救国会的都有罪,而且以后人民组织参加任何爱国团体,也都会有罪。“这关系就决不是沈先生等七位,而是全中国四万万五千万爱国的人民,而是整个中华民国的前途。所以七位先生事小,而抗日救国事大,爱国有罪这一个恶例是万万开不得的。”宋庆龄等表示:如果法院判决沈钧儒等有罪,他们就准备一齐去法院,要求收押,与沈等并案办理。“我们讲过了这些话,以人格保障,都要做到,直到七位先生恢复自由,爱国无罪达到目的时,我们的工作才完成。”谈话最后说:“我们相信救国入狱运动是目前最适合的一种救国方式。现在我们首先做着,假如在我们后面,有千千万万人这样做着,我们的运动一定得到胜利。这运动如果得到胜利,我们国内真正的团结统一才能够实现,而抗日救国,也必然有了胜利的把握。”[1]何香凝为了营救“七君子”,于7月4日单独致函宋子文和孙科,赞扬了宋庆龄继承孙中山救国救民的遗志,发起救国入狱运动,并宣称:“孙夫人如果入狱,香凝决偕行也。”“全国青年,睹敌寇之日深,民族危机日益严重,为民族生存而奋斗,革命目的,既为人民解决痛苦,今反以救国获罪,此香凝之所以甘愿入狱,冀轻其全国政治犯之罪,俾其作民族生存抗敌先锋。”她还要求孙科和宋子文在蒋介石面前转述她的意见,使沈钧儒等全获释放。[2]

宋庆龄倡导的救国入狱运动,在社会上引起强烈的反响,各

① 《救国无罪》,第130~135页。

② 《何香凝为营救“七君子”致宋子文孙科函》,见《历史档案》,1982年第3期。

界人士踊跃参加。7 月 2 日，作家何家槐、周钢鸣、林淡秋等 13 人具状江苏高等法院投案，愿为救国而与沈钧儒等同负连带关系。上海电影界著名导演及演员应云卫、袁牧之、赵丹、郑君里、金山、王莹、白杨等 20 余人亦于 7 月 3 日具状请求羁押，愿与沈等同受处罚或同享自由。此外还有大学教授华丁夷、音乐家周巍峙、戏剧理论家唐纳，以及大学教师学生、公司洋行职员 140 余人，其中不少并不是救国会会员，纷纷向江苏高等法院具状，“请求与沈钧儒等同负法律上救国责任”。[①] 为响应救国入狱，救国会在上海发起一个巨大的签名运动，准备签满一份万人书，[②]上呈有关司法当局。蓬勃兴起的救国入狱运动，给国民党当局以强大的政治压力。

李公朴在狱中所写的日记曾以《闻入狱运动有感》为题，写了一段感想：“家属来谈及各方有入狱运动之发起，闻之甚感动。民不畏死，奈何以死惧之。为了民族的生存来力争生存的权利，与其不争而待将来受辱的死于敌人汉奸的魔手中（如现在东北同胞所受者），反不如在我自己人统治下而入狱。入狱入狱，是谁所欲。爱国有罪，入狱何辱。和平统一，和平入狱。”[③]

为了履行救国入狱的宣言和规约，7 月 5 日，宋庆龄扶病携带简单行李，偕同胡愈之、诸青来、彭文应、汪馥炎、张宗麟、胡子婴、沈兹九、陈波儿、张天翼等共 12 人，乘车由上海去苏州投案。

---

① 《救国无罪——“七君子”事件》，第 219 ~ 220 页。

② 沙千里：《漫话救国会》，第 74 页。

③ 李公朴日记原件，1937 年 7 月 1 日。

临行前,胡子婴问:“孙夫人胃病发得这样厉害,到苏州去不要紧吧?”宋庆龄回答说:“不要紧,精神还是很好的,别人因救国而受罪,我这小小胃病,算得什么! 为了争取民族解放,救国自由,什么力量也阻止不了我!”[①]胡子婴当时记载说:“我被她伟大的勇敢的灵魂摄住了,我没有讲话,只报以热情的钦佩的微笑。”[②]

上午10时宋庆龄等一行到达苏州高院后,在会客室等了一会儿,有两个人出来接见。宋庆龄问:“你是朱院长吗?”其中一个回答说:“我是书记官长,我代表朱院长,这位代表首席检察官。”宋庆龄说:“我们要见院长和首席(检察官),不然我们不说话! ……我见蒋委员长,他都要亲自出来。”[③]胡子婴接着介绍说:“这位是孙夫人。”书记官长立刻称:“是,是,”微微地曲了一下身子退出。

几分钟后,书记官长赵某等出来表示,为便于说话起见,请推派几位代表与院长面谈。于是宋庆龄、胡愈之、诸青来三人被推进去谈话。胡愈之、诸青来对朱树声院长说:“如认‘七君子’有罪,亦请同样将我们羁押起来。”朱很客气地回答说:“关于羁押诸位的事,我实在没有这个资格,也没有这个权力,要检察官说羁押才可以。沈钧儒案子现在正在审理中,将来结果如何还

---

① 胡子婴:《赴苏投案始末记》,见《妇女生活》,第5卷第1期,1937年7月16日。

② 胡子婴:《赴苏投案始末记》,见《妇女生活》,第5卷第1期,1937年7月16日。

③ 樵夫:《宋庆龄等赴苏请求羁押经过》,见《国民》(周刊),第1卷第11期,1937年7月16日;胡子婴:《赴苏投案始末记》。

不知道，诸位还是等候辩论以后看看情形再说。”宋庆龄问前次递的羁押的状子为什么还没有批？朱说：“因为你们都是案外人，与本案无关，所以不能批。”又说：“法院对本案，始终没有耽搁的意思。因为第一次被告请求法官回避，第二次调查证据，以致不能早日了结。”宋庆龄等当即表示：“我们都是救国会主持人，为使法院对本案易于明白起见，希望对我们也加以同样侦查。”[1]朱树声对宋庆龄等请求入狱表示同情，但对“七君子”案，他表示既不知如何解决，也不便干涉。三人坚持要求羁押，朱始终不同意，最后只好说：“诸位如一定坚持，请让我来和检察官商量一下。”[2]

正在此时，法院又收到姜源、程达、周尊辉等三四十人具呈的三件响应救国入狱运动，请求羁押的状子。

接着首席检察官孙鸿霖与主任书记潘元枚在会客室与宋庆龄等12人谈话。彭文应、诸青来说明来意并请求羁押后，孙答复与朱树声基本相同，劝大家冷静，不要太兴奋，而且天气很热，最好先回去，静候裁定，并声称沈案决不能撤回公诉，态度蛮横。彭文应等齐称：“起诉书所列十条罪状，如认为证据确凿，那我们都曾参加，我们也有罪，为公平起见，还是请求把我们一道押起来。”孙说：“何必呢？现在没有羁押你们的必要呵！羁押你们与他们有什么利益呢？”胡子婴说：“检察官上次开庭说，救国会就

---

① 樵夫：《宋庆龄等赴苏请求羁押经过》，见《国民》（周刊），第1卷第11期，1937年7月16日。

② 张天翼：《苏州投案记（一）》，见《国民》（周刊），第1卷第12期，1937年7月23日。

是危害民国的。救国会既危害民国，我们是救国会的负责人或会员，就应当把我们也押起来呀！”孙鸿霖称：“检察官不过是代表国家提起公诉，站的是原告的地位，他的意见不一定是对的。”胡子婴等反复说明要求羁押，孙又说：“我已再三‘开导’，羁押事我没有答复的义务，你们要一定怎样，我们可以不必谈了。”①谈话至此陷入僵局，濒于决裂。随后，检察官说了句：“其实，何必呢。”紧张形势才稍缓和。

“我们递的状子为什么不批？”一个人问。孙说：“这个法律上没有明文规定。像这种事法院不仅少见，而且是创见。”②宋庆龄直望着首席检察官，面部显露不悦的表情，一直不愿与之对话。

时间已到中午 12 时，孙鸿霖站起来说：“好，大家可以回去了。我事情很忙，羁押现在还没有证据。”说罢就和主任书记走了。于是 12 个人都异常失望，商量如何应付。宋庆龄坚决表示：“坐守达旦，再行请求。”③结果决定：“没有圆满结果，一致不离开法院。”④大家一致赞成。中午用餐，12 个人每人买了一碗面。宋庆龄身体不好，患胃病兼喉痛，但为了争取救国无罪的庄严目

---

① 樵夫：《宋庆龄等赴苏请求羁押经过》，见《国民》（周刊），第 1 卷第 11 期，1937 年 7 月 16 日。

② 樵夫：《宋庆龄等赴苏请求羁押经过》，见《国民》（周刊），第 1 卷第 11 期，1937 年 7 月 16 日。

③ 《孙夫人等赴苏请求入狱纪详》，见《救国无罪——“七君子”事件》，第 351 页。

④ 樵夫：《宋庆龄等赴苏请求羁押经过》，见《国民》（周刊），第 1 卷第 11 期，1937 年 7 月 16 日。

的,“进出自己提箱子,吃两毛大洋的粗面,没有一点以国母自居的样子”。[①]

夏天炎热,法院下午不办公,院长、推事、书记官等走得精光,法院内显得冷冷清清。到5时半,检察处派检察官夏敬履来和大家谈话,商量解决办法。宋庆龄首先发言说:“我是救国会发起人兼全救执委,与他们七位在工作上做同样事情,在法律上也愿负同样责任,请你把我收押起来,与他们七位一样受不自由的处分。”[②]接着有人把上午与首席检察官的谈话介绍了一番,同时还表示:“倘使夏检察官也像首席那样无理不负责任,我们决不认为满意。”[③]最后胡愈之提出四个问题要求回答:第一,“救国是否有罪?救国会是否危害民国的团体,一如上次检察官所说?”检察官答:“救国会是以救国为目的,当然无罪,只是一个团体中,总免不了不良分子,而你们救国会的内容怎样,因为案子不归我办,我不能断言,但是救国会总不是危害民国的。”第二,“如果沈等七人有罪,我们要求同样待遇。”答:“他们是否有罪还不晓得。你们如有证据,自然要依法办理。”第三,“假使我们提出证据,法院是否能加以侦查?”答:“如有证据,当然受理,各人可以听候传讯。”第四,“救国会其他会员,倘照我们办法,向法院

① 樵夫:《宋庆龄等赴苏请求羁押经过》,见《国民》(周刊),第1卷第11期,1937年7月16日。

② 胡子婴:《赴苏投案始末记》,见《妇女生活》,第5卷第1期,1937年7月16日。

③ 胡子婴:《赴苏投案始末记》,见《妇女生活》,第5卷第1期,1937年7月16日。

递状,是否能受同样待遇?”答:“只要在本院管辖范围之内,当然同样办理。”①

谈话共进行了三刻钟,有人把这次谈话最后整理为上述四个方面的问题,用书面送给检察官,检察官认为无误之后再递送院长审阅,并表示要将这些意见发表,院长也表示同意。宋庆龄等人认为比较满意,决定返回上海后再提出证据,请求侦查,以达入狱运动所抱定的“救国无罪,有罪把大家羁押起来”的目的。他们走出法院的时候,已是万家灯火了。

宋庆龄等为营救“七君子”,争取救国无罪,到苏州要求投案入狱,使身系囹圄的沈钧儒等七人深受感动,给他们以莫大鼓舞。沙千里回忆说:“我们七人在狱中虽被隔绝起来,但不仅没有感到孤寂,而仍像站在浩浩荡荡的革命行列,和全国人民心连心地结合在一起,我们从不曾考虑已经掌握在杀人魔王手中的自己的命运,而是为抗日救亡运动的怒潮一浪高过一浪地奔腾前进,感到无比兴奋。……特别是听到以孙夫人为首的蜚声中外的‘入狱运动’时,我们的情绪更为高张,感到同全国人民结合得更紧密了。我们深信,中国共产党抗日民族统一战线的英明主张一定能够实现。……我们身在狱中,心在战场。”②7月6日,他们联名写信给宋庆龄,深致感谢之忱,说:“闻昨日扶病率同诸友莅苏投案,正义热情,使钧儒等衷心感动,无可言状。但一念

① 《救国无罪——“七君子”事件》,第352页;樵夫:《宋庆龄等赴苏请求羁押经过》;胡子婴:《赴苏投案始末记》。

② 沙千里:《高山仰止,永垂青史》,见《人民日报》,1981年6月2日。

及先生之健康,关系民族解放之前途至深且大,则又为忧惧不已。钧儒等深信先生之伟大号召,必能使全国人心为之振奋。司法积弊,逐渐澄清;民主权利,奠定基础,其在历史上意义之重大,实在不可思议也。惟劳顿之后,务请善自珍摄,以慰千万人喁喁之望。"①

9 日,宋庆龄致电国民政府主席林森、行政院长蒋介石、中央政治会议主席汪精卫、军事委员会副委员长冯玉祥,说明他们 16 人发起救国入狱运动的宗旨及赴苏请求羁押的经过,并说:"查沈钧儒等爱国救亡,不应有罪,迄今被押已逾半载,自应一面从速先予停止羁押。庆龄等及全国救亡运动中人,断不敢坐视沈等庾困,而己身独享自由,除一面仍应依所立志愿遵检察官之指示进行外,特亟通电奉达,务祈迅予主张公道,勿失全国志士之心。"②

冯玉祥收到电报后,很受感动。他当日在日记中写道:"我读了此电,心中万分难过。"③他随即给蒋介石写了一封信说:"关于沈钧儒等七人事,祥意应立即无条件释放,请其来庐居住,以便接受我公训迪指导。此事关系收拾人心至大也。"他针对当时中央党部有人要对沈等反省悔过并判罪一事,还在信中特别指出:"党部工作同志对公此举定能体会。盖党部同志有党部同志责任,中央亦有中央责任也。我祈我公毅然决然采取释放办法,

---

① 《沈钧儒文集》,第 324 页。

② 《宋庆龄冯玉祥营救七君子电函选》,见《民国档案》,1985 年第 2 期。

③ 《冯玉祥日记》,第 5 册第 204 页。

党国同利赖之。”他在信的“附及”中还说：“此事如果办到，定能收与西安一样之意外效果，全在努力如何耳。”[1]同日日记中又写道：“为什么不放沈君[钧]儒呢？真是不解。”[2]

蓬勃开展的营救运动，特别是宋庆龄倡导的救国入狱运动，是迫使国民党不敢对“七君子”判罪的重要原因之一。

三、“七君子”保释出狱，历史宣判救国无罪

1937年7月7日，日本在卢沟桥向中国守军发起进攻，中国守备军奋起反击，“七七”抗战爆发。蒋介石和南京政府对于此次事变表示了前所未有的强硬态度。

8日，蒋介石在庐山接到秦德纯等人关于卢沟桥事变的发生经过报告后，当天日记中记道：“倭已挑战，决心应战，此其时乎！”[3]17日，蒋介石在庐山谈话会第二次全体会议发表了重要讲话，他说：“卢沟桥事变的推演，是关系中国国家整个的问题，此事能否结束，就是最后关头的境界。”“如果卢沟桥可以受人压迫强占，那末，我们百年故都，北方政治文化的中心与军事重镇的北平，就要变成沈阳第二；今日的北平若果变成昔日的沈阳，今日的冀察，亦将成为昔日的东北四省。北平若可变成昔日沈阳，南京又何尝不可变成北平！”他声明：“我们的立场有极明显的四点：（一）任何解决，不得侵害中国主权与领土之完整；（二）冀察

---

① 《宋庆龄冯玉祥等营救七君子电函选》，见《民国档案》，1985年第2期；《冯玉祥日记》，第5册第204～205页。

② 《冯玉祥日记》，第5册第205页。

③ 《蒋总统秘录》，第11册第22页。

行政组织,不容任何不合法之改变;(三)中央政府所派地方官吏,如冀察政务委员会委员长宋哲元等,不能任人要求撤换;(四)第二十九军现在所驻地区,不受任何的约束。”他还声称:“我们固然是一个弱国,但不能不保持我们民族的生命,不能不负起祖宗先民所遗留给我们历史上的责任;所以到不得已时,我们不能不应战。……如果放弃尺寸土地与主权,便是中华民族的千古罪人!那时便只有拼民族的生命,求我们最后的胜利。”蒋介石最后庄严宣布:“我们希望和平,而不求苟安,准备应战,而决不求战。政府对卢沟桥事件,已确定始终一贯的方针和立场。我们知道全国应战以后之局势,就只有牺牲到底,无丝毫侥幸求免之理。如果战端一开,那就地无分南北,人无分老幼,无论何人,皆有守土抗战之责任,皆应抱定牺牲一切之决心。”①

蒋介石这篇重要谈话,于 19 日以《最后关头》为题公开发表。就在这一天,他在日记中写道:“政府对和战表示决心,此其时矣!人以为危,我以为安。主意既定,无论安危成败,在所不计,对倭最后之方剂,唯此一着耳。”“书告既发,只有一意应战,不再作回旋之想矣。”②蒋介石在庐山的谈话,“主张坚决抗战,反对妥协退让”,“确定了准备抗战的方针,为国民党多年以来在对外问题上的第一次正确的宣言”,③因此受到包括中国共产党的各党派和全国同胞的热烈赞扬与欢迎。

---

① 《中央日报》,1937 年 7 月 19 日。

② 《蒋总统秘录》,第 11 册第 23 页。

③ 《反对日本进攻的方针、办法和前途》,见《毛泽东选集》合订本,第 316、317 页。

沈钧儒、章乃器、邹韬奋、李公朴、沙千里、王造时、史良七人在苏州狱中获悉卢沟桥事变发生、中国军队奋起抵抗后，于 14 日向宋哲元及廿九军全体将士发出一电，并捐赠 100 元表示勖勉。电文说：“敌在卢沟桥等处连续挑衅，后复围攻平市，并调集大军，企图席卷华北，幸赖贵军英勇抗战，未逞奸谋。同人等身羁囹圄，应援乏术，翘首北望，只有忧惶，谨先汇上百元，聊表寸意。尚望再接再厉，不屈不挠，坚守疆土，抢救危亡。”①

蒋介石在庐山谈话会发表的重要谈话公布后，沈钧儒等七人于 7 月 21 日致电蒋，高度评价了谈话表达的坚定抗日立场和挽救国家民族危亡的决心，说谈话“义正辞严，不胜感奋，深信在此伟大号召之下，必能使全国人心，团结愈固，朝野步骤，齐一无间，同在钧座领导之下，以趋赴空前之国难”。同时指出：“钧儒等身羁囹圄，心怀国族，寇氛日亟，倍切忧惶，赴难无方，赤诚共抱，企望旌麾，无任神驰。”②

由于“七七”抗战爆发后，国内政治局势有了很大变化，全国上下团结一致抗战的局面业已形成，沈钧儒等在前年华北事变国家民族危难之际，率先奋起倡导抗日救国运动，振聋发聩，不仅无罪，而且有功，已是路人皆知。此时去苏州探监慰问并请他们题字的人日益增多，一些国民党政要如邵力子、李烈钧、覃振、潘公展等，都要求将他们释放出狱。

7 月中旬以来，蒋介石亲自过问“七君子”案，并催促江苏高

---

① 《沈钧儒文集》，第 325 页。

② 《沈钧儒文集》，第 328 页。

等法院将他们开释。据蒋介石日记记载:7月18日,“对沈等保释”;7月19日,“对沈等之处置宜早解决”;7月20日,“沈案了结”;7月24日,“解决沈案”;7月26日,“解决沈案”。[①] 30日,高院即拟具裁定书,以“沈钧儒等各被告危害民国一案,羁押时逾半载,精神痛苦,家属失其赡养”为词,裁定停止羁押,交保释放。[②]

31日下午5时20分,沈钧儒、章乃器、邹韬奋、李公朴、王造时、史良、沙千里七人光荣出狱。他们的家属和辩护律师共30余人前往看守所迎接。当沈钧儒等走出看守所大门时,鹄立在烈日下等候的民众200余人表示热烈欢迎,并高呼抗日救国口号,一时军乐齐鸣,爆竹声与欢呼声交织在一起,情况极为热烈,七人均极受感动,热泪盈眶。沈钧儒代表大家对各报记者说:“钧儒等自经法院羁押,迄已半载有余,虽在囹圄,身体颇感舒服。此次司法当局裁定,准予停止羁押。关于此案将来结果如何,自当听候法院处理。至钧儒等今天步出狱门,见抗敌之呼声已普遍全国,心中万分愉快,当不变初旨,誓为国家民族求解放而奋斗。”[③]沈等及其家属,随即由各方代表及学生数十人,手持旗帜,列队为前导,护送至玉花园饭店,并出席张一麐、李根源等举行的欢迎宴会。苏州各界原定在第二天举行庆祝大会,被沈等婉言谢绝。

---

① 原件现存美国斯坦福大学胡佛研究所档案室。

② 《救国无罪》,第187页。

③ 《沈钧儒等保释出狱》,见《申报》,1937年8月1日。

8月1日，沈钧儒等七人回到上海，沈代表大家向欢迎的群众与记者发表谈话说："我们之出狱，完全是蒋委员长的意思，我们对他很感激。我们一接到蒋先生电报，即赴京谒见。"①王造时后来写的回忆录也说："蒋介石于七月十七日在庐山发表谈话，宣言对日抗战，并于七月底电令苏州高等法院将我们释放，要我们去南京开会。"②

随后不久，孙晓村，曹孟君也获释出狱。

沈钧儒等出狱，江苏高等法院当时裁定书写明，只是所谓"停止羁押"，属于交保释放，对于救国是否有罪，他们是否危害民国，案情并未了结。国民党当局这样做，一方面是给自己下台遮遮面子，另方面是故意留下一条辫子，以便有朝一日认为他们"谋反"时可以随时予以治罪。直到1939年1月26日，上海、南京、苏州早已沦陷，国民政府已经从南京、武汉迁到重庆，《危害民国紧急治罪法》有关危害民国的某些条文也已作了修改，其中原来所规定的宣传与三民主义不相容之主义者为犯罪的条款已经删去，四川高等法院第一分院检察处才将对沈钧儒等的起诉书予以撤回。撤回起诉理由书说："查被告等虽属组织团体，号召民众，但其所谓抗敌御侮及联合各界救国各节，均与现在国策不相违背，不能认为以危害民国为目的。该被告等之行为自属不罚之列。本案虽经起诉在先，惟既发见有应不起诉情形，合依

① 《沈钧儒等昨由苏抵沪》，见《立报》，1937年8月2日；《救国无罪》，第185、190页。

② 《王造时自述》，见《上海文史资料选辑》，第45辑。

同法第二百四十八条第一项撤回起诉。”[①]陶行知等也并案撤销。

至此,国民政府才对“七君子”案作了司法上的了结,救国无罪最终由历史作出了正确的结论。

救国会在抗战前夕对推动抗日救国和民主运动,建立了不可磨灭的功绩。“七君子”赤诚爱国,威武不屈的感人事迹,赢得了全社会的普遍尊敬。这一案件本身也成为启发人们抗日觉醒的一个重要事件。鲁迅在《中国人失掉自信力了吗》一文中曾说:“我们从古以来,就有埋头苦干的人,有拼命硬干的人,有为民请命的人,有舍身求法的人……这就是中国的脊梁。”[②]“七君子”就是这样铁骨铮铮的“中国的脊梁”。

---

① 《“七君子”案件档案选》,见《历史档案》,1985 年第 3 期。

② 《鲁迅全集》,第 6 卷第 92 页,人民文学出版社 1963 年出版。

第三章
坚持抗战团结和民主，为争取民族解放战争的胜利而奋斗（上）

第一节　救国会抗战开始后的活动

一、发表宣言为民族生存而战

从1937年“七七”卢沟桥事变到“八一三”全面抗战，中国进入了一个伟大的民族解放战争，即抗日战争的新时期。

7月10日，全国各界救国联合会发表《为保卫北方紧急宣言》，认为宛平卢沟桥事件是日本侵华阴谋的实行，是“日本帝国主义者眼看我国和平统一与准备御侮的工作，已到达相当阶段，不得不趁着当前比较有利的国际情势，发动这个侵略北方的阴谋，以图占领平津，驱逐廿九军出冀察之外，使之成为东北第二，造成御用的傀儡组织。如果日本这次阴谋得逞，那末，冀察将成为伪满之续；晋绥鲁豫唇亡齿寒，中部和南方又将成华北第二了。”指出，在日本发动新的侵略面前，“我全中国同胞所表现的，是廿九军英勇的抗战，中央当局坚决而镇定的主持，各地同胞出力出钱的后援，举国上下都充满着胜利的奋斗的决心，准备给予日本帝国主义以致命的打击”。宣言还说：全国各地的救国会和会友们，他们都是国民中最勇敢最爱国的分子，他们随时随地都准备着以他们所有的一切，贡献给他们的民族，也随时随地准备着以他们的经验和能力，去帮助一切非汉奸的团体和国民。“他们应该尽量运用他们年余来从救国阵线中所获得的理论和认识，组织能力和其他工作技能等等，为当时当地最大限度的努力”。宣言最后说：“亲爱的同胞们：事急矣！胡骑正在纵横，健儿正在浴血。……战罢！全国的同胞们一致起来！为民族的生存而战！为东亚的和平而战！为人类的文明而战！”①

沈钧儒等七人出狱抵上海时发表共同谈话称：“关于时局问题，我等过去主张只有二个：一为团结，即全国民族联合战线；二为抗日。目下全国团结已有坚强基础，抗日亦已为全国一致之要求，深信在中央领导之下，必可展开极伟大之民族解放战争，而且必可取得最后之胜利。我等惟有准备一切，在民族战争中尽一份人民之天职。”②

为了表示抗日救国的决心，“七君子”临近出狱时，应群众要求，写了一些题词，这里只录其中的一副：

沈钧儒：不要因失败而伤心，不要因胜利而讴歌。

章乃器：只要有一个全面的抗战，最后的胜利一定是我们的。

邹韬奋：同心协力，抢救危亡。

沙千里：以牙还牙，以血还血。

李公朴：要看谁笑得最后，才是谁笑得最好。

---

① 《救国时报》，1937 年 9 月 18 日；《救国会史料集》，第 453 ~ 455 页。

② 《沈钧儒等昨由苏抵沪》，见《立报》，1937 年 8 月 2 日。

王造时：只有在抗战的血光中，能找到我们民族的新生命。

史良：敌人紧逼到这步田地，只有抵抗才有生路。[①]

沈钧儒、邹韬奋等出狱后，领导救国会继续为抗日救国，争取民族解放战争的彻底胜利而奋斗。

二、拒绝解散救国会

8月3日，沈钧儒、邹韬奋、章乃器、李公朴、王造时、沙千里、史良七人应国民党政府的邀请，去南京“贡献一些救国运动意见”。[②] 当日，沈钧儒在京对记者说：“钧儒等此后仍本救国初衷，在委座领导下，不惜牺牲一切，从事救国工作。”[③] 次日，蒋介石单独会见了沈钧儒，二人谈了30分钟，蒋宣示中央既定国策及集中国力，救亡图存等，“多所阐扬。”[④] 随后他们还会见了冯玉祥、陈立夫、叶楚伧等国民党党政要人。叶楚伧在谈话时，要求解散救国会，说：“救国会有很光荣的开始，有很光荣的经过，但是，到了现在，救国会的主张已经变成了政府的行动，所以，救国会的任务已经完成。我希

---

① 《立报》，1937年8月9日。该报编者注明：“七君子出狱时给某群众提词。”

② 邹韬奋：《战的反面》，见《抗战》三日刊，第1卷第1期，1937年8月4日。

③ 《沈钧儒等由沪抵京》，见《申报》，1937年8月4日。

④ 《沈钧儒等在京与各方交换意见》，见《申报》，1937年8月7日。

望救国会能做一个光荣的结束。”① 沈钧儒、邹韬奋等拒绝了这一要求，表示：政府既已对日作战，救国会同志愿在既定国策之下，“本牺牲奋斗精神，努力全民救国运动”。② 邹韬奋后来回忆说：“关于救国会‘自动取消’并非事实。当‘八一三’的前夜，记者和几位朋友在苏州恢复自由之后往南京一行，国民党方面由叶楚伧先生表示最好能把救国会解散，我们表示不可能；同时表示政府既实行对日抗战，救国会的同志当然在抗战国策领导之下，加入各部分的抗战工作积极努力。”③

还在“七君子”出狱之前，国民党为了夺取抗日救国运动的领导权，即以统一救亡运动为借口，首先在上海组织了各界抗敌后援会，规定“所有合法团体皆应加入本会，一致行动，不得再有其它救国性质的团体和单位行动”，同时由 CC 派骨干潘公展出面，组织了上海文化界救亡协会，以取代在抗日救亡运动中作出了重大贡献的上海文化界救国会。上海文化界救亡协会于 7 月 28 日在潘公展主持下，召开了成立大会，有 500 余人参加，救国会人士胡愈之、沈兹九、顾执中、钱俊瑞、萨空了、金仲华、张天翼等均与会，并被选为理事。胡愈之回忆说：“本来上海文化界爱国人士已经组织了上海文化界救国会，文化界救国会实际上也是救国联合会的核心组织，现在很明显，国民党要以文化界救亡协会来代替文化界救国会，从而控

① 章乃器：《现阶段的救亡运动》，见《国民》周刊，第 1 卷第 16 期，1937 年 10 月 29 日。

② 《申报》，1937 年 8 月 7 日。

③ 《韬奋全集》，第 10 集第 160 页；《救国会史料集》，第 674 页。

制文化界的抗日救亡运动。当时‘七君子’尚未释放，我们经过研究，认为为了团结抗战，为了发展抗日民族统一战线，文化界救国会成员还是要参加进去，在内部争取合法的救亡运动的权利。”①

上海文化界救亡协会联合中国文艺家协会上海本会、宪政协进会、编辑人协会等团体，于8月8日召开欢迎新从日本回国参加抗日运动的郭沫若和刚出狱的救国领袖沈钧儒等人大会，有二千余人参加，沈钧儒、章乃器、李公朴与会，邹韬奋、王造时、沙千里、史良尚在京，未出席。沈钧儒发表演说称：“钧儒为国民党党员，国民党应马上负起组织民众、训练民众的责任，把全国民众完全组织起来，不稍有顾虑。钧儒年老将死，更愿牺牲其残年于救国工作，在蒋委员长领导之下，牺牲一切，贡献全部精力，为国效死。”章乃器说：“今天国难严重到这样地步，我们应一致团结起来，不分党派，不分阶级，集中在一个总目标之下。以前种种，譬如昨日死，以后种种，譬如今日生。在今天还有人要算旧账，那简直是为敌人作分化中国的工作！在抗战工作中，统一是必需的，但统一要有统一的条件。第一要统一于认识；第二要统一于民主，使各人能贡献其意思，自发地贡献其力量；第三要统一于行动。如统一后大家不做，又何必统一？”李公朴说：“第一，敌人最怕的就是我们的团结，现在我们团结了，要谨防敌人的挑拨分化；第二，我们固然不应把敌人的力量估计得过低，更不要把敌人

---

① 胡愈之：《我的回忆》，第43页。

的力量估计得过高。”[1] 文化界救亡协会提出由郭沫若和沈钧儒等七位救国会领导人为该会理事，获得一致通过。

上海文化界救亡协会于 8 月 14 日创刊了《救亡日报》作为自己的机关报，由郭沫若任社长，夏衍和阿英分任主笔和主编。沈钧儒任上海各界组织的战时设计委员会主任委员，章乃器、邹韬奋、王造时、史良、沙千里、钱俊瑞则担任上海各界抗敌后援会设计委员会委员。由于日军入侵上海，《救亡日报》于 11 月 22 日被迫停刊，共出 85 期。1938 年 1 月 1 日，《救亡日报》在广州复刊，日军占领广州后，《救亡日报》于 1939 年 1 月 1 日在桂林复刊，1941 年 3 月被国民党当局强迫停刊。《救亡日报》办报的方针是宣传抗日、团结、进步。周恩来曾对夏衍说：“办成国民党的报纸一样当然不行，办得像《新华日报》一样也不合适，办成《中央日报》一样，人家不要看，办成《新华日报》一样，有些人就不敢看了。总的方针是宣传抗日、团结、进步，但要办出独特的风格来，办出一份左、中、右三方面的人都要看，都喜欢看的报纸。你要好好学习邹韬奋办《生活》的作风，通俗易懂，精辟动人，讲人民大众想讲的话，讲国民党不肯讲的话，讲《新华日报》不便讲的，这就是方针。”[2]

三、救国会内部的思想分野

抗日战争开始后，救国会面临今后是否需要继续存在的

---

① 《立报》，1937 年 8 月 9 日。

② 夏衍：《巨星永放光芒》，见《人民日报》，1987 年 3 月 2 日。

问题。

历史的大转折，也在救国会内部引起动摇和思想分化。由于国民党转向抗日，章乃器以为救国会团结抗日的主张已经实现，应更多的注意维护统一战线内部的团结，而没有继续保存救国会组织的必要。他在狱中曾以金锋笔名写了一篇题名为《救国会和救国运动的前途》的文章，说："我们应该永远站在救国运动的立场，而不能过于偏狭的只拘泥于救国会的立场。""倘使救国运动这一个名义可以号召，我们便不需要拿出救国会的名义来号召。"[①] 因此认为"救国会已经到了扬弃自己的一个阶段了"。[②] 出狱后，他还在报刊上发表了一篇《少号召，多建议》的文章，说："在国策还未确定的时候，我们不能不多作政治的号召，使国策能够早点确定下来。在国策已经确定的今日，我们都应该少作政治的号召，多作积极的建议，使国策可以早些充实起来。""特别在这全面抗战已经爆发的时候，我们为民族的利益打算，不能不多信托一些政府，使他能够运用较大的权力，同时保守较多的秘密。"[③] 章乃器的主观本意是想要加强政府对抗战的领导，维护抗日民族统一战线的团结，但在国民党还没有改变压迫人民的情况下，单是向国民党"建议"是没有用处的，必须"号召"民众起来向国民党作必要的适当的斗争，否则，就不能坚持抗日，也不能抵制国民党的反

---

① 《学生之路》，1937 年 7 月 1 日。

② 《现阶段的救亡运动》，见《国民》周刊，第 1 卷第 16 期，1937 年 10 月 29 日。

③ 《申报》，1937 年 9 月 1 日。

动，因此当时受到毛泽东的批评。[①] 章乃器只是一个认识上的偏差，因此很容易改正。沈钧儒和救国会耐心地对章乃器进行说服工作，周恩来也曾同章多次谈话，提出其中的不当之处，章逐渐认识到自己的主张是错误的，从而放弃了他的观点。[②] 章乃器后来说，他"当时所受的影响，是'双十二'事变和平解决以后国民党的片面宣传，对统一战线下的独立自主的辩证看法是不了解的。"[③]

对救国会在抗战开始后的新形势下是否继续保留问题，除了章乃器明确提出了自己的主张外，还有其他个别领导人也曾持保留态度。例如李公朴在其日记中曾记载说："最后又谈及救国会组织问题，我据实向其说明，救国会之工作已进入另一阶段，所以原有的招牌与组织体系均无保持必要。因为救国的抗战工作已开始，而参加救亡工作者的人数已大大增加，量与质与原有组织均有所不同，今后之救国会已在扬弃过程中矣。"[④]

由于救国会的其他领导人沈钧儒、邹韬奋、沙千里、史良等人仍然主张维持救国会的存在，以便继续从事抗日救亡活动，因此停止救国会的活动，扬弃其组织，并未在救国会内部形成为主流民意。随后不久，沈钧儒、邹韬奋等人为了更好地推进抗日救国事业，还在积极为恢复救国会的组织而努力（详后）。

---

① 《毛泽东选集》合订本，第 362、363、368 页。

② 沙千里：《漫话救国会》，第 89 页。

③ 周天度主编：《七君子传》，第 217 页。

④ 李公朴日记，1937 年 11 月 10 日，见《近代史资料》，总 105 号第 84 页，中国社会科学出版社 2003 年出版。

四、出席国防参议会

“七七”事变后，国民政府为集思广益，征询各方面意见，以便更好地进行抗日战争，曾于7月16日和26日两次在庐山牯岭召开座谈会，约集莅会的学者和社会知名人士200余人，中心议题即为卢沟桥事变问题。如前所述，当时仍在狱中的沈钧儒等人，也是在约邀之列，蒋介石并催促江苏高等法院早日放人。“七君子”出狱后，接着“八一三”全面抗战爆发，政府随即在国防最高委员会下，设置国防参议会。其组织纲要第一条规定：“国防最高会议为集中意见，团结御侮，设立国防参议会。”第二条：“国防参议会参议员听取政府关于军事、外交、财政等之报告，得制成意见书建议于国防最高会议。”① 沈钧儒作为救国会的代表被聘请为参议员。各方面代表人物被聘为参议员的还有毛泽东、张耀曾、黄炎培、胡适等15人，后又陆续增聘了周恩来、张东荪、陈布雷等9人，一共25人。第一次会议于8月17日在南京召开，据梁漱溟回忆说，沈钧儒因人在上海，15日才将他的聘书寄出，故未及参加。国防参议会是后来成立的国民参政会的胚胎与前身，“是民主在抗战期间开始发展的小小萌芽”；它“本身尽管薄弱，但是它无论如何是抗战期间团结与民主的巨流中的产物，指示着这个巨流的动向”。②

国防参议会于9月中旬举行第二次会议。沈钧儒在第二次

---

① 《七君子传》，第109页。

② 邹韬奋：《抗战以来》，第10、12页，韬奋出版社1947年第3版。

会议上单独提出三个提案，其中之一为《召集各地乡村工作负责人员及专家来京讨论如何进行战时乡村民众训练案》，指出："抗战发生迄今两月，前方将士冲锋陷阵，为民族争生存，而后方仍漫无组织，或虽有组织而不能严密健全，此种现象，实减损抗战力量。消极方面，如后方汉奸之制裁，交通要道之防卫，以及一切人民物力、财力之供应；积极方面，如协助政府军队参加作战，发动游击战争，袭击敌军阵地，凡此任务，断非无组织、无训练之民众所能胜任。"他要求为"组织全国整个民众之伟大力量"，"以巩固后方，增加抗战实力"，应迅速召集各地乡村工作负责人员及专家进京讨论战时乡村民众训练办法。[①] 就沈钧儒的提案来看，他指出了抗战开始后，国民党政府不肯发动群众，特别是广大乡村民众参加抗战的弊病，以及发动和组织广大乡村农民参加抗战的重要性和具体办法，是巩固后方增加抗战实力的好方案。然而因国防参议会的提案不具法律效力，须交国防最高会议通过，再转交政府实行，结果被不了了之。

五、高度评价国共第二次合作

9月22日，国民党中央通讯社发表中国共产党7月15日提交国民党的《中共中央公布国共合作宣言》。宣言说："当此国难极端严重民族存亡绝续之时，我们为着挽救祖国的危亡，在和平统一团结御侮的基础上，已经与中国国民党获得了谅

---

① 《沈钧儒文集》，第339页。

解，而共赴国难了。这对于我们伟大的中华民族前途有着怎样重大的意义啊！因为大家都知道，在民族生命危急万状的现在，只有我们民族内部的团结，才能战胜日本帝国主义的侵略。现在民族团结的基础已经定下了，我们民族独立自由解放的前提也已创设了，中共中央特为我们民族的光明灿烂的前途庆贺。”中国共产党为了表示对民族解放事业的赤忱，再次郑重向全国宣告：一、孙中山先生的三民主义为中国今日之必需，愿为其彻底实现而奋斗；二、取消一切推翻国民党政权的暴动政策及赤化运动，停止没收地主土地的政策；三、取消现在的苏维埃政府实行民主政治；四、取消红军名义及番号，改编为国民革命军，受国民政府军事委员会之统辖。① 蒋介石接着亦发表中共关于国共合作宣言的谈话，称：“此数年间，中央政府无日不以精诚团结，共赴国难相号召，而国人昔日之怀疑三民主义者，亦均以民族利益为重，放弃成见，而趋于一致，足证国民今日皆已深切感觉存则俱存、亡则俱亡之意义，咸认整个民族之利益终超出一切个人、一切团体利害之上也。此次中国共产党发表之宣言，即为民族意识胜过一切之例证。”他还指出，吾人革命所争者，不在个人之意气与私见，而为三民主义之实行，在存亡危急之秋，更不应计较过去之一切，而当使全国国民彻底更始，力谋团结，以共保国家之生命与生存。对于国内任何派别，只要诚意救国，愿在国民革命抗敌御

---

① 南京《中央日报》，1937 年 9 月 23 日。

侮的旗帜下，共同奋斗者，政府无不接纳。[①] 接着中共中央负责人就国民党公布国共合作宣言发表谈话，认为蒋介石的谈话，“指出了团结救国的深切意义，发出了与全国国民彻底更始的诺言，承认了共产党在全国的合法地位”，而予以肯定和赞许。[②]

从此，国共第二次合作正式开始，抗日民族统一战线已经形成。国共合作为团结全国民众进行对日战争，并争取抗战最后胜利，提供了重要保证。毛泽东当时指出：“这在中国革命史上开辟了一个新纪元。这将给予中国革命以广大的深刻的影响，将对于打倒日本帝国主义发生决定的作用。”[③]

国共合作，共同抗日，是救国会的一贯主张。因此国共合作宣言公布后，救国会立即作出反应，由邹韬奋撰文予以充分肯定和高度评价。9 月 26 日，邹韬奋发表《全国团结的重要表现》一文，认为中国共产党共赴国难的宣言和蒋介石对于这个宣言所发表的重要谈话，“是全国团结御侮的一个非常重要的表现，是国难愈益严重以来数年间，全国忧心外患的人们不避艰险以企求的重要主张之一；所以这次中共的光明磊落、大公无私的宣言和蒋委员长的‘集中力量救亡御侮’的谈话，无疑地是全国爱国的同胞们所热烈欢迎的。”文章最后说：“这样一来，我国已恢复了民十六年前全民族一致团结以谋民族复兴的精神。这样的全国团结，是保障抗战胜利最重要的一个条件，

① 南京《中央日报》，1937 年 9 月 24 日

② 《新中华报》，1937 年 9 月 29 日。

③ 《毛泽东选集》合订本，第 335 页。

是对日本帝国主义一个重大的打击!”①

9月24日，宋庆龄也发表了《国共合作之感言》一文，十分感慨地说：“这几天读了中国共产党共赴国难宣言和中国国民党领袖蒋委员长团结御侮的谈话，使我异常地兴奋，异常地感动。回想国民党和共产党这两个兄弟党，在最近十年以来，互相对立，互相杀戮，这是首创国共合作的先总理孙中山先生生前所不及意想到的。到最后，这两个兄弟党居然言归于好，从新携着手，为中国民族的独立解放而斗争，中共宣言和蒋委员长谈话都郑重指出两党精诚团结的必要。我听到这消息，感动得几乎要下泪。”她还着重指出：“前事不忘，后事之师。在这民族危机千钧一发的今日，一切过去的恩怨，往日的牙眼，自然都应该一笔勾销，大家都一心一意，为争取对日抗战的最后胜利而共同努力。……唯有这样，才能使中华民族走上独立解放的胜利途径。”② 宋庆龄是救国会的执行委员，此文又是发表在邹韬奋创办的救国派刊物《抵抗》杂志上，因此它实际上完全代表了救国会的政治立场和意见。

六、支持政府军队英勇抗战

抗战开始后，救国会原有的组织形式已不能适应形势的需要，加上许多成员包括不少共产党员离开上海，奔赴外地新的

---

① 《抗战》三日刊，第12号，1937年9月26日。

② 《抵抗》三日刊，第4号，1937年9月26日；《宋庆龄选集》，上卷第205~207页。

工作岗位，或是深入内地做抗日的宣传工作，已经不复存在。但沈钧儒和其他救国会的负责人仍然经常在一起聚会，商讨救国大计。沈钧儒此时住在南京聚槐村5号千家驹的寓所，孙晓村出狱后也住在此地，华北各界救国联合会的负责人张申府也到了南京，和沈钧儒等一起研究如何开展救国运动，“使北平、上海两个救国联合会融合为一个团体”。[①] 救国会此时已被公认为一个政治派别。由于组织形式不存在，沈钧儒、邹韬奋等人士，只能根据救国会坚持抗战团结和民主的总方针，以个人名义表达其政治主张。

救国会是一个以城市小资产阶级及其知识分子为主体的反映小资产阶级愿望和要求的政治团体。小资产阶级是革命的动力之一，无产阶级可靠的同盟军；同时救国会有许多革命知识分子参加，受马列主义影响较多，进步力量占优势，但也有旧民主主义的影响。救国会的上层分子主要是一些文化界人士，因此，他们在抗战开始后的主要活动，是创办刊物，配合武装抗日斗争，在文化思想战线上从事团结抗日，发扬民主，以争取抗战胜利的宣传工作，同时还联系团结其他抗日民主党派人士共同奋斗。

蒋介石国民党从十年反共内战，对日妥协退让，转变到实现国共第二次合作，共同抗日，从对内转向对外，这是一个历史性进步，因而受到包括中国共产党和救国会在内的各抗日党

---

① 张申府：《一二九运动的点滴回忆》，见《一二九运动回忆录》，第1集第214页。

派和全国人民的支持与拥护。

抗战初期，国民党政府和军队对日作战，抵抗日本的侵略，也是比较积极的，例如上海“八一三”淞沪抗战和1938年3、4月间的台儿庄抗战等，都表现了政府和军队英勇抗击日本侵略的决心。

8月9日，日本海军陆战队中尉大山勇夫与一名水兵企图闯入上海虹桥机场，与中国守卫机场的保安队发生激烈冲突。大山开枪打死一名中国守军，他们两人亦被击毙。13日上午，日本一小队士兵从虹口进到宝兴路地段，无端射击中国守军，随后进行炮击，我军奋起还击，淞沪抗战爆发。次日中国政府发表自卫抗战声明，以抵抗日本无止境之侵略决心昭告全世界。淞沪抗战规模很大，中国陆、海、空三军全面出动，上海民众也极力配合支援战争，给日军以沉重打击。

“八一三”抗战的日日夜夜，沈钧儒的心完全系于战场，他为每一个战役的胜利而欢悦，也为每一次战斗的失利而忧伤。他在《晓闻炮声不能成寐》诗中写道：“夜静炮声密，声声打入心，国魂随震荡，民意许追寻。九国盟犹在，三边寇日深，书生愿效死，抚枕动沉吟。”① 他不顾个人安危，多次到前线视察：“微躯不自恕，历碌勉能支。瓦砾连村路，轮蹄落照时。夜行军事急，野旷弹声嘶。且扑衣尘坐，将情语爱儿。”② 10月下旬，日军以强大的陆军、空军火力向上海北郊大场进

---

① 《寥寥集》，第81页。

② 《寥寥集》，第81~82页。

犯，中国守军经苦战后向南撤退。大场失守后，第88师第524团副团长谢晋元率第一营八百战士，为掩护主力安全转移，坚守闸北四行仓库，孤军奋战四昼夜，给日军以重大杀伤。沈钧儒仿史记传赞体，做诗《八百战士》，歌颂战士们的英勇壮烈事迹：田横岛昔有五百义士同日死，岳武穆曾云如要天下治先要武人不怕死。今吾八百战士拼死固守闸北不退，其精神行动何愧于是，岂不足以追媲前贤风厉一世。呜乎，上海大厦什百于四行仓库，而四行仓库独以此价重于血肉造成之长城永留名于青史。[①]

邹韬奋当时写的《上海抗战的重要意义》一文说："日帝国主义在上海的挑衅侵略，已经引起了我们英勇奋发的抗战，这抗战的最重要的意义，是在事实上表现了中国的确能够抵抗侵略。在积极方面，更巩固了中华民族的自信力。这和民族解放的光明前途有着很密切的关系。"[②] 稍后他还曾指出："军事方面最重要的当然是整整三个月的淞沪阵地战。这一场震动寰宇的抗战，坚定了国人抗战必胜的心理，摧毁了日军不败的信念，提高了中国的国际地位，固当归功于我军作战的英勇，但是同时由于当时在最直接的后方——上海——民众运动得到了相当顺利的开展，对于前方有了相当切实的协助，也是一个重要的因素。"[③]

---

① 《时事类编》特刊，第5期，1937年11月25日。

② 《抗战》三日刊，第1号，1937年8月19日。

③ 邹韬奋：《抗战以来》，第16页。

白崇禧回忆说:“淞沪会战时,军人高度表现了大无畏精神,人民所表现的也慷慨捐输。凡部队所需的无论食物,或是防御用品如麻袋、沙包、铁丝等都是无条件贡献,这种爱国热诚无形中鼓舞士气不少,至今犹令我深为感动。”[①] 当时,包括蚁社在内的上海各民众团体极力配合支援前方作战,只要政府在无线电广播中宣布前方急需什么,各民众团体便分头自动去动员,在一二小时或数小时内就把数百件、数千件的需要品搜集完成,送到前方去。沈钧儒的居住地聚槐村五号,就是救国会妇女成员为前线将士制作棉背心、慰劳伤兵等工作的活动基地。

1938 年 3 月,日本华北方面军以两个精锐师团向南发动进攻,第十师团沿津浦路进攻邹县、滕县、临城,第五师团由东路进攻莒县、临沂,企图进一步汇合于台儿庄,从北面包抄徐州。中国军队在第五战区司令官李宗仁指挥下抗击敌人。日军向台儿庄大举进攻,中国守军顽强抵抗,与日军展开激烈战斗。4 月 3 日,台儿庄三分之二已为敌军占领,我军据守南关一隅,拼死抵抗,并组织敢死队数百人向敌猛攻,夺回全庄大半。次日,汤恩伯第二十军所部赶到,敌军陷入重围,我守军全线出击,敌狼狈突围逃窜。7 日台儿庄战役以日军死伤惨重,彻底失败而告终。这是中国军队取得的一次重大胜利。它沉重打击了日军的气焰,极大地振奋了我国军民的精神和士气。

---

① 中国人民政治协商会议全国委员会文史资料研究委员会《八一三淞沪抗战》编审组编:《八一三淞沪抗战》,第 5 页,中国文史出版社 1987 年出版。

七、创办刊物，出版书籍，强调民主团结和发动民众进行持久战

抗日战争是一场伟大的民族革命战争，要战胜财力和军事技术装备都比中国雄厚优良得多的日本帝国主义，争取民族解放战争的彻底胜利，必须宣传动员全国民众参加，进行持久战。但国民党在发动民众和改革政治问题上，依然没有什么大的转变，对人民群众的抗日运动，基本上也不肯开放，实行的是不要人民群众参加的单纯政府片面的抗战路线。中国共产党和毛泽东当时明确指出："单纯的政府抗战只能取得某些个别的胜利，要彻底战胜日寇是不可能的。只有全面的全民族抗战，才能彻底战胜日寇。"① 提出结束片面抗战，代之以全面抗战，克服妥协投降危险。毛泽东还说："争取政治上的民主自由，则为保证抗战胜利的中心一环。抗战需要全国的和平与团结，没有民主自由，便不能巩固已经取得的和平，不能增强国内的团结。抗战需要人民的动员，没有民主自由，便无从进行动员。……中国真正的坚实的抗日民族统一战线的建立及其任务的完成，没有民主是不行的。"② 救国会成员的文字宣传和其他各种活动，也是围绕民主团结和进行持久战这个中心进行的。其中某些论点还为毛泽东所吸收，并写入了自己的著作中。

1937 年 10 月 1 日，章乃器将他在狱中写的《抗日必胜论》

---

① 《毛泽东选集》（合订本），第 325 ~ 326 页。

② 《毛泽东选集》（合订本），第 236 页。

和《民众基本论》印成小册子出版发行。他在上述著作中，从理论上和客观事实上系统地阐述了抗日必胜和民众是胜利之本的基本思想，批判了“中国必亡论”、“物质对比论”、“三日亡国论”、“唯武器论”等等形形色色的亡国论调之后，科学论证了“武器的力量并不是绝对的，而人的力量，毕竟还是决定胜负的因素”；只要发动民众坚持抗战，最后胜利一定是属于中国的观点。章乃器认为抗日战争必胜的客观条件是：1. 帝国主义国内和国际间的矛盾；2. 帝国主义国内革命势力的高涨；3. 各国人民反对战争，爱好和平；4. 殖民地半殖民地人民的觉醒；5. 全世界人民对中国的支持等。抗日战争必胜的主观条件是：（1）中华民族具有五千年的文化，是民族解放斗争的利器；（2）广大的土地和众多的人口；（3）中国人民团结一致，誓死抗敌的决心；（4）觉醒的中华民族意识；（5）中国具有相当的武装力量。他还认为，经过长时期的不断斗争，中华民族的民族意识不会消沉下去。“中华民族有绝大的自信力，这种自信力的存在，就可使任何帝国主义都不可奴役我们”。[①] 章乃器还强调指出：“要发动一个抗日战争，要这个抗日战争能有必胜的把握，我们必须唤起全国的民众；我们要在群众的怒吼当中，争取民族的解放。”“人民是不容许再加压迫了；民族解放的基础，只可能建筑在解放民众的工作上面。给民众以自由，鼓励民众去争取自由，才能有群众的怒吼，才可能培养成功抗战救亡的基本力量。一切以威力压迫民众的政策，一切把

① 章乃器：《抗日必胜论》，见《章乃器文集》（下卷），第 320 ~ 322 页。

自己当成战胜者，把民众当做被征服者的态度，都不啻替敌人安排好征服我们的基础，是万万要不得的。”①

《抗日必胜论》和《民众基本论》两书以其科学的分析和预见，在抗战初期起到了增强抗战信念，鼓舞人心的作用，在短短的两个月内重印了三次，产生了较大的影响。

除了上述反映救国会抗战开始后的主张和意图的《救亡日报》外，8 月 19 日，邹韬奋在上海创办的《抗战》（曾一度改名为《抵抗》）三日刊出版。执笔除邹韬奋外，还有胡愈之、章乃器、钱俊瑞、金仲华、杜重远和潘汉年等救国会同人。《抗战》极力主张加强全民族的坚强团结，开放民众运动，以进行持久战，反对国民党压制群众的片面抗战政策和妥协投降阴谋。邹韬奋提出《抗战》三日刊的任务是：“在一方面是要对直接间接有关的国内和国际形势，作有系统的分析和报道，显现重要意义和相互间的关系；在又一方面，是要反映大众在抗战期间的迫切要求，并贡献我们观察讨论所得的结果。”② 邹韬奋在《持久战的重要条件》一文中指出：“日帝国主义的侵略中国，因为只是发动于少数的军阀与财阀的暴行，全国人心漫散，财政危机四伏，所以公开宣扬渴求速决战。被侵略的中国正是要利用敌人的缺点，须用持久战来促成敌人的崩溃。”③

1938 年 5 月，毛泽东发表了著名的军事著作《论持久战》，

---

① 章乃器：《民众基本论》，见《章乃器文集》（下卷），第 333、342 页。

② 《抗战》三日刊，第 1 号，1937 年 8 月 19 日。

③ 《韬奋文集》，第 1 集第 208 页。

从政治、军事、经济诸方面对抗日战争爆发后10个月的形势作了全面的分析和科学的论断。他在文章中采用了救国会领袖人物章乃器、邹韬奋等人的某些观点和概念，明确指出："武器是战争的重要的因素，但不是决定的因素，决定的因素是人不是物。力量对比不但是军力和经济力的对比，而且是人力和人心的对比。军力和经济力是要人去掌握的。""兵民是胜利之本……战争的伟力之最深厚的根源，存在于民众之中。"① 毛泽东还批判了"亡国论"和"速胜论"的错误观点，并进一步提出了抗日战争是持久战的著名论断："抗日战争是持久战，最后胜利是中国的——这就是我们的结论。"②

由于国民党实行片面抗战路线，招致战局的失败，汉奸和亲日派的妥协论调，随之甚嚣尘上，《抗战》三日刊载文予以揭露和抨击。胡愈之在《谨防疫病》一文中，对国民党上海"八一三"抗战予以积极评价，认为"是一件划时代的历史事实"；同时指出：妥协是一种疫苗，六年以来，已经散布在我们民族的血液中间，在经过一度的军事失败之后，便要乘机活跃。③ 他还写了《〈寻求与国与团结民众〉质疑》，对汪精卫的投降主义谬论予以痛斥。④ 1937年11月12日上海沦陷后，胡愈之没有立即撤离，继续留在上海，坚持斗争。他与救国会同

① 《毛泽东选集》（合订本），第437页。

② 《毛泽东选集》（合订本），第481～482页。

③ 《抗战》三日刊，第15号，1937年10月6日；《救国会史料集》，第459～460页。

④ 《抗战》三日刊，第27号，1937年11月16日。

人张宗麟等在上海创办了《团结》、《上海人报》、《集纳》、《译报》等报刊，“以隐晦曲折的方法来报导上海抗战的消息，宣传和教育群众。”[1] 胡愈之还组织翻译出版了美国记者埃德加·斯诺写的《西行漫记》（原名《红星照耀中国》Red Star Over China）。该书是第一个西方记者冲破严密的新闻封锁，冒着生命危险进入共产党领导的陕甘宁边区，进行实地采访搜集的第一手资料而写成的报告文学，出版后受到国内人民和华侨的欢迎，影响很大，半年内就印了五六版，卖到八九万册。

第二节 抗战初期在武汉

一、筹组全国抗敌救亡总会

上海被日军攻陷后，11 月 20 日，国民政府宣布迁都重庆，部分军政机关迁到武汉办公，武汉成为临时首都——当时全国的政治中心。12 月 13 日，南京又失守。

11 月 21 日，沈钧儒在中共八路军驻南京办事处主任叶剑英的协助下，乘八路军办事处的汽车和专轮过江，后乘坐冯玉祥的专车离开南京，绕道陇海铁路，于 24 日下午抵达汉口，同行者有孙晓村、沙千里及寄洪等。11 月 27 日邹韬奋离开上海，乘法国邮轮去香港，同轮的有钱俊瑞、金仲华、沈兹九、郭沫若、何香凝等。邹韬奋后取道广西于 12 月 16 日左右到达武汉。

---

① 胡愈之：《我的回忆》，第 45 页。

11月26日，沈钧儒主持召开已抵达武汉的原救国会同人刘清扬、曹孟君、张申府、沙千里、何伟、王昆仑等16人开会，讨论有关如何开展抗日救亡工作问题。会议决定："为联系各地救亡工作，使得整个地有计划地积极推进，必须有核心组织。"该组织暂定名为"座谈会"，并以刘清扬寓所为通讯处。会议还确定了参加座谈会成员的原则："参加某种实际工作，并负责该项工作之领导者，而在认识上对抗战、联俄及开放民众运动的主张无怀疑者，经本座谈会干事通过后，方得为座谈会之一分子。"[①] 并推王昆仑、刘清扬、曹孟君、张申府、沙千里五人共同草拟《工作纲领》。第二天（即27日）开座谈会第二次会议，听取并讨论上述五人草拟的工作纲领，推黄松龄，张申府、潘梓年三人负责修改工作，并推举李公朴、何伟、黄松龄、孙晓村、刘清扬、曹孟君、沈钧儒为干事，办理本座谈会一切事宜。

12月1日，干事会举行第一次会议，决定华中、华北、华南、华西各地区的抗日救亡工作，分别由沈钧儒、刘清扬、曹孟君、孙晓村、李公朴联系。12月11日在第三次干事座谈会上讨论分工负责问题，决定李公朴和沙千里负责青年委员会，张申府文化委员会，曹孟君妇女委员会、刘清扬武装委员会、沙千里职工委员会，黄松龄、何伟地方委员会，沈钧儒总务组，许宝驹为秘书长。会后各委员会立即投入工作，使各界抗

① 《武汉时期的救国会会议记录》，见《近代史资料》，总106号，第149页，中国社会科学出版社2003年出版。

敌救亡工作蓬勃开展起来。

与此同时，沈钧儒、沙千里、李公朴、王造时、何伟、刘清扬、曹孟君、王昆仑、杜重远、范长江、罗隆基以及张含清、黄松龄、刘澜波、高崇民、梅龚彬等27人，于11月30日在武汉举行谈话会，决定联系其他党派人士，成立一个全国性的组织——“全国抗敌救亡总会”，作为领导全国救亡的机构，并确定其纲领原则为：（甲）贯彻抗战到底；（乙）实现全民抗战；（丙）革新政治机构；（丁）确定抗战政策，同时推定范长江、徐寿轩、张申府、王造时、潘梓年、李璜、沈钧儒、张含清、罗隆基、梅龚彬、王昆仑11人，为宣言、章程和对国民党最高统帅部的建议书的起草人。其建议书原则如下：开放政权，实现民主政治，与民更始等。[①] 尽管此时出现了以国共合作为中心的全国各界空前团结抗战的局面，但国民党仍然没有放弃一党专政的愿望。全国抗敌救亡总会原定12月13日举行成立大会，因国民党政府不予立案登记，只好决定暂缓成立，以后的工作由“全总会筹备会”的组织形式进行，并继续与国民党当局谈判。后来国民党对成立抗敌救亡总会组织的事，始终不予理睬。时任国民政府军事委员会政治部主任兼武汉卫戍司令部总司令的陈诚还公开对沈钧儒说：“抗战是我们政府的事情，你们只要不妨碍我们抗战就行了。”[②] 国民党还强迫在武

① 《武汉时期的救国会会议记录》，见《近代史资料》，总106号，第159～160页。

② 《武汉时期的救国会会议记录》，见《近代史资料》，总106号，第184页。

汉各救亡团体停止活动，限期离汉，并禁止出版宣传抗日救国的刊物，甚至连抗敌救亡总会借用装甲兵团的办公地点，也被武汉卫戍司令部勒令收回。

对于酝酿成立全国抗敌救亡总会问题，时在广州的章乃器曾致函沈钧儒、李公朴和沙千里，提出三点意见：1. 必须单纯站在大众立场，不要有一丝毫的党派的意味。目下一个全国性的民众组织是需要的，但是一个新党派却绝对不需要。我们想化除统一战线的壁垒，自己是不应该有一个壁垒的，只有站在无党无派超然于各党派的纯洁的民众立场，我们才能完成伟大的时代任务。2. 必须取得党政的完全了解。3. 不可匆匆成立，要使各方面各地域都有参加的机会。[①] 后来他又致函沈钧儒等，说“当此二期抗战，稍受挫折，一切举动愈须取得中央之彻底谅解；否则我则居心无他，人将谓我乘机别有企图”，并建议发起一个能实现抗战建国纲领的超党派组织。[②] 1938 年 5 月 29 日，原救国会同人开座谈会讨论当前的形势和任务时，对章乃器的上述主张，表示了不同的意见。李公朴说：“我对于乃器兄的电报，认为要得到政府的充分谅解，有些怀疑。”表示赞同邹韬奋的主张，“只要我们认为对，我们就干”。同时他对救国会是否要成立一个推动全国抗战的组织问题迟疑不决，表示不满意说：“我们可以讨论，但我们不能等一切困难解决后再

---

① 《章乃器致沈钧儒、李公朴、沙千里函》，1937 年 12 月 6 日，见《近代史资料》，总 99 号，中国社会科学出版社 1999 年出版。

② 《武汉时期的救国会会议记录》，见《近代史资料》，总 106 号，第 181 页。

来干。……假定我们这样的讨论下去，那么到底要继续到几时?”① 不过这样的意见分歧，只是救国会领导层内部对形势和任务的不同看法，并没有争论，更未公开化。

二、创办《全民周刊》，要求发扬民主和实现全面全民族抗战

12 月 11 日，救国会同人所创办的《全民周刊》出版，沈钧儒任社长，李公朴、柳湜等任编辑。该刊以加强全民族的统一战线，将单纯的政府与军队抗战，转变为全面的全民族的抗战，作为它的基本任务。在以《为争取全面全民族战争胜利而奋斗——〈全民周刊〉的使命》为题的发刊词一开头即指出："神圣的民族革命战争，现在已进到一个非常严重的阶段。这一个阶段，最基本的任务是加强全民族的统一战线，接受抗战以来的血的教训，将单纯的政府与军队的抗战转变为全面全民族的抗战，以突破当前民族的危机。"认为在这一转变过程中，包括战争全部组织的改善与加强等等；而现在摆在我们眼前的问题，最主要的是改革政治机构，实现民主，开放民众运动，改革军队，武装人民，实行国防经济和革命外交等。只有完成了上述有关国家存亡的任务，才能"争取得民族革命战争最后的胜利"。②

---

① 《武汉时期的救国会会议记录》，见《近代史资料》，总 106 号，第 182 页。

② 《全民周刊》，第 1 卷第 1 期，1937 年 12 月 1 日。

11 月 29 日，中共中央驻共产国际代表王明和康生回到延安。12 月 9 日至 14 日，中共中央开政治局会议，王明在报告中提出“今天的中心问题是一切为了抗日，一切经过抗日民族统一战线，一切服从抗日”。[①] 会议决定由项英、周恩来、博古、董必武组织中央长江局，领导南方各省工作；由周恩来、王明、博古、叶剑英组成中共中央代表团，到武汉继续同国民党谈判，协商国共合作问题，推动统一战线工作。12 月 18 日，周恩来和王明、博古、邓颖超由延安抵达武汉，23 日即成立长江局。这样沈钧儒及其所领导的救国会，就和共产党有了更多更直接的联系，并且在几乎所有有关抗日救亡重大问题上，和中共的意见都是一致的。于是有些人就说沈钧儒和救国会的坏话，称救国会是共产党的“尾巴”。沈钧儒听后很坚决地说：“共产党坚决抗日，为国为民，作这样的‘尾巴’，不是很光荣吗?”[②]

抗日与民主不可分。要抗日救亡，争取民族解放战争的胜利，就必须改变国民党的一党专政，实行民主政治，改善民生，发动广大人民群众参加抗战，巩固民族统一战线，这是救国会和全国大多数有识之士的一致意见。如前所述，还在抗战前救国会成立之初，就在它的政治纲领和其他重要文件中，强调指出：“民主制度的确立，是各党各派彻底合作的基本条件；结社、集会、言论、出版自由，是各国联合战线丝毫不能让步

---

① 《周恩来年谱》，第 393 页。

② 《沈钧儒纪念集》，第 108 页。

的要求。”[1] 要求蒋介石国民党“开放抗日言论自由和救国运动自由”。[2] 抗战开始后，章乃器曾强调说：“现阶段救亡运动的目的，是在发动更大的群众参加抗战，用一切的力量巩固民族统一阵线，以争取民族解放战争的最后胜利。”[3] 沈钧儒把组织民众的力量参加抗战，看成是坚持长期抗战重要条件之一。他写的《抗战一夕谈》一文说：“长期抗战，至少要具备三个条件：一、政府的决心；二、国际的形势；三、民众的力量。”接着他指出：“说到民众力量这个抗战条件，真使我们欲哭无泪，痛心之极。中国数千年政府，处心积虑，专心压迫民众，愚蠢民众，远离民众，一旦欲其豁然兴起，共同御侮，此在常识未具之辈，殊非易事，且有许多事实，依然存在，不可讳言。故在乡人目中，视此次抗战与过去内争，尚不能遽加分别，乡人之所知者，历年捐税重重，生活艰窘，即抗战结局，是否能保证给以若干利益之预约，亦难予以推断；或将因破坏后建设需费而更增其担负反似可能。以历年教育不普及之结果，致使一般内地民众，毫无国家民族之观念，毫无政治经济之意识，向其宣传，岂易深入，往往数分钟之间，热情能使冲动，一天半日后，历历诉苦，而我辈措辞为难矣。故宣传目的，如果就只是宣传，意义与效力实在是很少。”因此他强调要尽力把群众组织起来。为了组织和发动民众，他主张由政府规定详细

---

① 《抗日救国初步政治纲领》，见《救亡情报》，第 6 期，1936 年 6 月 14 日。

② 《团结御侮的几个基本条件与最低要求》，见《救国会》，第 122 页。

③ 章乃器：《现阶段的救亡运动》，见《章乃器文集》（下卷），第 407 页。

办法，通令各省，将乡村农民生活，从速予以逐步之改善。[1]

《全民周刊》发表了题名为《反民主运动批判》文章，强调抗战与民主不可分，并引用了其他一些爱国民主人士和舆论要求实行民主、改革政治机构的言论，对国民党当时散播的某些反民主言论予以批评。《反民主运动批判》一文指出："全国大多数民众，都认为抗战和民主是不能分离的，要取得抗战胜利，只有实行民主。"[2] 文章援引了《申报》和《大公报》发表的言论："要支持抗战达到最后的胜利，只有一条大路，就是民主。只要彻底实现三民主义，彻底实行民治、民有、民享的原则，……最后的胜利是不成问题的。"[3] "我们希望最高当轴，迅下决心，从中央起，显明的、猛烈的把政治机构认真改选起来，旧的尽管摧毁，新的不许腐败。"因此文章结论是："中国的抗战是和人民大众的利益完全一致的。……所以政府应该不是绝对集中的，而是民主集中的。""民主和抗日战争的胜利是不能分开的。只有民主政治的实现，才能发挥潜伏着的民众力量，击退敌人的进攻。"[4]

但国民党中一部分人对民主政治采取了猛烈的攻击。他们反对民主，举出了诸多理由，例如他们说在抗战的时候，军事

---

① 《沈钧儒文集》，第 343、344 页。

② 吴敏：《反民主运动批判》，见《全民周刊》，第 1 卷第 2 号，1937 年 12 月 11 日；《救国会史料集》，第 464 页。

③ 胡愈之：《到胜利的路》，见《申报》，1937 年 10 月 11 日。

④ 吴敏：《反民主运动批判》，见《全民周刊》，第 1 卷第 2 号，1937 年 12 月 11 日；《救国会史料集》，第 464、465 页。

行动是很急迫的，开会、讨论、选举，都有很大妨害，集会结社、游行示威，更应当取缔。只有这样，才能使后方得到安定。还有人说，欧洲素称民主的国家，在第一次世界大战时，都要把民主缩小甚至取消，现在我们中国还要谈什么民主，真是不识时务；现在我们所需要的，不是民主而是统制，只有统制，才能集中，只有集中，抗战的力量才能强大。文章认为这些反民主言论的根源，“就在于中国近些年来参加政治的只有少数的代表，一个小集团的代表，而没有各党各派的代表、各集团各阶层的全民的代表。‘个人或小集团的繁荣主义’的根源，就在这里，中国的致命弱点，也就在这里。要克服这种弱点，只有把‘小集团’代表的政府变成一切党派、一切阶层、一切集团的代表共同组织的全民政府”。[1]

三、参加抢救难童和组织妇女支援抗战

上海、南京相继沦陷，日军的铁蹄蹂躏着华北和华东的大片国土，无数家庭毁于炮火，无数儿童流离失所，饥寒交迫，到处流浪，有的甚至被日军抓去施以奴化教育。为了抢救民族后代，培养流浪难童，使其健康成长为抗日建国的有用人才，中共长江局负责妇运工作的邓颖超决定组织各界力量，共同抢救难童。

经过酝酿联络，首先由沈钧儒领衔签名发起组织战时儿童保育会，救国会同人列名其中的还有刘清扬、杜君慧、沈兹

① 《救国会史料集》，第 465 页。

九、史良、安娥、徐镜平、胡子婴、章乃器、曹孟君等。他们在发起《战时儿童保育会缘起》文中揭露日军残害中国儿童的罪行，说明组织战时儿童保育会的重要，希望“爱国爱儿童的同志，‘有钱出钱，有力出力’，共同完成这个保育中国幼年主人的任务。”[①] 1938 年 1 月 24 日，战时儿童保育会筹备委员会成立。为了得到国民党社会部批准，并防止国民党顽固派的阻挠破坏，邓颖超委托史良、沈兹九和刘清扬去见宋美龄，请她出面主持儿童保育会工作。宋当时任中国妇女慰劳自卫抗战将士总会会长，史良、沈兹九、刘清扬都是何香凝领导的中国妇女慰劳自卫抗战将士会上海分会成员，因此当三人说明来意后，宋美龄慨然应允出席成立大会。

3 月 10 日，中国战时儿童保育会在汉口举行成立大会，各界知名人士七百余人出席会议，由宋美龄主持大会并致开幕词。她揭露了日军残害中国沦陷区儿童的罪行，指出培育难童的重要性，号召全国妇女要热心从事儿童保育工作。大会决定中国战时儿童保育会隶属于中国妇女慰劳自卫抗战将士委员会，推选宋美龄、李德全分别任理事长和副理事长，推选包括救国会在内的各党各派及无党派的妇女界知名人士 56 人担任理事。会后又选出常务理事 17 人，候补常务理事五人，救国会的领导人史良、曹孟君、沈兹九、安娥及刘清扬、徐镜平均当选。同时还聘请了 286 人为名誉理事，有国民党方面的蒋介石、林森、冯玉祥、阎锡山、孔祥熙、于右任、孙科、宋子文、李

① 《战时妇女》，第 12 期，1938 年 1 月 15 日。

宗仁等；共产党方面的毛泽东、周恩来、朱德、彭德怀、叶挺、叶剑英等；救国会方面的沈钧儒、章乃器、李公朴、邹韬奋、陶行知、沙千里、钱俊瑞、王造时等；还有其他民主党派、无党派及海外华侨和国际友人。战时儿童保育会的日常办事机构是秘书处和六个委员会，史良任设计委员会主任，沈兹九任宣传委员会主任，曹孟君任保育委员会主任，刘清扬任输送委员会副主任。中国战时儿童保育会包含了全国各方面的力量，因此，可以说它是第二次国共合作开始后最早成立的抗日统一战线团体，也是全国妇女界的大团结。史良为此撰文说：战时儿童保育会包含着全国各方面的妇女，容纳了各方面的妇女力量，相信保育会的工作，“在全国各方面妇女力量的集成下，定能有很大的开展，同时儿童保育会能把全国各方面的力量都集合了起来，这不能不说是全国妇女大团结的先声。”①

中国战时儿童保育会成立后，在艰苦的战争环境里进行宣传、募捐、抢救、运送和保育工作，抗战八年间，全国先后建立了61所战时保育院，抢救、保育了三万难童。② 这些难童在新中国成立后，有的成为艺术家、工程师、教授，有的是建设新中国的骨干，也有人成为党和国家的领导人。这是抗日战争中中国妇女界的一大贡献。其中，救国会妇女界的领导人发挥了积极的作用，付出了艰辛的劳动。

---

① 史良：《儿童保育会的成立与妇女界的大团结》，见《妇女生活》，第5卷第11期，1938年4月1日。

② 沈兹九等：《在抗日烽火中培育民族后代——纪念中国战时儿童保育会成立五十周年》，见《人民日报》，1988年3月31日。

5月20日至25日，宋美龄在庐山召集全国各地的妇女领袖和妇女代表48人举行谈话会，救国会方面与会者有史良、沈兹九和刘清扬。会议决定将新生活运动妇女指导委员会改组、扩大，作为全国性的动员领导妇女参加抗战的总机构，并通过了《动员妇女参加抗战建国工作大纲》。妇女指导委员会由宋美龄担任指导长，史良、邓颖超、曹孟君等36人任委员。

该会下设八组一会，即总务、训练、文化事业、生产事业、生活指导、慰劳事业、儿童保育、战地服务和联络委员会。其中救国会方面负责的有联络委员会，专司联络、组织和动员妇女工作，主任史良；训练组，组长刘清扬；文化事业组，组长沈兹九。在这些机构里，经和中共方面邓颖超开会研究，选拔了一些中共地下党员、救国会成员和进步青年担任股长或训练班教导主任。

7月1日，妇女指导委员会在汉口正式挂牌办公后，在联络、组织和动员妇女参加抗战方面；在组织妇女短期训练班传授救护常识，使其能够参加战时救护工作方面；在组织宣传队、慰劳队、歌咏队，以激发民众的爱国情绪，激励前方将士英勇作战等方面，做了大量工作。以史良领导的联络委员会为例，它横向联络在重庆的各妇女团体，纵向联络各省新运妇女工作委员会和指导国民党党政军各部、院、会的新运妇女工作，不仅联络了武汉的妇女慰劳会、女青年会、儿童保育会的代表，吸收了16个正式的妇女团体代表参加，与九个团体的妇女工作部建立了工作关系，而且领导各省的女青年会、63个慰劳分会、17个儿童保育会以及其他43个妇女团体，进行抗战建国的工作，同时以妇女指导委员会的名义，对各项妇女工作进行指导、检查和督促。再以刘清扬负责的训练组为例，开办了“新运武汉妇女干部短期训练班”，训练计划和聘请讲师全由训练组决定，她们请邓颖超讲《鼓励人民服役方法》，戴白桃讲《民众教育方法》，沈兹九讲《宣传技术研究》，王汝琪讲《妇女问题、妇女组训》，阎宝航讲《妇运要义》，郭见恩讲《农村服务方法、地理常识》，邵力子讲《三民主义》；也请宋美龄授课，讲“人格教育”。学员结业后，组成各战时乡村服务队，在刘清扬等的带领下，到战区前线及后方，或协助军队，扶助伤员、难民，从事看护工作；或举办妇女救护训练班、救护队，救护伤兵；或组织宣传队、慰劳队、歌咏队，鼓舞群众的爱国情绪和将士的斗志。训练组的工作成绩得到了指导长宋美龄的赞赏，她对刘清扬说：“刘组长，你训练出来的学生都是很好的。”[①] 应该说，救国会的妇女领袖在妇女指导委员会开展的各项支援抗战工作中，付出了辛勤的汗水，做了大量卓有成效的工作。

还应指出，在妇女指导委员会工作的救国会领袖们头脑清醒，保持着鲜明的政治立场，坚决拒绝宋美龄对她们的拉拢和诱惑。史良回忆说：一次，宋美龄请她吃饭，蒋介石也在座，宋对她说：“国民党需要增强新的血液，在国民党委员中，妇女就太少了。……国民党的确腐败，你为什么不加入国民党，

---

① 刘清扬：《回忆新运妇女指导委员会训练组》，见《文史资料选辑》，第85辑。

一道把它进行一番改革呢?”[1] 史良头脑清醒，有自己的主见，为了共同抗日，她可以同宋美龄合作，并保持良好友谊，但不能模糊她们之间政治立场上的分歧，因此拒绝了宋美龄的拉拢。史良于1942年退出妇女指导委员会。1940年，宋美龄也曾动员沈兹九加入国民党，同样遭拒绝，宋因而对沈不满，沈兹九愤而离开了妇女指导委员会。刘清扬工作认真负责，在妇女界庐山谈话会上口若悬河的讲述如何动员妇女大众问题，给宋美龄留下好印象，请她提任训练组组长。她主持的训练组在组织和训练广大妇女干部方面起了很大的作用，做出了显著的成绩，却遭到蒋介石和国民党顽固派的无端猜忌，说她是共产党，“训练班宣传共产主义”，剥夺了刘清扬训练组长的实权。后来宋美龄请刘清扬和她一起去三民主义青年团训练青年干部，被刘拒绝。皖南事变前夕，刘清扬也离开了妇女指导委员会。随后大部分进步力量从妇女指导委员会撤出，该会各项工作限于半停滞状态。自此以后，妇女指导委员会曾经因促进国统区妇女的团结抗战发挥了突出作用，因而在国统区甚至国外享有的很好声誉开始下降。

四、恢复救国会组织的努力未获成功

在武汉时期，起初原救国会同人主要是参加抗敌救亡总会筹备工作。1938年5月下旬至7月上旬，沈钧儒与邹韬奋、沙千里、史良、胡愈之、柳湜、杜重远、金仲华、钱俊瑞等集

---

[1] 史良：《我所走过的道路》，见日文版《人民中国》，1963年第7号。

会，开始讨论是否需要成立组织问题，并对钱俊瑞等人起草的《政治主张》、《工作纲领》进行研讨。在5月29日座谈会上，沈钧儒发言说：“过去我们因没有组织，故工作相当散漫。今后有组织后，必须大家充分注意。”针对国民党的压迫，他主张“必须组织起来”以达到推进抗战的目的，并“必须取得政府的谅解”。[①] 邹韬奋提议：“先讨论政治主张，后讨论组织。如果在政治主张上认为有必要，则我们组织无论受何打击，均可坚持到底。”沙千里表示同意邹韬奋的意见，但认为“组织还是必须。因政治主张是可以暂时变的，组织则是永久的，有了组织后可以不断改变”。胡愈之则说：“政治主张现在我们并没有什么特别的，可是任务却还是有的，如民众运动。我们认为如没有一好好的民众运动组织，民众运动是决不能起来的。今日做民众运动，国民党不愿做，而共产党是不能做，所以，这工作是不是就应由我们来做，因为我们并非政党，永久不想政权，我们只想发动民众来支持抗战。抗战胜利后我们可以解散，或再去做其他领导民众建国的工作均可。”[②] 钱俊瑞报告政治主张时提出“现在的任务是巩固团结，抗战到底”；八项主张为：“（1）拥护政府，拥护领袖，争取抗战胜利，完成民族解放；（2）巩固国内团结，完成国家统一。但统一系民主的统一，非独裁之统一；（3）辅助政府，动员民众；（4）加强民主

① 《武汉时期的救国会会议记录》，见《近代史资料》，总106号；《救国会史料集》，第488、490页。

② 《救国会史料集》，第488页。

机构，发扬民治精神；（5）实现言论、出版、结论、集会自由；（6）发展战时生产，保障人民生活；（7）实施战时教育，推进大众文化；（8）实行生活互助，养成苦干精神。”会议讨论时提出了某些具体文字修改意见，并议决：“将本会‘政治主张’取消‘政治’二字，仅存主张。”[①]并推张志让、张仲实、胡愈之三人重新修改后再行通过。

6月3日开第二次座谈会，胡愈之报告修改工作纲领及计划经过。“因本会组织形态尚未决定，故工作纲领等，亦无从具体决定，开会时故讨论组织问题甚久。”组织问题其中一个最重要的问题即组织成份问题，有两种意见：一是严格的，“即以过去救国会会员作基干，然后再吸收其他热心抗日分子（如国民党左派、进步资产阶级及华侨等）。”另一种意见较宽松，“不论是左派、右派均可吸收，但有一限止，即不能吸收作‘官’之分子，凡人民则均可加入。”讨论决定：“应该广泛吸收一切热心救亡分子，不分派别，作本会基干分子。”[②]

第三次座谈会于6月5日召开，胡愈之宣读修改后之政治纲领全文，基本通过后，议决推胡愈之、张志让及邹韬奋为修改章程、简章负责人。在讨论组织简章第一条“关于本会名称”时，胡愈之提议“抗战建国同志会”，张志让提“抗战建国协进会”，史良提“抗战建国协会”以及原来提的“救国同

---

① 《救国会史料集》，第490~491页。

② 《救国会史料集》，第494~495页。

志会”，最后决定改用“抗战建国同志会”，撤消原来提议。[①]

6月21日第四次座谈会，沈钧儒在会上提出：“根据最近形势，公开组织的确不可能”。钱俊瑞认为“公开的组织虽不可能，一个干部的组织是否还是可能有?”沈说：“是有必要的，但必须严密，而且朋友之间的缺点与优点必须互相了解。”经讨论后得出如下结论：“（一）要有组织。（二）组织要严密。（三）不收会费。（四）最高干部会议参加者应有以下各部门：经济——孙晓村、钱俊瑞、章乃器；职工——沙千里；教育——陶行知、沙千里；青年——钱俊瑞；文化——张仲实、柳湜、金仲华、邹韬奋、艾寒松。（五）名称，仍用救国会。（六）经常负责人推沈钧儒、沙千里、邹韬奋、柳湜、钱俊瑞五人。”[②]

如上所述，救国会同仁决定成立自己的组织，先是提出抗战建国同志会，后又决定恢复原有的救国会名称。但中共长江局的领导之一王明担心这样做会冲击抗日民族统一战线，引起国民党的不满，不表同意。胡愈之回忆说：“在武汉这段时间里，我们也受到王明右倾错误的影响。当时王明只讲联合，不讲斗争，要一切服从统一战线，这也影响我们在一些事情上不敢冲破国民党的限制，争取多做一些工作。关于救国会的有两件事：一件是救国会的领袖沈钧儒、邹韬奋等这时都在武汉，他们在一起开会讨论，开始恢复救国会的活动。但救国会原来

---

① 《救国会史料集》，第496页。

② 《救国会史料集》，第499~500页。另据《沈钧儒年谱》记载：“最高干部会议参加者各部”一条尚有：“妇女——史良、沈兹九、胡子婴、罗叔章、曹孟君；政治——胡愈之、张志让、杜重远、沈钧儒。”

只是一个松散的人民群众团体，在新形势下这样的组织是否存在，或是组织成政党形式，我把这个问题向王明、博古谈了多次，都不得要领，实际上王明是不敢冲破国民党的禁令，怕救国会变成政党会引起国民党的不满。”[①] 上述沈钧儒在座谈会所说根据最近形势公开组织不可能，除了国民党压制不让成立外，也与王明的这种态度有关。因而在武汉的救国会同仁恢复救国会组织的努力，未获成功。

五、营救李公朴

1938 年 5 月，日军占领徐州后，武汉之战势不可免。国民党一方面号召全国军民保卫大武汉，另方面却害怕人民群众参加。李公朴就是因经常到学校、工厂、难民收容所等场所做报告，进行抗日救国宣传和发动群众起来保卫大武汉，再次被国民党关押。

6 月初，李公朴和沙千里到汉阳兵工厂讲演，宣传全民抗战和保卫大武汉。当时该厂有两名工人被武汉卫戍司令部抓走，李公朴激于义愤，到卫戍司令部找陈诚说理，要求放人。陈诚不但不放人，反而说：“抗战正紧张的时候，他们竟敢煽动罢工，就是破坏抗战，非枪毙他们不可。”李公朴听后非常气愤，对陈诚说：“此事完全政府做错。”[②] 在激烈的争辩后，陈诚

① 胡愈之：《我的回忆》，第 51 页。

② 周恩来致沈钧儒信（1938 年 6 月 8 日），原件藏中国革命博物馆。

“以煽动兵工厂罢工，破坏抗战”的罪名，又将李公朴扣留。[①]

如前所述，抗战前李公朴为反对日本侵略，挽救祖国危亡遭国民党逮捕，在牢狱中，他坚信救国无罪，严正拒绝国民党的诱降、迫降要求，同国民党司法当局进行英勇斗争。李公朴再遭关押后，他坚信宣传全民抗战，动员人民起来保卫大武汉无罪，因此态度乐观。他对前来探望的黄卓明说：宣传全民抗战无罪，他准备再接受一次审讯，准备被再一次关押监狱。李公朴不畏强暴勇于伸张正义、坚持真理的精神受到人们的钦敬。沈钧儒等救国会同人为营救他出狱，不遗余力，沈并函请军委会政治部副主任周恩来协助营救。周恩来和另一副部长黄琪翔一日内两次和陈诚交涉，力陈拘留李公朴，“无法代政治部负责，无法对外解释，因同情救国及李先生者，将因不安而引起社会波动；反对救国会者将借此来推波助澜，增加摩擦，更将不利于抗战”，[②] 要求立即恢复李公朴的自由，并将交涉情况亲笔密函“飞送”沈钧儒。邹韬奋、沙千里、史良以及国民党元老褚辅成、冷遹和黄炎培也致电陈诚，要求释放李公朴。黄炎培在电文中说：“交公朴十年，其长其短，知之差深。但其不致有妨碍抗战行动，我敢确信。倘荷允许，炎培愿以身家保证。”[③]

在多方的积极奔走营救下，7 月 6 日李公朴终获释放。

---

① 周天度、孙彩霞著：《李公朴传》，第 118 页，群言出版社 2002 年出版。

② 周恩来致沈钧儒信，1938 年 6 月 8 日，原件藏中国革命博物馆。

③ 黄炎培日记，1938 年 6 月 30 日。见周天度编：《黄炎培日记摘录》，《中华民国史资料丛稿》增刊，第五辑第 5 页。

六、《全民抗战》和《国民公论》创刊

1938年7月，《全民周刊》与《抗战》三日刊合并，在武汉出版了《全民抗战》三日刊，组成包括沈钧儒、张仲实、艾寒松、胡绳、柳湜、邹韬奋在内的编辑委员会，由邹韬奋任主编。它继承了《抗战》三日刊和《全民周刊》的进步传统，在全民动员，抗战到底的口号下，从刊物形式到内容都作了很大改进，扩大了抗日救国宣传。发刊词《〈全民抗战〉的使命》说："民族解放大怒潮方在增涨中，全面全民族的抗战当前正进入第三时期，壮烈残酷的战斗正展开在我们的面前，发动全中国广大的民众支持当前战争，参加到战争中来，更是迫切的任务，因此舆论在这时期的作用更增大了重要性。我们自己亦感到我们身上的责任也一天天加重。""我们的信念与认识，在'抗战'、'全民'上已有明确的表现，当前并无丝毫的改变，这用不着在这里多说。至于本刊在抗战建国总的任务下当前实践的任务，我们认为有两个：一是巩固全国的团结，提高民族意识，灌输抗战知识，传达、解释政府的国策，剖析国内政治、军事、经济、文化以及国际之情势，为教育宣传的任务。另一是以使政府经常听到人民的声音，民间的疾苦，动员的状况，行动的优劣，使政府在领导抗战、实施庶政上得到一种参考，为我们政治的任务。"① 《全民抗战》开始为三日刊，同年10月15日第30号移至重庆出版，

① 《全民抗战》，第1号，1938年7月7日；《救国会史料集》，第510~511页。

改为五日刊，第70号改出周刊，直至第157期停刊。该刊是抗战期间最受欢迎的刊物之一，“风行海内，畅销寰宇”。

同时，邹韬奋还加强生活书店的组织工作，派人分赴各地筹组分店。“八一三”抗战前，生活书店除上海总店外，只有两处分店，经过不到一年的努力，分支店扩充到50多处。生活书店“在为抗日战争、统一战线、民主思想及进步思想的斗争中起了很大的作用。”①

9月11日，救国会的另一言论机关《国民公论》旬刊也在汉口创刊。该刊在坚持团结抗战，提倡民主，批评时政弊害方面，与《全民抗战》具有同样的鲜明性。发刊词《批判的精神，建设的精神》一文指出：抗战14个月，国内各方面都取得了长足的进步，但在军事、政治和经济上一切旧有的、落后的形态与腐朽的机构，同目前抗战的要求，发生无数根本的矛盾，因此必须不断的批判，必须有改善旧的、创造新的建设精神。“缺乏批判精神的统一战线，那就是貌合神离、虚与委蛇的统一战线，这样的统一战线是断不会长久的”；“借口抗战第一，而阻止旧的改善与新的创造的，是妨碍了抗战，至少也是妨碍了抗战的胜利。”② 同期还发表了胡愈之的《怎样统一起来》一文，认为：真正的统一，一定是民主的统一。“民主的统一，是要从构成集团的各个下层分子起，心悦诚服地团结一

---

① 凯丰：《纪念韬奋先生》，见《解放日报》，1944年11月22日。

② 《国民公论》，第1卷第1期，1938年9月11日；《救国会史料集》，第525页。

致，而决不象法西斯那样，用了武力政权来压迫异己。所以法西斯的统一是形式的统一，而真正的统一却必须是实质的。”①《国民公论》由张仲实任编辑兼发行人。同年12月16日第1卷第4期移至重庆出版，改为半月刊，由胡愈之、千家驹任编辑。不久又移至桂林出版，共出了4卷48期。

七、参加国民参政会，提案保障人权和发挥民力等

1938年3月间，国民党在汉口召开临时全国代表大会，通过决议：“在非常时期，应设一国民参政会，其职权及组织方法，交中央执行委员会详细讨论，妥定法则。”会议同时制定《抗战建国纲领》，其中关于政治部分第十二条规定：“组织国民参政机关，团结全国力量，集中全国之思虑及识见，以利国策之决定与实行。”② 还通过了《组织国民参政会案》，并于7月6日在汉口召集了第一届国民参政会第一次大会。国民参政会是国防参议会的继承和发展。

国民参政会是一个咨询机构。它有听取政府施政报告及对政府建议、询问的职权（后又增加一项调查权），但它的决议案必须经国防会议通过才算有效，因此对国民党政府没有约束力。由于国民党一再宣称它的宗旨是团结全国力量，集中全国智慧，以促进抗战；同时参政员有200人，比国防参议员人数

---

① 《救国会史料集》，第527页。

② 国民参政会秘书处编印：《国民参政会第一次大会纪录》，第1页，1938年9月出版。

大大增加，其中确有一部分是国民党以外的其他抗日党派如共产党、青年党（人称国家主义派）、国家社会党（简称国社党）、第三党（原名民族解放行动委员会）、救国会、职教派（中华职业教育社）、村治派（倡导乡村自治）的领袖人物，以及无党派的社会知名人士，因此国民参政会的设立，尚能体现出团结抗战的趋向，受到各抗日党派与社会舆论的欢迎。沈钧儒在国民参政会开会前夕发表谈话说："我对参政员的人选尚觉满意，可以说各方面的人力，全国的老成硕望已经有不少包容在内，还能符合国民党临时代表大会宣言中所说的集合全国有志之士以共同救国的那句话。有人说，参政会不经过选举产生，不能完全代表民意，而其权力又没有议会大，不过是一个建议机关，这似乎不值得重视。但是，我觉得多少还能反映人民的意见，所以还有它重大的意义的。我对于它的希望，很简单的有二点：一、希望各方面的参政员尽量贡献意见，提出切实可行的关于政治、军事、经济的救国方案，不要重蹈过去议会的覆辙，闹党派意见；为民族和国家的利益，牺牲小我，紧紧团结起来。二、希望政府当局对参政会的决议案尽量采纳，切实执行，打破过去决而不行、行而不彻的积弊。"同时还提出："一定要根本改善民众工作，彻底开放民众运动，使军民合作更密切，政府与民众打成一片。"① 史良也向《新华日报》记者发表谈话，说："这一次参政会的代表虽由政府选派和决定，但其中有各党各派的代表，且来自各省各地，所以一方面

① 《沈钧儒文集》，第 359 ~ 360 页。

表示出各党各派的团结，一方面也更能代表各方面的意见。”“其中女代表占二十分之一，数量虽不多，较之以前是大有进步，而妇女能积极参政，实为前所未有。”① 被聘请的救国会参政员有沈钧儒、邹韬奋、陶行知、王造时、史良、张申府六人。② 从此，沈钧儒和救国会其他参政员便利用国民参政会这个讲台和参政员拥有的“四权”，同国民党展开争取民主，反对独裁，以推进抗战的合法斗争。

在国民参政会第一次大会上，沈钧儒提出《切实保障人民权利案》这一重要提案。他在提案中痛切指出：“人民身体自由及言论、出版、结社、集会之权利，非依法律不许加以侵害，早为二十年六月一日公布施行之《中华民国训政时期约法》所规定，而政府当局亦屡有保障民权之言论。……虽属法良意美，而政府尚未能积极推行，地方官吏又多昧于法意，甚或故为出入，以致收效甚微。本席所见，有毫无罪嫌之人民，亦遭逮捕；有无法律之根据之机关，亦执行拘逮禁押之权。因而人民有忽然失踪者，有受私刑拷打者，有已判决徒刑而又遭杀戮者，此皆确有事实可证。至若结社集会，言论出版，则时受限制；书报刊物，常被没收。立法原系保障人权，执行乃多违反法律本意，致使人民与政府之意见，未能完全沟通，政党派别，亦尚难免隔阂。至于以前因政治见解不同而致遭羁押

---

① 《新华日报》，1938 年 7 月 6 日。

② 据《沈钧儒年谱》第 209 页记载，沈钧儒曾向国防会议提出钱俊瑞、李公朴、沙千里、史良、金仲华、张仲实、柳湜、陶行知、张定夫、胡愈之、杜重远等救国会同人为参政员候选人。

者，其羁押原因，早经消失，中央宽大为怀，予以开释固属甚多，惟尚有迄今仍在禁锢中者。致令一部分才智有为之士，末由参加神圣之抗战，似不仅有损中央德意已也。”因此，他提出11项补救改正办法：“（一）通令全国，凡中央颁布全国通用之统一法规，不得变更或违背，致妨害人民之自由权利。（二）除法律赋有权限之机关外，绝对不许拘捕、禁押、审判、处罪人民，以保法权统一。（三）非法律上有权执行拘提禁押之机构，应严行查禁。（四）通令各级军事机关，除戒严时期外，不得拘禁审判现役军人及非违犯军事法规之人民，现在拘禁中者，应立即解送司法机关。（五）通令全国各司法及公安机关，拘捕嫌疑之人犯，必须于二十四小时解送审判机关。（六）通令全国，人民之非依法律手续逮捕者，应立即释放。（七）通令全国，查明现尚羁押之政治犯，予以开释，并应准许其家属申请释放。（八）通令全国，严禁私刑拷打，酷刑逼供。（九）通令全国，切实保障抗日民众团体及言论出版，非依法律，不得解散、封闭、扣押、没收。禁止发售之书报杂志，须公布其名称及禁售之理由，并允许当事人有申辩之机会。（十）无法律权限或法律原因滥施职权而拘禁处罚人民及妨害人民行使权利者，应依《刑法》严予处罚。（十一）通令全国人民得依法举发公务员及公务机关违法滥权妨害人民自由权利之行为，惟挟嫌诬告者，应坐同等之罪。”①

① 《国民参政会第一次大会纪录》，1938年9月出版；《沈钧儒文集》，第369～370页。

这个提案提出前，沈钧儒事先和救国会同人沙千里等商量过，因此它不仅是沈个人而且实际上是代表救国会提的。这个提案深刻揭露了国民党当局抗战开始后仍然继续实行专制，压制民主，破坏法治的实质，是切中时弊的，其补救办法也是完全必要的，因而获得许多参政员的赞同。列名联署提案的，除救国会同人邹韬奋、史良、张申府外，还有中共参政员董必武、林伯渠、吴玉章、秦邦宪、邓颖超及其他抗日党派和无党无派的参政员共 41 人。

在第一次大会中，邹韬奋“针对当时的迫切要求”，也接连提出了三个提案。第一是《调整民众团体以发挥民力案》，反映当时民众运动的一个迫切要求；第二是《具体规定检查书报并统一执行案》，反映当时文化界迫切要求；第三是《改善青年训练以解青年苦闷而培植国家干部案》，反映当时多数青年的迫切要求。第一件提案最重要的，是关于“调整现有的民众团体”方面，主张在事实上不违反三民主义及抗战建国纲领，确有群众基础及救国工作表现之民众团体，政府应该准许他们立案，承认他们的地位。

沈钧儒的提案不仅获得通过，而且经政府通令遵行；邹韬奋的提案，经与国民党参政员激烈辩论后，也获得通过。但实际上国民党并没有将国民参政会的决议放在眼里，付诸实行。沙千里说：“国民党不过是做样子给人民看，并不准备执行。”[1]人民的民主自由权利被侵害，民众团体被摧残，依然如故，仍

---

① 沙千里：《漫话救国会》，第 88 页。

和从前一样。邹韬奋也说："提案的通过与不通过，和民众团体的命运是不相干的。"[①] 此前一个月，即5月17日，国民党陕西省党部下令13个民众团体为非法团体，限令七日内结束。紧接着发生了一系列压制摧残抗日救亡团体的事件。提案通过刚一个月，武汉卫戍司令颁布《民众团体战时行动规约》，规定一切的民众团体如召开大会，须于三日前呈请核准，派员指导，并禁止民众团体开办训练部及讲演会等。接着于8月20日下令解散武汉青年救国团、民族解放先锋队和蚁社三个著名青年团体。这三个团体都与救国会有关系，其中蚁社就是直接属它领导的，具体负责人为沙千里与何惧。

蚁社是"上海的一个青年最有力的自我教育与救亡工作之民众团体"。[②] 该社包括的职业青年很广泛，普通商店店员、学徒、电器工人、开电梯与写字工作者、海关银行铁路职员等等，都有不少人参加。办有图书馆、学校、歌咏班、旅行团、刊物等种种文化事业，经费是由社员负担，有许多工作是在夜间，工作人员都是许多业余青年自告奋勇来担任的。蚁社在抗战前夕的上海抗日救亡运动和"八一三"淞沪抗战的后方支援中，都作出了不少贡献。到武汉后，"仍旧本着他们那种工作的积极性，兄弟般的精诚团结，作战似的精神，恢复了他们的事业，并且吸收武汉不少新的社员，包括了四五百个青年店

---

① 邹韬奋：《抗战以来》，第47页。

② 邹韬奋：《抗战以来》，第17页。

员，成为动员商人的一个核心。”[1] 青年救国团是钱俊瑞领导组织的，是一批爱国青年从北平、天津、南京、上海失陷后流亡到武汉，联合当地青年，进行或参加各种救国工作逐渐建立起来的。“这个最有群众基础的青年团体，对于政府的每一次号召总是热烈响应，切实工作。”[2] 在成立后的七个月中人数发展到两万人。民族解放先锋队则是北平学生“一二九”运动后成立的著名抗日救亡团体。

与此同时，国民党还加强了图书审查，一切图书杂志均须于出版前送审，以钳制舆论，打击进步作者。邹韬奋深有感慨地说，原以为参政会的“提案得到通过后，是可能得到切实执行的，没有想到通过是一回事，实行又是一回事。更没有想到有的时候通过的提案竟可以得到反作用的结果。”[3] 由此他得出结论：“要研究中国政治，光看白纸上的黑字是不够的；要改善中国政治，光从条文上做工夫，更是绝对不够的。”[4]

第三节　在重庆、桂林推动民主宪政运动

一、声讨汪精卫叛国投敌

10 月 25 日汉口失陷，27 日武汉三镇全部沦于敌手。此前

---

① 邹韬奋：《抗战以来》，第 20 页。

② 邹韬奋：《抗战以来》，第 19 页。

③ 邹韬奋：《抗战以来》，第 46 页。

④ 《韬奋文集》，第 3 集第 182 页。

数日，沈钧儒和邹韬奋、沙千里等人乘一架小型水上飞机离汉抵达重庆，胡愈之等另一部分救国会同人于汉口沦陷的前一天撤离。胡接到周恩来的指示去广西桂林做李宗仁、白崇禧的统一战线工作。胡愈之到桂林后与陈劭先、陈此生等成立了救国会广西分会，国际新闻社也在桂林正式建立。《救亡日报》也迁到桂林复刊。胡愈之到桂林后即参加了李宗仁、白崇禧于1937年10月成立的广西建设研究会。他回忆说："我来到桂林，当时桂系的主要人物李宗仁、白崇禧、黄旭初等搞了广西建设研究会，这表面是一个学术研究团体，实际是桂系联络各方面政治势力，标榜进步的一个政治组织，也算是李、白、黄的一个智囊集体和咨询机构。该会的具体工作，是由担任常务理事的著名开明人士李任仁、陈劭先两人主持。李任仁和陈劭先都与救国会有过联系，在他们安排下，我被聘为广西建设研究会的委员，还当了该会文化部副主任，这样我与广西上层人物建立了关系。"[①] 据秦柳方回忆，广西建设研究会"主持日常工作的是李任仁、陈劭先，他们两位很重视和接近进步人士，陈此生是文化部秘书，陈一直参加救国会的聚会和活动的。当时在桂林的好些救国会的成员，被聘担任各部研究员，如夏衍、胡愈之、张志让、范长江、金仲华、狄超白、张锡昌、千家驹等。胡愈之曾任文化部副主任，千家驹曾任经济部副主任，我先担任文化部研究员，后担任经济部研究员，不少同志曾在该会出版的《广西建设研究》上发表文章，有一段时间张

① 胡愈之：《我的回忆》，第52页。

锡昌和我曾为该刊写署名的短评。”[①]

日军占领武汉、广州后，日本帝国主义者欣喜若狂。11 月 3 日日本政府发表《第二次近卫声明》，第一次提出“建设东亚新秩序”的方针，称如中国政府坚持抗日容共政策，则日本绝不收兵，一直打到中国政府崩溃为止。在此方针指导下，日本一方面对国民党政府继续进行打击，另方面特别加强了政治诱降；并大力培植伪政权和其他汉奸的组织，实行“以华制华”。开始日本通过德国驻华大使陶德曼从中调停，企图促使蒋介石接受日本诱降，被蒋介石拒绝后，便将目标集中于汪精卫集团。汪精卫早就是国民党政府中的亲日派首领，极力主张与日本妥协，不赞成抗日。抗战开始后，他任国防最高会议副主席、国民党副总裁和国民参政会议长。汪精卫网罗一批人，其中有陈公博、周佛海、陶希圣、高崇武、梅思平等，成立一个“低调俱乐部”，谋取策划与日本联系，对日妥协求和，诋毁主张抗日是“唱高调”。其宗旨是：“第一，要树立独立自主的理论，反抗共产党的笼罩。第二，要造成一种舆论，使政府可战可和。”[②] 1938 年 12 月 28 日，汪精卫逃出重庆，飞抵昆明，次日即与周佛海等租了一架飞机飞抵法国殖民地越南河内，22 日日本首相近卫发表声明表示欢迎，并阐明“善邻友好、共同防共和经济提携”的含义，作为“同新生的中国调整

---

① 中国人民救国会纪念文集编辑组编：《爱国主义的丰碑》，第 85 页，群言出版社 2002 年出版。

② 《陶希圣致胡适》，见《胡适往来书信选》，中册第 396 ~ 398 页，中华书局 1978 年出版。

关系的总方针”，要求这个所谓“新生的中国”为履行建设东亚新秩序而“分担部分责任”。汪精卫于29日发出“艳电”，表示接受近卫的三项原则“为和平原则”，[①] 公开投敌。后来汪精卫便在南京成立了日本一手扶植的“汪伪傀儡政府”。

早在1937年12月7日，沈钧儒在救国会同人一次内部会议报告中，即提出最近的和平空气及汪精卫等人的言论，[②] 要求大家注意。汪精卫公开叛变投敌后，1939年1月2日，沈钧儒、张申府、邹韬奋、胡愈之、史良、张仲实、沈志远、王炳南、沈兹九、曹孟君、柳湜、胡子婴等20名救国会同人发表快邮代电，予以申讨，说：“汪兆铭背党叛国，通敌求和，违反国策，惑乱人心，固革命政党所不容，亦全国人民所共弃。”国民党中央采取断然措施，“永远开除其党籍，并撤销其一切职务，当机立断，义正词严，非特足以肃党纪，正视听，更可以安人心，振士气，破奸谋，固国本，威声所播，全国兴奋！”表示“我全国同仇敌忾之决心，绝不受其影响，我政府领导抗战之威信更将因之增强。我全国人民除坚决拥护政府抗战国策、领袖革命主张及中常会锄奸决议之外，更应以此事变为殷鉴，提高对于汉奸国策之警觉。自兹以后，凡属言论行动表现妥协动摇倾向之分子，均应随时揭发，严加制裁，以击破日寇

---

① 魏宏运主编：《中国现代史资料选编》，第4卷第588页，黑龙江人民出版社1982年出版。

② 《武汉时期的救国会会议记录》，见《近代史资料》，总106号第153页；《救国会史料集》，第469页。

之诡计，巩固革命之阵营”。[1]《全民抗战》随后还发表了邹韬奋等救国会同人所写的一些痛斥汪精卫通敌卖国的社论和文章。邹韬奋等人还在国民参政会第四次大会上提出肃清汪派卖国活动与汉奸言论的提案。

二、在国民参政会第四次大会上参与发动宪政运动

武汉失守后，国民党将它的政策重点，逐渐由抗日转向反共反人民。1939 年 1 月国民党召开五届五中全会，是这一转变的标志。这次会议制定了“防共、限共、反共、溶共”的方针，并通过了蒋介石提出的《限制异党活动办法》，随后由国民党中央予以秘密公布。《办法》规定严密限制共产党和一切进步分子的思想言论和行动，设法破坏一切抗日的人民组织。从此抗战初期人民群众和各抗日民主党派争取到的某些本来就有限的民主权利，概被取消。为了争取实现民主政治，保障人民和各党派的合法地位，救国会和共产党、青年党、国家社会党、第三党等抗日党派的参政员一道，共同于这一年 9 月在重庆举行的国民参政会第一届第四次大会上发动了一次“晴天霹雳的宪政运动”。[2]

这次大会在重庆大学举行。由于该校离城较远，许多参政员都在会前搬入该校寄宿生宿舍居住。住在一起有个很大的好处，就是有较多交换意见的机会。大家所讨论的，最重要的当然是当前所面临的日益深重的民族危机和政治危机。迫切要求

---

① 《全民抗战》五日刊，第 46 号，1939 年 1 月 5 日。

② 邹韬奋:《抗战以来》，第 110 页。

国民党当局实行政治改革，几乎是大家一致的呼声。议长蒋介石和副议长致词后，年高德劭、忠诚爱国的张一麐代表全体参政员讲话，他痛切地指出："自敌人以华制华之毒计，使我自相残杀，乃有无耻小人，公然作背叛党国出卖民族之荒谬行为，诚可痛恨；虽首要诸逆，已受国法制裁，而余孽尚多漏网。……精神集中，力量集中，除少数丧尽天良之汉奸外，必须以'汉贼不两立'为唯一目标，断不容于同受三民主义洗礼中，自相残害。……默察各地党政军各级人员，对于民众运动往往有所歧视，道路传闻，尚有假借取缔与指导名义，摧残合法组织，钳制正当言论，拘捕热血青年，致为亲者所痛，而为仇者所快。若任其磨擦，勇于私斗，必怯于公战，敌人汉奸之所喜，即仁人志士之所忧。"① 言为心声，他的演词，不仅代表他自己对现状的不满，也反映了许多国民参政员的共同愿望和要求，因而受到热烈地鼓掌欢迎。大家交换意见及商讨研究的结果，认为如果真正施行宪政，实现民主政治，便可挽救危机，取得抗战胜利，使国家富强。因此各党派参政员提出要求政府结束国民党一党专政的党治，立即实施宪政，明确保障各抗日党派合法地位的提案共有七件，即：

一、国民党参政员孔庚等提的《请政府遵照中国国民党第五次全国代表大会议案定期召集国民大会制定宪法开始宪政案》；

二、共产党参政员陈绍禹等提的《请政府明令保障各抗日

---

① 《国民参政会第四次大会纪录》，第 54 页，1939 年 11 月出版。参阅邹韬奋：《抗战以来》，第 111 页。

党派合法地位案》；

三、青年党左舜生、国社党张君劢、第三党章伯钧等提的《请结束党治立施宪政以安定民心发扬民力而利抗战案》；

四、职教派江恒源等提的《为决定立国大计解除根本纠纷谨提具五项意见建议政府请求采纳实行案》；

五、救国会张申府等提的《建议集中人材办法案》；

六、救国会王造时等提的《为加紧精诚团结以增强抗战力量而保证最后胜利案》；

七、张君劢、左舜生、章伯钧等提的《改革政治以应付非常局面案》。[①]

救国会参政员除由张申府和王造时提出上述两案外，还支持其他抗日党派要求改革政治实施宪政的提案，并加以联署。

张申府在《建议集中人材办法案》中强调说："国家遭遇大难，必须集中人材，团结一致，合力对外。此乃天经地义，为免覆败，必须遵行。反之，敌为挫败我，必尽情挑拨离间，拆散我内部，使我自取纠纷，而彼乃收事半功倍之效。……我之宜更加团结，更加坚决，集中人材，肃清汉奸，以使抗战早日胜利，更使建国顺利成功。"他提议五项办法：（一）用人但问材不材，不问其党不党，并戒以是否亲故为进退人之标准；（二）表扬大公无私之立场。当此国家民族危急非常，急需全

① 张、左、章在此提案中提议政府采取下列两项非常步骤，以应付今日之非常局面：第一，立即结束党治，实行宪政；第二，立即成立举国一致之战时行政院。见《国民参政会第四次大会纪录》，第95页。

国团结一致之局面，急宜使有党派者，均能人人站在国家民族之立场，切认国家民族之利益为最高利益；（三）承认各党派之合法存在，今日有党派是事实。党派取消，既不可能，则何不公开承认其存在，而详订合力之办法。如此既免纠纷，又减疑猜。党派纠纷既除，人才集中自易；（四）限制兼差，使人当其职，使人无过忙，亦无过闲，免废人，亦免废事；（五）推进民权主义，实施民主制度。凡百机关，尽力发扬民主精神，使人人得贡献其意见，发挥其才能。①

王造时在其《为加紧精诚团结以增强抗战力量而保证最后胜利案》中说："敌人利我之分裂，而不利我之统一；利我之摩擦，而不利我之团结，乃利用'以华制华'之阴谋，肆其挑拨离间之毒计，冀我内部发生问题，以便利其侵略野心之实现。……我全国人民，深知非团结不足以抗战，非抗战不足以图存，不至坠入敌人之奸计。惟杜渐防微，不可不慎。"他建议三项办法：（一）本国家至上、民族至上之原则，由各党分别告诫地方各级党员，不得有摩擦行动，以免增加抗战建国前途之障碍；（二）为集中人才起见，政府用人行政，不宜因党派关系而有所歧视；（三）从速完成地方自治，实行宪政，纳政党政治于民主法治之常轨。②

和要求实施宪政，结束党治相呼应的，还有救国会的几个具

---

① 《国民参政会第四次大会纪录》，第 93 页；《救国会史料集》，第 543 ~ 544 页。

② 《国民参政会第四次大会纪录》，第 93 ~ 94 页；《救国会史料集》，第 544 ~ 545 页。

体提案。一是沈钧儒的关于保障人民权利的再呼吁，题目为《请政府重申前令切实保障人民权利案》；另一是邹韬奋的关于保障文化事业的再呼吁，题目是《改善审查搜查书报办法及实行撤销增加书报寄费，以解救出版界困难而加强抗战文化事业案》。还有史良有关妇女的两个提案：《请中央切实改善女子教育以适应抗战建国之需要案》、《请政府从速救济抗敌军人家属以励兵役案》。其中沈钧儒的提案说："一年以来，一般社会民众之权利被侵害者，似乃不减于前，告诉告发诉愿之事件，则百不一闻。有时且因告诉告发诉愿，而其所谓权利，更受进一步之侵害，主管机关恬然不知负责。据见闻所及，如任意拘捕至于数月逾年之久，不予审问，或忽然遂无消息，或幸邀释出，而终茫然不知其所以被捕之由；或知之矣，而腐心齿指，申诉无门，畏祸吞声，逼成走险。……是皆为我国民政府领导下所不应有之现象。"认为"地方行政腐败，其祸中于国家，甚于兵革之扰乱。"因此，要求政府痛下决心，加以彻底改善。[①]

史良在其《请中央改进女子教育以适应抗战建国之需要提案》中说："我国妇女文化与一般男子比较，其落后固为明显之事实。但以同一阶层，同一环境，甚至同一教育机关培养之中学以上男女学生，其政治认识与普通常识，亦相差甚远。考其原因，绝非男女天生智力与兴趣之不同，实由于教育当局平日对于女子教育之政治认识、一般常识教育之忽略。其次，如

---

① 《国民参政会第四次大会纪录》，第106页。参见《沈钧儒文集》，第403～404页。

妇女家庭教育，经年除家庭琐事外，绝不提及政治与一般常识。蒋夫人曾谓‘在抗战建国中要动员全国妇女，参加一切工作，则知识妇女应起酵母作用。’但欲知识妇女之能起酵母作用，必须改进中学以上之女子教育，使其能在动员及提高一般妇女之文化工作中，起真正之酵母作用。否则对于抗战建国之基本认识，以及女子在抗建中之任务，尚不了解，如何能执行教育与动员一般妇女之重任。”为此，她提出以下补救办法：（一）请教育部聘定教育家，将改进中学以上之女子教育，详加研讨，拟具适合于抗建中之妇女教育计划，通令全国中等以上之学校切实执行；（二）严令中等以上之学校当局，对于中学以上之女生，必须使其于课余之后，参加救国工作；（三）严令中学以上之女生必须举办各种社会问题、妇女问题、时事问题等集体研究会、讨论会、演说竞赛等等，多方引起对于政治及社会问题之兴趣。[①]

9 月 15 日，国民参政会第三次审查会审查前述要求立即结束党治，实行宪政，保障各抗日党派的合法地位提案，会上引起激烈的辩论。国民党参政员认为提出保障各抗日党派的合法地位问题无此必要，因为已经得了保障；而其他抗日党派参政员提出有必要，认为现在不止“一个党”，但只有“一个党”即国民党得到保障。邹韬奋想到因为国民党颁布了《防止异常活动办法》而使许多无辜青年关押在牢狱里受罪，悲痛不已，

① 《国民参政会第四次大会记录》，第 146～147 页；《救国会史料集》，第 550 页。

诚恳“要求今夜在这里讨论的各党派的领袖们，勿忘正在此时有着无数的无辜青年正在牢狱里、在集中营里宛转呻吟哀号着”。他说：“许多青年仅仅因党派嫌疑，甚至仅仅因被人陷害，随便被戴一顶不相干的帽子，就会身陷囹圄，呼吁无门，敢问这究竟是怎么一回事？”[①] 陶行知立即起来举出许多事实，以证明邹韬奋呼吁的正确。[②]“结束党治”的争论尖锐达到最高峰，国民党参政员一致大发挥其“不必要论”，一定不要把这几个字加入决议案，而其他抗日党派参政员“一致认为有此必要，一定要把这几个字加入决议案”。罗隆基、李璜两人发言最多最激昂。国社党的徐傅霖挺身而出，大呼：“一党专政不取消，一切都是空谈！”[③] 黄炎培当日记日记说：“上午八时半第三次审查会，审查张君劢等、左舜生等、江恒源等、张申府等、孔庚等、王造时等、陈绍禹等七案，皆关于请政府结束党治，施行宪政及用人不问党派，免除党员磨擦等事，请各提案人出席说明。自十时至十二时未有结果，定今晚续扩大讨论。夜八时半，扩大审查会审查七案，仍是余主席，发言者三十八人。自二时半计亘六小时之久。其间争辩甚烈，屡濒破裂。”[④] 争论至深夜三时，最后会议主席黄炎培宣布将当夜各人意见的记录汇交第二天第三审查会开会时慎重考虑，务使得到合理的

---

① 邹韬奋：《抗战以来》，第 129 页。

② 邹韬奋：《抗战以来》，第 130 页。

③ 邹韬奋：《抗战以来》，第 130 页。

④ 黄炎培日记，1939 年 9 月 15 日，见周天度编辑：《黄炎培日记摘录》，《中华民国史资料丛稿》增刊，第五辑第 11 页。

结果，始告休会。

次日即9月16日，第三次审查会再讨论七案，综合各案内容，决议如下：

甲、治本办法

（一）请政府明令定期召集国民大会，制定宪法，实行宪政。

（二）由议长指定参政员若干人，组织国民参政会宪政期成会，协助政府促进宪政。

乙、治标办法

（一）请政府明令宣布，全国人民，除汉奸外，在法律上其政治地位一律平等。

（二）为因应战争需要，政府行政机构，应加充实并改进，借以集中全国各方人才，从事抗战建国工作，争取最后胜利。①

由于占有多数席位的国民党参政员的竭力阻挠，结束党治和承认各抗日党派地位的要求，未能写入决议中，但救国会等抗日党派的参政员还是接受了这个决议，因为实行宪政的问题毕竟提上了日程。

这次大会是国民参政会历史上一次最重要的会议，在中国民主宪政运动史上也占有一席的地位。

三、再次试图恢复救国会组织又告失败

1939年冬天，沈钧儒急电正在华北抗日根据地工作的李公

① 《国民参政会第四次大会纪录》，第95页。参阅《黄炎培日记摘录》，第11~12页；邹韬奋：《抗战以来》，第131页。

朴，要他回渝商议恢复救国会的活动。同时在这年下半年，救国会在重庆成立了一个“十七人座谈会”，由各代表一个方面的“救国会朋友”参加。他们是沈钧儒、邹韬奋、章乃器、史良、沙千里、陶行知、张申府、刘清扬、王炳南、张友渔、于毅夫、钱俊瑞、曹孟君、沈兹九、韩幽桐、郑代巩、李庚，实际上是救国会的核心。从17人中又产生了一个由沈钧儒、王炳南、张友渔、张申府、李庚五人组成实际上是常委性质的小组。张友渔当时在重庆代表共产党帮助做救国会工作，是直接受周恩来和董必武领导的。他曾说：“我经常向董老汇报工作，接受他的指示。董老在我去参加救国会工作前就工作方针做了指示，大意是说：救国会是一个进步组织，在抗日民族统一战线中占着重要的地位，起着较大的作用，在社会上有很大的影响，同我党的关系密切，合作很好，我们要做好他们的工作。他们重视我们的意见，我们也要尊重他们的意见，不可强加于人。在他们中间，有的人和我们有分歧，也要争取团结他们，不要排斥他们，不要把救国会搞分裂了。……王炳南和沈钧儒同住在枣子岚垭的良庄一个楼里，经常同沈有联系，因此，在救国会里做的工作较多，起的作用较大。我的主要工作是帮助邹韬奋。”①

李庚回忆说：“工作的开展，使救国会本身的组织如何调整加强这一问题就显得更加重要了。1939年至1940年中救国会内部反复讨论，一再研究，而意见未能统一。因为那时救国

---

① 《张友渔回忆录》，第99～100页，北京大学出版社1990年出版。另见《董必武年谱》，第144页。

会在武汉和重庆的群众工作都很有发展，所参与联系或推动组建的团体，不少都和共产党的地区工作交叉交错进行，共产党就在救国会内部组织了共产党的党团，以便于及时互相配合协调工作关系（这是一个很小的党团，成员只有钱俊瑞、王炳南、李庚三人）。此刻，救国会怎么办的问题就又被党团提请党的领导进行考虑。”① 钱俊瑞曾就李庚的历史情况给中国文联党组提供过一份证明材料，写道：“从1939至1940年，我在武汉和重庆主持救国会党团工作，当时和李庚同志常有工作上的往来。1939年，国共关系日趋紧张，当时我党南方局曾考虑通过适当方式组成广泛的‘民主政团’同盟，来和国民党抗争。当时，周恩来同志就和我商量是否可以把救国会从一个救亡群众团体改编成一个政党性质的政治团体。我立时和沈钧儒、邹韬奋等同志磋商，他们表示原则上可以考虑。我向恩来同志汇报了他们的意见，恩来同志就要我起草一个使救国会成为一个政党性质的政治团体的纲领草案。我在起草的时候，约了几位同志商量，其中就有李庚同志参加，后来这个草案（《重建救国会纲领》）起草好交给南方局。”“大约在1939年秋冬之际，当时南方局已酝酿组织‘民主同盟’的问题，要有救国会几位领导人出面组织，所以《重建救国会纲领》问题，暂不做考虑，我就和李庚同志以后不再在救国会内部谈这个问题了。”②

---

① 李庚：《关于救国会在抗战时期的历史情况》，见《爱国主义的丰碑》，第292～293页。

② 《救国会史料集》，第1085页。

李庚补充说，随后周恩来恰巧因事回延安，重建救国会的建议，留待当时在重庆代理主持南方局工作的博古和凯丰处理，结果被否定。因此，这一想法只好作罢。①

由于形格势禁，救国会两次试图恢复自己的组织都未能成功，公开以自己的组织名称来表达政治主张成为不可能。在整个抗日战争时期，救国会成员便根据坚持抗战、团结、民主的既定方针和当前形势商定的政策，以个人名义和联名的方式，通过国民参政会这一讲坛，和自己创办的刊物如《全民抗战》、《国民公论》、《妇女生活》、《大众生活》、《现代妇女》和生活出版社以及其他方式，来阐明自己的政治意见。

1940 年 1 月 1 日，沈钧儒为《新华日报》创刊二周年题词说："以团结支持抗战，以民主巩固团结，是目前救国的途径。"② 这也就是代表救国会的政治主张。

四、参与组建统一建国同志会

武汉失守后国民党政策上的转变，促使国共两党以外的中间党派力量，为争取抗战胜利和实现民主团结而走向联合。1939 年 10 月初至 11 月下旬，救国会的沈钧儒、邹韬奋、章乃器、张申府与乡村建设学派的梁漱溟和平民教育社的晏阳初，青年党的左舜生、李璜、曾琦、余家菊，第三党的章伯钧、丘哲，国家社会党的罗隆基、胡石青，职教社的黄炎培、江恒

---

① 《救国会史料集》，第 1086 页。

② 《沈钧儒年谱》，第 225 页。

源、冷遹，以及无党派人士张澜、光昇，在重庆发起成立统一建国同志会。该会的最初倡议者为黄炎培和梁漱溟。据黄炎培日记记载："10 月 7 日，梁漱溟、梁仲华来，漱溟述豫、皖、鲁、冀、晋前方视察经过。""10 月 9 日，入城访梁漱溟，约午后来谈。午后三时，漱溟、仲华来，四时，幼椿来，纵谈大局，余提出今后同人努力趋向及具体方法。待大局演变至某种情形时，预约国共两党以外之同志若干人，联名发表告全国同胞书……（五）痛切戒绝国内斗争，任何意见参商，总须在法律常轨上求解决。劝政府登用贤才，不分派别。劝各党派须倾诚合作。劝国民努力生产团结。全国人民一致忍痛茹哀，死中求活。此宣言宜包括无党者、国社、青年、第三党、'七君子'派、大学教授派、乡村建设派，不必以参政员为限。""10 月 11 日，午后三时，到平教会办事处与梁漱溟、晏阳初、李幼椿深谈。""10 月 13 日，共漱溟、阳初、幼椿在阳初办公室深谈，漱溟提出统一党派之必要与可能。""10 月 29 日，知《新华报》载毛泽东对国共磨擦警告国民党文。从此两党问题益尖锐化矣。""11 月 23 日，三时，青年会餐堂梁漱溟、沈衡山、左舜生、章伯钧等发起统一建国同志会，余参加之。"①

统一建国同志会的成立，为各中间党派的进一步联合及随后不久中国民主政团同盟的成立，奠定了基础。

统一建国同志会的宗旨为："集合各方热心国事之上层人士，共就事实，探讨国是政策，以求意见之统一，促成行动之

① 《黄炎培日记摘录》，第 13～14 页。

团结。"[①] 订有信约十二条，一方面表示："诚意接受三民主义为抗战建国最高原则，以全力赞助其彻底落实"；"拥护蒋先生为中华民国领袖，并力促其领袖地位之法律化。"另方面，"主张宪法颁布后，立即实施宪政，成立宪政政府，凡一切抵触宪法之设施，应即中止，宣布无效；一切抵触宪法之法令，应即宣告无效"；"凡遵守宪法之各党派，一律以平等地位公开存在；但各单位间应有一联系之组织，以共同努力为国策之决定与推行"；"一切军队属于国家，统一指导，统一编制"；"不赞成以政权或武力推行党务，并严格反对一切内战"；"主张尊重思想学术之自由"。[②] 信约是章乃器和左舜生共同起草，由沈钧儒、梁漱溟、左舜生负责审查，提交会议通过的。[③]

统一建国同志会成立时，由黄炎培、梁漱溟将信约十二条和会员名单托王世杰、张群转交蒋介石审查。随后梁漱溟亲自去见蒋介石，说明这个组织中间性的第三者立场。蒋介石认为救国会是"中共的外围"，对沈钧儒、邹韬奋等参加表示不放心，说："他们是中共的外围，怎么能和你们搞在一起。"[④] 梁漱溟说："以我所知，他们两位并没有成见的，与其让他们在

---

① 《救国会》，第 35～36 页。

② 《中国民主同盟历史文献》，第 2、3 页。

③ 梁漱溟：《我努力的是什么》，见香港《光明报》，1941 年 10 月 31 日。

④ 梁漱溟：《我努力的是什么》，见香港《光明报》，1941 年 10 月 31 日。该文发表时，这几句话被开了天窗，这里是据 1978 年 1 月 4 日周天度访问梁漱溟的纪录。

这一组织的外面，还不如约在里面。”[①] 最后，蒋介石提出以不组织正式政党为条件，始允许成立。

五、宪政运动的积极宣传者推动者

国民参政会第四次大会通过了实行宪政案，议长蒋介石在闭幕词中声称，这项决议案是大会最大的贡献，而且郑重指出：“中国欲贯彻其绝对必要之作战目的，更须动员全民，加强长期抗战之一切设施。……敌阀正百计进攻，我自不容丝毫自满，一切力量，皆须发扬，一切缺陷，皆须填补。本会同人详加审议之结果，以为提高民权，[illegible]强国本，应是最要之务。用是请政府依照中国国民党过去之决议，召开国民大会，建立宪政规模。”[②] 随后，国民党五届六中全会又宣布 1940 年 11 月 12 日召开国民大会。因此，当时在重庆、桂林等地开展了宪政运动。救国会和沈钧儒、邹韬奋、史良等及其他成员，是这一宪政运动的积极宣传者推动者。

国民参政会闭幕那天，蒋介石宣布组织宪政期成会，促成宪政，并指定 19 名参政员（后增至 25 人）组成宪政期成会。[③] 其主要任务是“协助政府促进宪政”,[④] 具体工作是讨论并修定

---

① 梁漱溟：《我努力的是什么》，见香港《光明报》，1941 年 10 月 31 日。该文发表时，这几句话被开了天窗，这里是据 1978 年 1 月 4 日周天度访问梁漱溟的纪录。

② 《国民参政会第四次大会纪录》，第 56 页。

③ 《黄炎培日记摘录》，第 12 页。

④ 《国民参政会第四次大会纪录》，第 95 页。

1936年制定的《中华民国宪法草案》（即“五五宪草”）。除了宪政期成会外，为了推动宪政运动，还由25名参政员共同发起召集宪政座谈会，沈钧儒是主要召集人之一。1939年10月1日，沈钧儒在宪政座谈会上作报告，强调宪政运动必须发动广大群众参加，才能取得成效。他说：“宪政运动关系百年大计，也的确是一件繁重的工作。这里面包括的问题很多，有的是属于宪法的，也有的是属于实施的。这不能单赖政府、国民参政会之努力，这尤赖全国人士、社会各方面的负责者，共同负责，共同努力。这就需要民间有一广大的运动，全国人民的运动，以推进之。这是每个人都有的权利和义务。大家起来讨论，对政府发言，并监督宪政期成会的进行。”①

为了动员群众参加，以推进宪政运动的开展，沈钧儒曾于11月初前往桂林进行宣传，发表过多次关于实施宪政的谈话和演讲。他认为实行宪政对抗战建国，对我国政治前途的发展，都有十分重要的关系，说：“所谓全民抗战的内容，就是要全国民众智能才力都能自动发挥，贡献政府，非如此，不足以谈最后胜利，二年来的史实，处处都证明了这一点。……但从前方各战区及广大的后方各处去看，实际的发动还是不够。无论建设、生产……许多方面，我们都感觉到民众力量表现的缺陷。然而要更进一步动员民众，不使抗战及政治和国民发生更深切的关系，是做不到的。”② 他还指出，抗战建国的进行，

---

① 《沈钧儒文集》，第411页。

② 《沈钧儒文集》，第434页。

"必须与民众'深相结合'","只有实行宪政,然后才能唤起民众。"① 当时重庆国民党内有一部分人,反对实施宪政,以为现在实施宪政不适宜,因为目前正是军事倥偬的时期,军事第一,谈不上宪政。沈钧儒认为,这种错误的见解,是"他们根本忽视了我们抗战是长时期的,我们的抗战建国是分头并进,相辅而行的。我们为要实现一面抗战,一面建国的目的,实施宪政,是十分需要的……与抗战建国是有重大关系。"② 他表示:"从民元前我就参加了宪政运动,直到现在,宪政一天不完成,我就还是宪政运动的积极分子。"③

《全民抗战》和《国民公论》发表了一系列鼓吹宪政的文章。认为在抗战中,除国民党以外,其他党派没有合法的地位,因而不可避免地引起党派问题的纠纷和摩擦;同时绝大部分民众因为没有参政的机会,缺乏自觉主动的精神,使意志与力量不能集中。解决这个基本矛盾,只有召集国民大会,制定宪法,推行宪政,实现民主;并且强调实施宪政,要成为广大而深入的民众运动。《全民抗战》发表邹韬奋的《今年国庆与推动实施宪政的努力》一文说:"所谓实施宪政,并不是仅仅开个国民会议,颁布一部宪法,便算了事,便可发生意想不到的效力,而是从今日起就需要种种事实上的准备,就要使这件事成为广大而深入的民众运动。"他还指出:民国成立以后,

---

① 《沈钧儒文集》,第 434 页。

② 《沈钧儒文集》,第 421、422 页。

③ 《沈钧儒文集》,第 414 页。

屡次有所谓选举和国会，但都不免失败，最大症结就在只是少数人的活动，而与人民此时此地的要求脱离了关系，其结果，“宪法只是木乃伊，宪政运动只是少数政客的工具，有名无实，流弊百出。……决不容再蹈这样的覆辙。”① 《国民公论》发表《抗战与宪政》的短评指出：两年来我们政治上的进步为什么这么缓慢？其原因只有两个：“第一，全国上下虽然精诚团结，但是除国民党以外的党派，并没有完全确定合法的地位，因党派问题引起误会和磨擦，依然不可避免；第二，大部分民众因为缺少直接参预政治的机会。……” 因此，“推行宪政，实是一劳永逸的办法”。②

《全民抗战》发表柳湜（笔名“方直”）的《两个极应消除的疑问》一文，以子之矛攻子之盾，引用国民政府军事委员会委员长蒋介石的话，来批评某些国民党人士反对实行民主宪政的言论。文章说蒋委员长一再指出：“为应事变之不测，须要提早实行宪政”。“现在我们内省国势，外察环境，既［即］要提早实施宪政”。“关于提早颁行宪法，使国家得有永久性的根本大法，使建国的规模完全确立，使国民努力于国家之事，在义务上、权利上更有灼然共循的准则，这不仅是全国贤智一致所期望，也是中央这十年来所不断努力以求的一件大事”。“我没有一时一刻忘记，如何使宪政早日实行，使全国国民共

① 《全民抗战》，第 91 号，1939 年 10 月 7 日；《救国会史料集》，第 553 ~ 554 页。

② 《国民公论》，第 2 卷第 7 号，1939 年 10 月 1 日。

同负担国家的责任”。“昨天通过的定期召集国民大会制定宪法案，一定在中华民国的历史上占很重要的一页。”① 文章批评国民党某些人认为“抗战与民主，根本是两个不相容的东西”；“实行民主，必不利于抗战，要实行抗战，必须暂时停止民主”；“在抗战期间，对外要集中力量来抵抗强敌”，“势非实行集权的军政制度不可”；“欧美各国在对外发生战争时，亦要停止宪政或限制宪政”；“宪政不能打走我们当前的大敌，反之因宪政问题而分散了民众的力量”；因此，“宪政与抗战不能同时举行”② 等等言论，是完全不合时宜的。

宪政座谈会在重庆银行公会开过几次会议，莅会的有各界人士，人山人海，会议厅里几无空隙，讨论得非常热烈。由于宪政座谈会与会者的热烈要求，又有“宪政促进会筹备会”的发起，由宪政座谈会中公推85名筹备员组成。除宪政座谈会召集者25名参政员外，其中还包括国民党、共产党、救国会及其他抗日党派和无党派的热心宪政运动人士。宪政促进会常委中，除董必武、黄炎培外，其余大多数是救国会派的，他们是沈钧儒、史良、沙千里、张申府、张友渔、曹孟君、刘清扬、于毅夫、韩幽桐等。

六、史良——妇女宪政运动的主要领导者

由25名参政员组成的宪政期成会，史良是其成员之一，也

---

① 转引自方直：《两个极应消除的疑问》，见《全民抗战》，第103期，1940年1月1日；《救国会史料集》，第616页。

② 《救国会史料集》，第615页。

是唯一的女参政员。国民参政会第四次大会闭幕后，重庆妇女界热烈地开展了宪政运动，史良是主要领导者。从11月中旬开始，重庆各妇女团体热烈讨论宪政。12日，在新生活运动促进会妇女指导委员会[1]领导下，召开了第一次妇女宪政会，到会的有妇女慰劳会重庆分会、反侵略分会、陕甘宁边区各界妇女联合会驻重庆代表团、难民妇女服务团、重庆妇女会、东北救亡总会等27个妇女团体代表共百余人，由史良任主席。她在会上介绍了国民参政会第四次大会讨论并通过了实施宪政议案的情形，并说："妇女宪政会，不但在重庆是第一次，恐怕在全国各地也是创举。……这一切表示了各界姊妹对宪政运动的热烈。"[2] 接着讨论宪政问题。会前由史良等准备了讨论大纲，内容是：第一，什么叫宪政？内分（一）宪法与宪政的关系；（二）国民大会代表的产生问题；（三）国民大会组织法、选举法的探讨；（四）我们要求实行的是哪种宪政。第二，抗战与宪政的关系。内分（一）实行宪政是否分散对外力量；（二）会不会增加党派摩擦；（三）对于三民主义及抗战建国的重要性。第三，目前人民的教育及道德程度是否能实行宪政。第

---

① 新生活运动促进会妇女指导委员会1938年7月1日在汉口成立，它是全国妇女总动员机构，是由国民党、共产党、救国会等党派以及不同政治倾向的人组成的统一战线组织，由宋美龄任指导长，史良任委员兼联络部主任委员。

② 《重庆妇女推行宪政运动感言》，见《妇女生活》，第8卷第5期，1939年12月5日。

四，妇女怎样来推行宪政。[1]

妇女宪政座谈会从11月开始到1940年3月，共开过七次会议，取得了圆满的结果，统一了思想认识，得出了正确的结论。认定："实施宪政即实现三民主义；实施宪政不能与抗战建国分离；如要巩固团体和加强抗战力量，非实施宪政不可；妇女参政运动必须随着宪政运动的实施，才能得到成功。"[2] 对于宪法草案，妇女们提出的要求，除在有的条文中须加上"不分男女"四字，以贯彻男女平等的原则外，其中最主要的一条，就是宪草中关于妇女地位的问题，亦即宪草"国民大会"一章中，妇女代表名额必须有明确的规定。这实际上是史良自己的主张。她还具体提出妇女代表至少应占20%至30%。在重庆各界的宪政座谈会中，以妇女座谈会"最有成绩"。[3] 史良除领导妇女宪政座谈会外，还参加了宪政期成会关于修正"五五宪草"的多次讨论会，并把妇女座谈会中提出的有关宪草和宪政的意见，带到宪政期成会去研究讨论。此外，她还参加了宪政促进会的座谈讨论会。

史良认为，"五五宪草"从形式上看，对妇女似乎平等，并且在国民经济章中还有一条规定，对妇女予以特别保护；但如果国民大会代表妇女名额的问题不解决，则整个宪法所给予

---

① 《重庆妇女推行宪政运动感言》，见《妇女生活》，第8卷第5期，1939年12月5日。

② 《渝市各妇女团体昨招待女参政员》，见《新华日报》，1940年4月7日。

③ 《宪政座谈会等招待宪政期成会会员》，见《新华日报》，1940年3月22日。

妇女的平等权利都不能兑现，等于空文。因此她极力要求规定妇女代表至少应占 20%至 30%，以保证妇女参政。这一问题，在宪政期成会引起了激烈争论，有的国民党参政员不表同意。由于史良为维护妇女合法的参政权利而进行了不懈的努力和必要的斗争，“于宪政期成会上，曾在二十四位男会员，对一位女会员之恶劣比率下”，“结果居然通过了国民大会中特设妇女代表名额一项”。[①]

七、《我们对于“五五宪草”的意见》的撰写与发表

究竟需要一部什么样的宪法，实行怎样的宪政，这是当时人们关注的一个重要问题。救国会沈钧儒、邹韬奋等认为，宪政并不限于宪法，一部好的宪法，如不认真执行，也不过是一纸空文，但宪法毕竟是实施宪政的一个极重要的部分，因为它是实施宪政最基本的依据。因此，努力求得一部好的有利于抗战建国的宪法，仍然是很必要的。国民党当时规定 1936 年 5 月 5 日公布的《中华民国宪法草案》（即“五五宪草”），已完成一切立法手续，其合法性自无问题，必须将该草案提交国民大会讨论。救国会认为，“五五宪草”是一部独裁专制、反人民、反民主的宪法，在它刚颁布时，他们就不曾承认。救国会成立时的宣言和政治纲领中就明确指出：“中央最近颁布宪法草案及国民大会组织法，不但丝毫没有表示在训政期间久已届满之

① 《史良在第四次宪政座谈会上的发言》，见《宪政月刊》，第 5 号，1944 年 5 月 1 日；《救国会史料集》，第 692～693 页。

后放弃一党的专政，反而想进一步一面在立法上巩固一党专政的基础，一面加紧对异己势力的压迫。”① “实在是联合战线的障碍物。这种足以引起纠纷的举动，决计不是爱惜中央的方法，而是恰好中了敌人的毒计。……在这国难空前严重的时候，含有‘制礼作乐’意味的宪法是多余的。”② 何况旧宪草制定到现在时间已经过去四年，尤其是抗战两年来情况已经有了很大变化，已完全不能适合新的形势的要求，应该废除，至少也要加以很大的修改。鉴于客观情势只能在国民党允许的范围内对旧宪草作某些局部的改变，不能完全予以废除，另草新宪，救国会同人于 1940 年初着重对“五五宪草”的内容进行了研究。由沈钧儒主持，邹韬奋、沙千里、张友渔、韩幽桐、张申府、钱俊瑞、柳湜参加，先后开了七八次讨论会，最后研讨结果，由邹韬奋、韩幽桐、张友渔、沙千里、钱俊瑞、白桃分别写出初稿，然后讨论修正定稿，题名为《我们对于“五五宪草”的意见》。

《意见》最主要的有两条：一是“五五宪草”中关于人民自由权利的条文中都规定“非依法律不得限制”的问题，认为这个规定固然是限制政府，使不得在法律以外，任意侵犯人民的民主自由，“但同时也就是允许立法机关以法律限制人民自由权利。假定立法机关制定一治安警察法，则人民的集会、结社的自由权利，便要受侵犯；假使立法机关制定一新闻纸法，

---

① 《救国会》，第 88 页。

② 《救国会》，第 100 页。

则人民的言论、出版的自由权利，便要受限制。这样一来，宪法上所规定的人民自由权利，还不是具文?”[①] 沈钧儒在另一篇文章说：“这种规定是很危险的。政府随便可以制定一种法律，以限制人民的自由，宪法即失了作用。”[②] 因此，《意见》要求全部删去“非依法律”等字样，而另作适当的具体规定。二是要求扩大国民大会的职权，缩小“五五宪草”中规定的总统的权力；提出在扩大和提高国民大会的职权后，总统必须依据全体国民大会的意旨来执行政务，这样才不致造成独裁专制的局面。《意见》指出：“我们虽然赞成总统的权力可以集中，却不能同意他的权力凌驾五权，高于一切。因此宪法草案赋以发布紧急命令权一项，我们主张应该取消。”因为它“潜伏着一个危机，总统可以随便发布紧急命令以破坏宪法，蹂躏法律”。《意见》还要求将总统的任期六年改为四年，以避免“总统觊觎政权的野心”。[③] 显然，这两条对于实行民主宪政，是很重要的。《我们对于“五五宪草”的意见》提交国民参政会宪政期成会，作为修改“五五宪草”的参考材料，并由生活书店印成小册子出版发行。

蒋介石虽曾宣称要实施宪政，但他口惠而实不至，国民党并不打算真正实行宪政。当宪政运动热烈开展的时候，国民党第五届中常会通过《宪政问题集会结社言论暂行办法》，规定

---

① 《我们对于“五五宪草”的意见》，第 15 页。

② 《关于宪政的几件事》，见《建设研究》，第 2 卷第 8 期，1939 年 11 月；《沈钧儒文集》，第 422 页。

③ 《我们对于“五五宪草”的意见》，第 40、41、43 页。

凡关于宪政问题的集会，只能由国民党中央“直接派人”或由各省市国民党党部、政府等才能召集；宪政问题研究团体，“以一地方成立一个团体为限，不得有纵的组织”；有关宪政问题的言论，只能以三民主义、五权宪法、建国大纲、训政纲领、训政约法、抗战建国纲领、国民党总裁的批示和国民政府公布的有关宪法法令“为依据”，有曲解宪政言论者，“一律取缔之”。[①] 国民党的言论机关不断散布反对宪政的舆论，说什么提倡宪政是反对政府，夺取政权；组织宪政促进会，更是反对政府，理由是只有政府不做的事，才用得着人民促进，政府已答应要做的事情，便无须人民来促进，否则便是反对政府，等等。[②] 于是他们在宪政座谈会上进行捣乱，破口大骂宪政促进会，要求予以取缔。

八、对宪政运动归于失败深感失望

1940 年 4 月 1 日，国民参政会第一届第五次大会开幕。各抗日党派参政员为争取实行民主宪政，再作最后的努力，邹韬奋称之为“对宪政的最后挣扎”。[③] 由宪政期成会提出《中华民国宪法草案（“五五宪草”）修正草案》交大会讨论。这个修正草案是根据三个重要参考材料拟定的，其一就是救国会派的

---

① 中国科学院历史研究所第三所南京史料整理处编：《中国现代政治史资料汇编》，第 3 辑第 23 册。

② 邹韬奋：《关于宪政促进会》，见《全民抗战》，第 102 期，1939 年 12 月 23 日。另参见邹韬奋：《抗战以来》，第 147 页。

③ 邹韬奋：《抗战以来》，第 153 页。

《我们对于宪法草案（“五五宪草”）的意见》；其二是罗文干、罗隆基、陶孟和等教授派参政员提出的修正草案；其三是共产党参政员提出的关于修改国民大会组织法选举法和“五五宪草”的意见。此外还有史良代表妇女界提出的修正意见。除了修正草案外，尚有宪政期成会拟定的《对于实施宪政之建议》，内容是：“一、请政府对于未完成之选举及附逆分子剔除后之补充，切实注意选举方法之改善；二、请政府促成宪法及宪政之早日实施。”[①] 由于国民党参政员的反对，特别是议长蒋介石公开对“五五宪草修正草案”中“牵制政府势力之规定表示不满”，[②] 因此宪政期成会提出的修正草案，根本未进行认真的讨论，只开过一天的会，即由议长作出决议，将修正草案和附带建议及反对意见由秘书处整理后，一并送交政府，就此了结完事，以后也全无下文。

《中华民国宪法草案“五五宪草”修正案》是国民参政会第五次大会最重要的议案，也是这次宪政运动的唯一结晶，却落得如此结果，使救国会沈钧儒、邹韬奋等人及其他热心于宪政运动的人士，“好像冷水浇背，不胜寒心”。[③] 其实，即使认真讨论通过，获得圆满的结果，在国民党一党专政统治下，也只能是一纸空文。宪政期成会的任务已经“完成”，宪政促进会自然无事可做，便无形解体。9月间，国民党中央宣布，原

---

① 《国民参政会第五次大会纪录》，第73页，1940年8月出版。

② 《王世杰日记》，1940年4月6日，台北，中研院近代史研究所1990年编印。

③ 邹韬奋：《抗战以来》，第155页。

定的本年11月12日召集的国民大会延期，日期另行决定。理由是“各地交通因受战事影响，颇多不便，如依原限召集，不无重大困难”云云。[①] 一度蓬勃开展的宪政运动，至此完全消沉，人们称之为“苦命的宪政运动。”[②] 宪政运动归于失败，使救国会及其他各抗日民主党派热心于宪政的人士，深感失望寒心。事实清楚表明，国民党蒋介石声称要行宪，完全是敷衍舆论的欺骗宣传。

国民参政会第五次大会，除了上述宪法草案修正案这样正面的重要提案外，救国会的参政员邹韬奋、张申府、史良还提出了几个有关宪政的侧面的提案，即关于当前最低限民权的保障案。计有一、张申府所提《请政府在实施宪政之前，切实执行〈训政时期约法〉、〈抗战建国纲领〉及本会第四次大会决议之人民政治地位与集中各方人才两条治标办法案》；二、邹韬奋所提《严禁违法拘捕，迅速实行提审法，以保障人民身体自由案》；三、史良的两个提案：《请政府于各级政府预算中规定妇女工作经费以利妇运案》、《请政府通令全国各机关不得禁用女职员案》。

邹韬奋在其提案的理由中指出：“关于人身自由之保障，《中华民国训政时期约法》第八条原有如下的规定：‘人民非依法律不得逮捕、拘禁、审问、处罚，人民因犯罪嫌疑被逮捕、

---

① 《国民大会与国民参政会》，见《国民公论》，第4卷第5号，1940年10月1日。

② 邹韬奋：《抗战以来》，第143页。

拘禁者，其执行逮捕或拘禁之机关，至迟应于二十四小时内移送审判机关，本人或他人并得依法请求于二十四小时内提审。’又按《刑事诉讼法》之规定，除现行犯外，拘捕时必须有法院所出之拘票，执行时必须以拘票示被告。但在事实上，全国各处并未完全切实遵行。无逮捕人民职权之机关，往往越权，虽有逮捕人民职权之机关，亦往往滥用职权，人民遭害者，因提审法未实行，每含冤莫白，呼吁无门。”因此提案建议：“除请政府督饬全国各机关，须严格执行约法及刑事诉讼法所规定，违者应严加惩处外，须迅速限期实行民国二十四年六月二十一日国民政府公布而尚未确定施行日期之提审法。”① 邹韬奋认为：“当前仅有的保障人民权利的法律如不彻实执行，将来的宪法即令能适合人民的要求，也不过是等于废纸罢了。”②

史良的前一提案说：“抗战以来，妇女参加各种工作，尤以保育儿童，协助抗属，救护慰劳等事，有不能缺少妇女工作之处。但各种工作之完成，经济有决定之力量。在新生活妇女指导委员会与全国各地联系之二百八十五个妇女团体的工作报告中，均有经费毫无着落，工作不能开展之困难。为了扶植妇女工作加强抗战力量起见，应请中央于各级政府预算中，规定妇女工作经费，以利妇运工作。”后一提案指出：“男女平等，为总理遗教及现行法规所明定，尤其在抗战中，应动员全国人力，始能争取最后胜利。但在各机关公然禁用女职员，此种剥

① 《国民参政会第五次大会纪录》，第84页；《救国会史料集》，第655页。
② 邹韬奋：《抗战以来》，第156页。

夺妇女参加工作机会，不独有失男女平等之原则，更属削弱抗战力量，应请政府取缔。”[①]

张申府的提案题目很长，其内容一看就已明白，因此从略。

显然，上述救国会参政员这些提案均与实行民主宪政，保障人权有关。提案均经大会通过，决议都是“送请政府切实注意”或“送请政府切实执行”。然而结果都是一样，“切实注意、执行”，只保留在纸面上，“表面与骨子脱节”，徒有虚文而不切实执行。

救国会及其他热心于宪政运动的人士，对宪政运动归于失败深感失望。但他们并不绝望，坚信实行民主宪政，是争取抗战胜利不可缺少的基本条件，因而继续为争取民主宪政的实现而努力。他们随后创立了中国民主政团同盟，并在抗战后期掀起了新一轮的宪政运动高潮（详下章）。

救国会派人士为抗战、团结、民主、进步事业而奔走呼号，不遗余力，赢得了很好的声誉和社会进步人士的赞赏。周恩来曾积极予以肯定和支持，1940 年 7 月 30 日，他在中央政治局会议上做统一战线工作报告时说：“救国会、生活书店等是进步分子的组织，他们的成败就是我们的成败，我们不应使同盟者失败。”[②] 并指出党的统一战线工作方针之一，是扶持救国会、生活书店等进步团体。

---

① 《国民参政会第五次大会纪录》，第 87 页；《救国会史料集》，第 656 页。

② 《周恩来年谱》修订本，第 470 页。

第四章
坚持抗战团结和民主，为争取民族解放战争的胜利而奋斗（下）

第一节　反对国民党的迫害，坚持抗战民主立场

一、揭穿国民党的谣言攻势

救国会、共产党和其他各抗日民主党派及全国人民对实现民主宪政的要求，其目的在加强抗日民族统一战线，巩固团结，改善政治，动员民众力量，增强国力，加速抗战最后胜利的到来。这在实际上是协助政府贯彻抗战国策，只有裨益而无妨害。但在国民党顽固派看来，这就是动摇和颠覆国民党的一党统治，是绝对不能容许的。

1940 年秋，国民党反动派发动第二次反共高潮，制造了震惊中外的皖南事变，国民党军队数万人在安徽南部围攻中共新四军北辙部队，致使新四军牺牲三千多人，被俘四千多人，仅二千余人突出重围。与此同时，在重庆的一些抗日民主党派，也受到压迫和打击。由于救国会旗帜鲜明地要求国民党发动民众参加抗战，进行政治改革，实行民主宪政，批评国民党拒绝改革和开放民众运动，坚持一党专政，继续压迫民众，因此被蒋介石国民党视为亲共的救国会和其主要领导者沈钧儒、邹韬

奋等人，首先遭到诽谤和攻击。

早在上年夏天，李公朴在中共的帮助下，组建抗战建国教学团，奔赴华北敌后抗日根据地进行抗战教育宣传工作，就遭到国民党的仇视。蒋介石曾密电第一战区河北游击总司令鹿钟麟，“严予查禁”；后来又密电正太沿线的国民党朱怀冰部，捉到李公朴等人，“立即就地枪决”。幸而在八路军的保护下，蒋介石的阴谋才未得逞。

5月间，国民党军委会总参谋长兼军政部部长何应钦在国防最高会议一次报告中，公然诬指沈钧儒、邹韬奋、沙千里“七七”抗战纪念日要在重庆领导暴动，如“七七”不成，再在10月10日“双十节”暴动，发动“有组织的‘谣言攻势。’”① 流言止于智者。对于像沈、邹、沙这样手无寸铁的文弱书生会“领导暴动”的无稽谣言，当场明白事理的党国要人起来加以辩正，说决不会有这种事情，必然是有人在故意挑拨离间，企图破坏抗敌统一战线。② 但在场的陈果夫起来说这事有可能。后来国民党仍然密令各地军警机关及下级党部，严密防范，并派密探对他们三人进行监视。沈钧儒、邹韬奋、沙千里不得已当面去质问何应钦，详询此事原委。何应钦亲自出来接见，承认确有此事，并叫一个参谋拿出书面报告来讲给他们听。根据是来自政治部干部训练团的两个自首学生的报告。沈等三人当即要求将那两个自首学生叫出来对质，并声称：“我

---

① 《韬奋文集》，第3集第261页。

② 邹韬奋：《抗战以来》，第162页。

们平日拥护抗战国策的言行，光明磊落，一切公开，暴动是否我们干的事情，显然易见，何总长竟然相信此种无稽谣言，报告于国防最高会议，实属不可思议!”[1] 何于是虚与委蛇客气地说：“我相信诸位先生绝不会干这样的事情，这个报告恐怕是汉奸有意挑拨，企图使政府把诸位先生一抓，便可在后方引起很大的骚乱，我是不相信这个情报的，诸位先生不必介意。”[2]

事实虽然如此，但“密令”仍然继续发出，在“七七”和“双十节”前后，竟有荷枪实弹的武装人员防守在邹韬奋住宅附近。沈、邹、沙三人于是再写信去质问何应钦，为何“仍然发生这样的怪事”，何回信称“查无此事”。

关于此事，冯玉祥1940年8月4日日记曾记载说：“何应钦上一报告攻击沈钧儒、沙千里是共产党，将要暴动、造反，请捉捕之。我提出抗议。沈钧儒为纯粹爱国青年，有什么暴动，他暴动有何证据？即如暴动有什么力量，谁听他的。沙千里稍给他说话的权利和位置，有加入国民党的可能，不过对人家太不好了，常欺人家，不得已而加入共产党。”[3]

随后四川綦江一个政治干部训练团的一群青年，却因被诬告将参与暴动而受到株连，惨遭严刑拷问，死伤数十人，造成很大的冤案。

此后，沈钧儒仍时常受到国民党特务的困扰。一次，国民

① 邹韬奋：《抗战以来》，第163页。

② 邹韬奋：《抗战以来》，第163页。

③ 《冯玉祥日记》，第5册第892页。

党约集文化界人士开会，沈钧儒一到场，有人就报以嘘声，但他仍然讲了话。当他讲到团结抗日，反对分裂妥协的阴谋时，在场的国民党特务，一哄而起，顿足拍桌，会场秩序大乱。另一次，他在对大中学校学生演讲时，一块拳头大的石头从台下飞来，差一点打中他的头部。“但是，他依旧镇定地讲下去。他不怕死。死，在他已视为度外，活一天和恶势力斗争一天，这是他的生活哲学。”①

救国会沈钧儒、邹韬奋、史良等在争取实现民主宪政所表现出鲜明坚定的立场，使蒋介石国民党十分恼恨，在 1942 年 7 月国民政府公布的国民参政会第三届参政员中，救国会参政员全部被除名。② 1944 年第四届国民参政会召开时，也未恢复他们参政员席位。此时救国会处于最困难时期。沈钧儒、史良等于是开始从事律师工作，想从他们所谙练的法律业务层面维护法治，保障人权，推进抗日民主运动。沈钧儒撰写的《〈重庆律师公会会刊〉发刊词》说：“同仁等窃维国家颁设律师制度，其目的在扶持弱小，以保障人民之利益，辅助法院，以导纳社会于轨物。其任至重，其业至崇，非如负贩，图以营利为目的；非如讼师，专以刀笔为能事也。然则为律师者，必须崇尚德义，砥励廉隅，精研法理，谙练实务，而后可以胜任愉快，克尽厥职。……韩非有云：‘国无常强，无常弱，奉法者强，

---

① 沈兹九：《沈钧儒先生》，见《现代新闻》，第 1 年第 2 期，1946 年 5 月 17 日；史良：《悼念沈衡老》，见《中央盟讯》，1963 年沈钧儒逝世纪念专刊。

② 《新华日报》，1942 年 7 月 26 日。

则国强；奉法者弱，则国弱。’今当国难方殷，民深水火，为强为弱，间不容发，愿奉法诸公与本会同人勉焉。”[1] 可见，他们从事律师业务，完全是为了抗日民主事业的。

二、生活书店被封，邹韬奋被迫流亡海外

在国民党掀起的这股反共政治逆流中，国民党中央党部还把迫害的矛头对准了邹韬奋所创办的生活书店。生活书店坚持抗战、团结、进步的方针，取得巨大成就，并得到国内外广大读者的爱护，是一个坚强的文化堡垒。国民党以所谓售卖违禁书刊，接受共产党的津贴，在管理上采用民主集中制，含有“政治作用”，有与延安通信息的嫌疑为辞，从 1939 年 3 月到 1940 年 6 月，短短的一年零三个月中，原来布满在全国各地的生活书店 56 个分店，一个个被摧残，迫令其关闭，最后只剩六个分店。1940 年 7 月国民党中央党部又派大员找邹韬奋谈话，要求生活书店与国民党的正中书店合并，以不接受即继续封店，全部消灭相恫吓，遭到邹韬奋的拒绝。1941 年 1 月皖南事变发生后，从 2 月 8 日至 21 日不到半月时间，国民党又无故将成都、昆明二家分店先后查封，桂林分店亦被勒令限期停业。贵阳分店在遭封后，全体员工被拘被捕。最后剩下的一家重庆分店，而且重庆卫戍司令部已接到上级密令相机封闭。眼看经 16 年惨淡经营备尝艰苦所培养成的五十余家分店被摧毁殆尽，

---

① 《重庆律师公会会刊》，第 1 期，1942 年 7 月 1 日。按沈钧儒是 1939 年 2 月 25 日加入重庆律师公会的。

一些忠诚于进步文化事业的书店青年干部被锒铛入狱，邹韬奋忍无可忍，于2月23日毅然决定辞去国民参政员职务，不出席即将于3月1日举行的第二届国民参政会第一次会议，离开重庆，前往香港。

生活书店与救国会有着十分密切的关系。邹韬奋在他的《患难余生记》中有一段两者关系的叙述，说：生活书店“这个文化机关在救国会成立以前，就和民族解放的伟大运动在实际上连在一起，自从‘一二九’学生救国运动发生及全国各界救国联合会成立以后，生活书店所出版的定期刊，尤其是《大众生活》，在事实上成为全国救亡运动最主要的机关刊物。其它书籍杂志，足供救亡运动参考者亦甚被社会重视。至于团结、抗战、民主，在救国会所提出的政纲中占非常重要的位置，亦成为进步文化的内容，生活书店即为进步文化机关，对于救国会政纲的热诚拥护与努力倡导，固为意中事。因此有人认生活书店是救国会派的文化机关。关于这一点，就救国的主张而论，我们用不着否认，而且我们数百同志所共同努力的这个文化机关，能在救亡运动中有所贡献，正是我们深深觉得无上光荣的事情。”“生活书店虽非救国会所出资创办的，也不是在组织上直接隶属于救国会的，但对于救国主张在原则或精神上却与救国会共鸣，具体说来，就是对于团结、抗战、民主的积极倡导与拥护，是和救国会一致的，是和救国会同样坚决的。”① 主持生活书店书刊编辑与写作工作的都是救国会同人。

---

① 韬奋：《经历》，第385～386页。

掌握书店出版物导向的重要关键是由什么人执掌编辑审稿工作，而负责生活书店编审工作的都是救国会的重要成员。因此显而易见，国民党摧残封闭生活书店，就是打击救国会。

邹韬奋临行前，留有如下一封由沈钧儒转交黄炎培等各抗日民主党派参政员的信：

衡山先生并转任之、问渔、御秋、君劢、努生、舜生、幼椿、伯钧、漱溟、表方、士观、慧僧、申府诸先生鉴：

韬奋追随诸先生之后，曾于二三年来在国民参政会中，勉竭驽钝，原冀对于民主政治有所推进，俾于国家民族有所贡献。但二三年来之实际经验，深觉提议等于废纸，会议徒具形式，精神上时感深刻之痛苦，但以顾全大局，希望有徐图挽救之机会，故未忍遽尔言去耳。惟就韬奋参加工作之生活书店言，自前年三四月后所受之无理压迫，实已至忍无可忍之地步。本会上届第一次大会通过公布之《抗战建国纲领》，明载在抗建期间，于不违反三民主义最高原则及法令范围内，对于言论、出版、集会、结社自由，当与以合法之充分保障。此种最低限度之民权，必须在实际上得到合法保障，始有推进政治之可言。生活书店努力抗战建国文化，现在所出杂志八种及书籍千余种，均经政府机关审查通过，毫无违法行为。乃最近又于二月八日至二十一日，不及半个月，成都、桂林、昆明、贵阳等处分店，均无故被封，或勒令停业，十六年之惨淡经营，五十余处分店，至此已全部被毁。贵阳不仅封店，全体同事均无辜被捕。虽屡向中央及地方有关之党政各机关请求纠正，毫无结果。一部分文化事业被违法摧残之事小，民权毫无保障之事大。在此种惨酷压迫之情况下，法治无存，是非不论，韬奋苟犹列身议席，无异自侮，即在会外欲勉守文化岗位，有所努力，亦为事实所不许。故决计远离，暂以尽心于译著，自藏愚拙。临行匆促，未能尽所欲言。最后所愿奉告者，韬奋当仍以国民一分子资格，拥护抗战国策，为民族自由解放而努力奋斗。苟有以造谣毁谤相诬者，敬恳诸先生根据事实，代为辩正，而免于政治压迫之余，复遭莫须有之冤抑。忝为爱末，用敢披沥上陈，诸希鉴察为幸。诸先生为前辈先进，对国家民族尤具无上热诚，必能为全国同胞积极谋福利，再接再厉也。临颖怅惘，无任神驰。敬颂

公安！

邹韬奋倚装敬启　三十、二、二十五日晚[①]

2月25日凌晨4时，邹韬奋离开重庆，沈钧儒曾赶往其寓所送行。行前一两天，他曾往访沈钧儒和黄炎培辞别，23日他去看望沈钧儒时气愤地说："这是什么景象！一点不要理由，就是这样干完了我的书店！我无法保障它，还能保障什么！我

① 邹韬奋：《抗战以来》，第231～232页，其中个别字句与别的版本有异，未改动。参阅《韬奋文集》，第10集第40～41页。

决意走了。”[1] 24日邹韬奋再次造访，将辞职电文与致参政员信留交沈转。同日又去黄炎培家告别，据是日黄炎培日记记载：“韬奋来谈，为贵阳生活书店电吴达诠主席，请释该店店员，同时被封闭各地生活书店十几处，韬奋即夜出亡，大哭握别。”[2]

三、未能参与民主政团同盟的筹建

皖南事变发生后，黄炎培、梁漱溟、左舜生、张君劢等一些中间党派负责人，为了调解国共冲突，争取时局好转和政治民主，同时谋求自身党派的生存与发展，从1940年12下旬开始，经过多次密商，决定将统一建国同志会改组为一个第三者性质的政治团体，于1941年3月19日在重庆秘密成立中国民主政团同盟。救国会原为统一建国同志会的创议者和成员之一，但左舜生、张君劢等人认为沈钧儒、邹韬奋和救国会同共产党关系密切，顾虑将他们吸收进来会遭国民党反对，同时又担心不能向共产党保守秘密，因此没有让救国会参加。

关于民主政团同盟秘密组筹的经过，黄炎培日记曾记其梗概：

1940年12月24日，“梁漱溟、左舜生来。本日报端发表新参政员名单，余仍被选。因共君劢、漱溟、舜生商新组织问题。余以为吾辈调解国共，必须有第三者明确的立场和主张。

---

① 《沈钧儒文集》，第494页。

② 《黄炎培日记摘录》，第23页。

下午三时，再至君劢家，共三人续商组织问题。”

12 月 25 日，“八时，再赴君劢家，共君劢、舜生、漱溟续商前题，午后二时散。夜，共问渔、卫玉、御秋商前题。”

12 月 27 日，“九时，偕御秋、问渔到君劢家，共君劢、漱溟商前题。”

1941 年 2 月 15 日，“九时到君劢家，君劢、舜生、幼椿、问渔、努生、钧任、表方、漱溟、御秋共商民主政团同盟具体办法。会餐。”

3 月 12 日，“九时君劢家，共君劢、舜生、幼椿、努生、表方、漱溟、问渔、御秋九人商中国民主政团同盟事，被推为主席。”

3 月 13 日，“续讨论中国民主政团同盟问题，君劢家，加钧任共十人，通过政纲十二条。”

3 月 14 日，“到君劢家续谈。”

3 月 18 日，“八时到君劢家，共君劢、舜生、幼椿、漱溟、伯钧、表方、赓陶、问渔（加钧任共十人），商民盟问题。余提议非准备完成，不公表，但先发表同人对时局主张，皆同意。乃就漱溟所为宣言加以改窜定稿。”

3 月 19 日，“四时，就特园开民盟全体会，到者十三人，余及君劢、表方、舜生、漱溟、问渔、御秋、伯钧、赓陶、林可讥、蒋匀田、丘映芙（哲），通过简章，举定职员，常委劢、舜、漱、钧、余（主），及对时局主张，敬告政府及国人。九时散。以别储记 1000（元）捐与民盟，交左舜生。”

3月20日，“八时，君劢家民盟第一次常委会。”[1]

上述黄炎培日记可以清楚地看出，在民主政团同盟的酝酿成立过程中，一直是把救国会沈钧儒、邹韬奋等排除在外，没有让他们参与商量讨论。梁漱溟稍后在一篇文章中明确地指出：“同盟以同志会为其前身，组成分子还是那些人，只少了救国会一派朋友。”[2] 当时反对吸收救国会参加政团同盟最为激烈的是以反共出名的青年党悍将曾琦等人。史良有一段回忆说：“为什么救国会参加民盟是在政团成立以后呢？这里面有一段原委。原来在政团同盟中，组成单位的政治情况十分复杂，其中最突出的是青年党。青年党和国民党有矛盾，但从政治态度上看，它和国民党是一致的。它们在哪一点上一致呢？它们的一致就在反共这点上。青年党的领导人曾琦是一个出名的反共分子，他们反对共产党，也反对和共产党关系密切的救国会，惟恐救国会参加民盟以后，得罪国民党。”[3]

第二节　对《苏日中立条约》的表态

一、《苏日中立条约》的签订

中国自抗日战争爆发后，一直得到苏联政府和人民的国际

---

① 《黄炎培日记摘录》，第22～26页。

② 梁漱溟：《我努力的是什么》，见香港《光明报》，1941年10月31日。

③ 史良：《关于救国会的一些回忆》，见《救国会》，第457页；《救国会史料集》，第987页。

主义援助。对此，中国人民铭感在心。但1941年苏联与日本签订的《苏日中立条约》，却一度使包括救国会在内的一些爱国人士感到困惑。

日本帝国主义为推行其南进战略，实现“大东亚共荣圈”的迷梦，极力谋求与苏联达成妥协，以便抽出兵力巩固中国战场，进兵东南亚，从英、美、荷等国手中争夺殖民地和战略资源；而苏联领导人斯大林为避免东西两条战线作战，也不愿与日本发生战争，希望把日本的进攻引向南洋。苏联继与德国签订《苏德友好互不侵犯条约》之后，1941年4月13日，又由苏联人民委员会主席兼外交人民委员长莫洛托夫，与日本外相松冈洋右，在莫斯科签订了《苏日中立条约》。

这一条约规定：“倘缔约国之一方为一个或数个第三国敌对行动之对象时，则缔约国之他方，在冲突期间，即应始终遵守中立。”“现行条约的缔约国双方批准之日起生效，有效期限为五年。”条约还附有一个宣言，声明“苏联誓当尊重‘满洲国’之领土完整与神圣不可侵犯性，日本誓当尊重‘蒙古人民共和国’之领土完整与神圣不可侵犯性”。①

条约的签订，使苏联在以后苏德战争爆发时（两个多月后即6月22日，德国希特勒发动战争攻袭苏联，苏德战争爆发），避免了东西两条战线同时作战，集中力量首先打败最主要的敌人——德国法西斯，这在当时是符合全世界人民反法西斯斗争的利益的。但另方面，苏联从保存自己的民族利己主义

---

① 重庆《中央日报》，1941年4月15日。

出发，承认伪满洲国傀儡政权，作为交换条件，严重侵犯了中国的领土主权，损害了中国人民的抗日民族解放事业，也伤害了中国人民的民族自尊心，又是完全错误的。当时中国人民的抗日战争正处于最艰苦的相持阶段，条约使中国成为最大的受害者。

二、救国会同人致斯大林函

苏日中立条约的签订，中外舆论哗然，自然也激起中国爱国者的愤慨。4月19日，救国会在重庆的负责人沈钧儒、刘清扬、王造时、李公朴、张申府、沙千里、章乃器、胡子婴、史良开会讨论此事，认为“救国会运动是由于日本侵略东北而起的，中国抗战也是为着这个问题。苏联虽是我们最好的友邦，但是这个协定实在对中国是一个‘打击’。大家认为有公开表示的必要。”[1] 当场推举王造时起草，由张申府审查，写了一份《致斯大林的公开信》，并一式两份，一份送交苏联驻华大使潘友新，一份送国民党中央宣传部长王世杰，交中央社发表。原信如下：

苏联大使潘友新先生，并请转贵国领袖斯太林先生勋鉴：

我们以中国国民的立场，谨以最恳切的热诚，致书于阁下。贵国援助被压迫民族解放运动的政策及积极援助我

---

① 叶永烈编：《王造时　我的当场答复》，第217页，中国青年出版社1999年出版；《救国会史料集》，第992页。

中国抗战的事实，使我全国民众对于贵国具有至高的景仰与无限的希望。今贵国于四月十三日与我们的侵略者日本帝国主义订立中立协定，并发表宣言相互尊重所谓“满洲国”及“蒙古人民共和国”领土之完整与不可侵犯性，显然妨害我中国领土与行政的完整，我们不能不表示莫大的遗憾。故对于我政府宣布其无效的郑重声明，绝对拥护，而深信这是我国四万万五千万同胞的公意。

我们很殷切的希望阁下对于该项协定，能就下列三点，在相当的时机，用相当的方式，作一补充的说明，以祛除我国国民及全世界被压迫民族的疑惑。（一）尊重所谓“满洲国”是否事实上包含承认满洲伪国？（二）所谓“蒙古人民共和国”是否与一九二四年中苏协定内“苏联政府承认外蒙为完全中华民国之一部分，及尊重在该领土内中国之主权”的规定发生抵触？（三）对于我国反抗日本帝国主义的战争的积极援助是否有所影响？

中国抗战自始即抱定自力更生的原则，认定日本帝国主义为惟一的敌人。对于友邦的援助固然极端欢迎与感谢，但对于友邦一时的苦衷所造成不利于我的表现，除表示否认外，亦莫不寄以极端忍耐的期待。我们深信，我们的抗战，不仅为中国的独立、自由，抑且有裨于世界永久和平，而且深信我们必能全国团结一致，经过长期奋斗，获得最后胜利，恢复我国领土与行政的完整。

我们为主张抗战之人，我们亦为景仰贵国之人，并且自信今后亦能同情贵国之人。对于中苏两大民族携手向人类解放途上迈进，尤具无限的期望。故谨以至诚，略献数语，以供阁下的考虑。此信虽系我们数人签名，但我们相信能代表中国最大多数民众意见。专此，并致革命敬礼。

中华民国三十年四月十九日①

三、条约的影响、后果及其他

苏日中立条约的签订，自然也给坚持抗战的中国共产党带来了困难。中共从大局出发，不能不发表声明，维护苏联的威信，同时也严重指出："我们必须收复全国一切失地，必须打到鸭绿江边，驱逐日本帝国主义出中国。"② 这实际上对苏联承认伪满洲国，表明了不同立场。

条约签订后的当天，莫洛托夫约见中国驻苏大使，表示苏日条约的签订，"苏联对中国之政策与态度始终一致，毫无变更"，对于中国抗战之援助，"仍必一贯继续。"③ 16 日，中共中央发表声明，认为"苏日条约没有限制苏联援助中国进行独立的正义的对日抗战"，"苏日条约之后，中国必须坚持抗战、

---

① 《民意》周刊，第 179 期，1941 年 5 月；《救国会史料集》第 659 ~ 660 页。

② 世界知识出版社编：《国际条约集》（1934 ~ 1944），第 306 页，世界知识出版社 1959 年出版。

③ 蒋介石就《苏日中立条约》向各地军政当局发出的密电（1941 年 4 月 24 日），《档案与史料研究》，1993 年第 2 期。

团结、进步三大方针”。[①] 国民党政府虽然在条约签订的第二天，由外交部发表声明，表示“决不能承认”，但出于继续争取苏联对华援助的现实考虑，随即采取温和态度，“不对苏作其他批评，以免造成反苏印象，为敌利用”；对内则尽量缩小条约可能给中国抗战士气带来的影响。[②]

沈钧儒等人致斯大林公开信事后，经周恩来的解释和帮助，沈认识到这封公开信有可能被人利用作为反苏口实，便以补充内容为由，又把公开信要回来，并作了检讨。但实际上国民党中宣部长王世杰已将信交《民意》周刊1941年5月第179期上登出。章乃器不同意收回公开信，认为救国会是一个以抗日救国为主旨的独立政治团体，应该就此事表态，“发表宣言是救国会的事，共产党无权干涉，救国会也不应该检讨”。他争之不得，“就退出了救国会”。[③] 沈钧儒以后一直为此事而自责，感到愧疚。王造时是信件的起草人，被看成是“始作俑者”，以后吃尽了苦头。

除了救国会公开表态以外，黄炎培等爱国人士也对条约的签订表示不能理解，因此周恩来也必须对他们进行解释，以消除他们的疑虑。黄炎培4月14日日记记载：“午后，徐盈夫妇来，述今日报载日苏协定已从同盟社探悉内容，日承认外蒙苏有，苏承认伪满。”4月15日，“夜会到者舜生、伯钧、御秋、

① 《档案与史料研究》，1993年第2期。

② 《档案与史料研究》，1993年第2期。

③ 胡子婴回忆，未刊。

问渔、赓陶、可玑、匀田、映芙，互报日苏协约问题各方面消息。”4 月 17 日，“十一时，招周恩来、董必武来，舜生、伯钧亦到。请中共表示态度。周极言苏联此约及其一贯之政策，与对华毫无关系，至中共态度，决不因此变更云云。董略同。”①

关于苏日中立条约签订救国会表态事，沙千里曾回忆说：“王造时是救国会的负责人，他来到重庆后，我们留在重庆的会员当然开会欢迎他。王造时来后，对救国会当时无声无息表示不满意，说我们总该有所表示。苏日中立协定签订后，我们从民族主义立场出发，觉得苏联有些不对，这时王造时特别积极。他为救国会起草了一个声明，救国会在讨论这个声明时，意见很不一致，最后总算基本定下来了，一共有九、十人签名，我们都签了名。这个声明送到各报馆均未登，后来王造时透露给了王世杰，王在一个特务小报上发表了。声明发表后，周总理知道很不高兴。他找到沈钧儒对其进行了批评教育，沈老当时承认了错误，后来还召集救国会同人开会说明此事。当时情况就是如此，现在如何来看待这个问题，值得研究。许涤新在纪念周总理的报告中，对这个问题讲得绘声绘色，他讲的事实是有错误的。千家驹和我还有其他人均提出了意见，后来他的文章收集到纪念总理的集子中就改正过来了。”②

---

① 《黄炎培日记摘录》，第 27 页。

② 周天度 1978 年 9 月 14 日访问沙千里纪录，参见《救国会史料集》，第 1099 页。附注：与原访谈录个别文字字句上有改动，内容完全一样。

第三节　救国会在香港的活动

一、救国会海外工作委员会的成立及其活动

救国会派在重庆受到国民党的重重压迫和打击，无法继续进行活动；往日一些共同争取民主宪政运动的其他抗日民主党派朋友，也相对敬而远之，不敢多与之联系结盟。如上所述，民主政团同盟的筹组过程就清楚说明了这点。沈钧儒、史良、林亨元等先后在重庆执行律师业务工作。邹韬奋与其他部分救国会人士则到具有相对有利环境的香港继续开展抗日救国活动。

邹韬奋2月25日离开重庆，在中共地下党组织的帮助下，于3月5日到达香港，他说："我的动机绝不是出于什么泄愤的观念。我十分痛心于违法背理的现象，愿以光明磊落的辞职行为，唤起国人对于政治改革的深刻注意与推进，就这一点说，我的辞职和出走，不是消极而是积极的。"①

邹韬奋到香港后，成立了救国会海外工作委员会，组成包括邹韬奋、杨东莼、范长江、张友渔、于毅夫、金仲华、韩幽桐七人的常务干事会，由邹韬奋、杨东莼负总责。海外工作委员会与在重庆的救国会沈钧儒等人始终密切联系，交换意见，在行动上配合一致，做了不少有益于团结合作抗战的工作。

---

① 《韬奋文集》，第3集第318页。

还在邹韬奋来香港之前，已经在港的廖承志、范长江、胡仲持、张友渔等人正在筹办《华商报》。邹韬奋抵港后，即参加了筹划工作。4 月 8 日，《华商报》正式出版，该报由邓文田任督印人兼总经理，范长江任副总经理，胡仲持任总编辑，张友渔任总主笔。

邹韬奋应范长江之邀为《华商报》写的《抗战以来》长文，从该报创刊日即 4 月 8 日起至 6 月 30 日，连载了两个多月，共计 22 万字。他以自己的亲身经历，记述了国民党自抗战后不久，在国民参政会内外，坚持一党独裁专政，压制民主，拒绝实施宪政，侵犯人权，摧残进步文化事业，以及救国会及其他爱国民主人士强烈要求国民党改弦更张，革新政治，以争取抗战胜利等种种事实。《抗战以来》于 7 月印成单行本出版，受到海外华侨的热烈欢迎，在两三个月里印了三版，销数达一万五千册。他在该书序言中说："我的这本书的写出，也意在以光明磊落的公开言论，唤起国人对于政治改革的认识和努力，用意也是积极的而不是消极的。我在这本书里所谈到的实况及所引起的问题，主要是集中于说明要加速抗战胜利，政治实有彻底改革的必要。……政治改革实为一切改革的枢纽，这个基本问题能得到合理的解决，其他一切都可迎刃而解。"①

与此同时，邹韬奋积极筹备重新恢复出版《大众生活》，以作为救国会海外工作委员会的言论机关。

---

① 《抗战以来》，第 1 ~ 2 页。

二、《大众生活》重新创刊，《我们对国事的态度和主张》的发表

5月17日，邹韬奋在香港重新恢复的《大众生活》出版。邹韬奋任主编，金仲华、茅盾、乔木、夏衍、胡绳、千家驹任编辑。邹韬奋在新1号《复刊词》说："假如在五年以前摆在全国人民面前的紧迫任务是如何促成停止内战、团结统一的局面，以进一步达到对外的全面抗战，那么到现在，摆在全国人民面前的紧急问题，就是如何使分裂的危机根本消灭，巩固团结统一，建立民主政治，从而使抗战坚持到底，以达到最后的胜利。"他还表示，《大众生活》作为一个"为了大众，也是属于大众"的刊物，"不愿讳疾忌医，对于进步的、有利于民族前途的一切设施，固极愿尽其鼓吹之力，但对于退步的、有害于民族前途的现象，我们也不能默尔无言。"《大众生活》在它存在的不长时间内，正是本着这个反对分裂，巩固抗日民族统一战线，实现民主政治，坚持抗战到底，直到最后胜利这个宗旨，进行宣传的，因而受到广大读者的欢迎，销数很快达到十万份。1941年11月太平洋战争爆发，25日香港被日军攻陷，《大众生活》12月6日新30号出版，即被迫停刊。

5月29日，邹韬奋、茅盾[①]、金仲华、恽逸群、范长江、于毅夫、沈志运、沈兹九、韩幽桐九名救国会代表，写了《我们对国事的态度和主张》一文，随后发表在《大众生活》上。

① 关于茅盾参加救国运动和救国会活动的一些情况，详见后面的注释中。

文章说："四年来的事实昭示我们，要争取抗战胜利，必须团结和动员全民族的力量，而要团结和动员全民族的力量，主要的条件是实现民主政治。这是全国人民和各抗日党派一致的要求。不幸这一要求显然并未获得积极的反映。由于政治不进步，民族统一战线只具形式，没有内容，不仅未能巩固，反而每况愈下，纠纷时起，党派磨擦事件层见叠出。"文章指出："民族解放战争是一个伟大而艰苦的事业。在抗战过程中，必然会不断遭遇新的困难，产生新的危机，这是可以想像得到的。但抗战必须获得胜利，而且是一定能够获得胜利的，因为只要有决心，有热情，发挥全民力量，纠正种种缺陷，则困难必然可以克服，危机也必然可以解除。"文章列举了国内四年来不少爱国青年及人士在工作上无端受到种种阻碍、嫉视、压迫和摧残，行动失去自由，生命遭遇危险的事实；而国内这股政治逆流，这种令人痛心的现象，竟逐渐向海外侨胞中扩展。对于身居海外坚持团结抗战，要求实现民主政治的贞忠爱国人士，或被称为"异党分子"，或竟被诬为"汉奸"与"第五纵队"，混淆黑白，颠倒是非，"企图由此掩饰国内政治上的倒退与黑暗现象"。

为了克服当前危机，保证抗战胜利，文章提出下列几项原则，作为政治改革的最低限度主张。第一，坚持抗战国策，尤其更须彻底。第二，团结须更具诚意。第三，民主政治须即实施。第四，确定独立自主的外交原则。第五，严惩贪污，整饬官常。第六，改善民生，宜迅作有效的处置。第七，解除抗战文化的压迫与封锁。第八，特务工作必须改变方向。第九，应切实保障侨胞回国投资及回国参加抗战的安全，保证侨胞捐款的合理利用。

文章最后说：“以上诸端，我们认为当务之急，由之则全国团结必能加强，军心必能巩固，抗战必得最后胜利。国事至此，万不能再事因循，深望领导抗战之领袖与政府，以大勇大公之心，毅然决然，当机立断。但使政治进步有望，则我们不但对目前之流离与诽谤，视为无物，即使粉身碎骨，亦甘之如饴。至对于阴谋出卖国家、破坏抗战之恶势力，则一息尚存，誓当与之奋斗到底。我们无时不准备重返祖国，今虽身在海外，亦不愿自安于明哲保身，愿始终坚守文化岗位，追随海内外同胞之后，力争祖国之进步与光明。”①

三、积极宣扬民主政治，要求国民党放弃一党专政

在香港，邹韬奋还写了《我对民主政治的信念》一文。文章开头便引用孙中山的话说：“世界潮流的趋势，好比长江黄河的流水一样，水流的方向或者有许多曲折，向北流或向南流的，但是流到最后，一定是向东的，无论怎么样阻止不住的。所以世界的潮流由神权流到君权，由君权流到民权，便没有方法可以抵抗。如果反抗潮流，就是有很大的力量像袁世凯，很蛮悍的军阀像张勋，都是终归失败的。”他认为争取民主或是加强民主，已成为当前世界政治的中心问题，中国是世

① 香港版《大众生活》，新1号，1941年5月17日；《救国会史料集》，第662～666页。

界的一环，自然不能自外于世界之外。中国当前所亟待解决有关整个国家民族的几个实际问题，即第一巩固全国团结；第二加强动员；第三稳定经济。而解决这三个问题的先决条件，是整个政治的改善，也就是民主政治是否真能切实实施的问题。“除了真正实行民主政治外，也没有其他基本解决的办法。”他还说：“中国的抗战建国是要由全国各阶层共同努力达到成功的，不是任何一个阶级所能包办的。政治既是为着其所代表的阶层努力奋斗的，所以中国的民主政治当然是出于多党的方式，而不是出于任何一党的专政。……中国政治的光明前途，必然是建立于全国各阶层共同参加努力的真正全民的民主政治。”①

张友渔写的《我们需要怎样的民主政治?》一文说：“在中国，目前没有人敢公然反对民主政治，因为中国需要实现民主政治，不仅是广大民众所要求，而且为友邦人士所期望。”以至那些一向鼓吹法西斯主义，诋毁民主政治的人，也不得不把民主政治当做口头禅了。然而他们绝不是真正鄙弃专制主义而拥护民主政治，他们是把民主政治的外衣掩盖专制主义的丑相，即孙中山先生所曾指摘的“假民治之名而行专制之实”。他们说：中国已经实现民主政治，一党专政就是民主政治，是有组织的民主政治，是最新的民主政治，是适合中国国情的民主政治。因此，民众不必再要求什么民主政

---

① 《世界知识》，第 12 卷第 4 期，1941 年 4 月 16 日；《救国会史料集》，第 666～670 页。

治，而友邦也不必怀疑中国不是民主国家了。张友渔认为，这实际是“挂羊头卖狗肉”的欺骗把戏。文章指出：我们需要的民主政治，“原则上说，就是汉奸、亲日派除外的全民政治。……它不能是资产阶级专政，它不能是无产阶级专政；它不能是资产阶级大地主联合专政，也不能是工农民主专政；它不能是国民党一党专政，也不能是共产党一党专政，它应该是汉奸、亲日派除外，包括一切阶级、一切党派的统一战线的、民主集中的抗日政权。”这种民主政治的具体内容，主要有：第一，必须召集能代表全民的民意机关。第二，不仅要有民意机关而且要由民意机关产生的民主政府。第三，必须彻底保障人民的自由权利。第四，必须在均权主义的原则下，确定中央和地方的权限。①

上述文章代表了海外救国会同仁关于政治改革的具体主张。邹韬奋认为三文所说过的话，是他在《抗战以来》一书所要说而未说的话，故把它们作为附录编入该书中。毫无疑问，这也是当时整个救国会对政治改革的具体主张，是救国会所要说而在重庆内地不能说的话。

四、支持民主政团同盟在香港公告成立

由于在重庆国民党厉行一党专政，不容许别的第三者的党派公开活动，没有言论自由，中国民主政团同盟秘密成立后，只能在地下活动，于是决定派中央常务委员梁漱溟去香港办

① 香港版《大众生活》，新4号，1941年6月7日。

报，在海外建立言论机关，宣传民盟的政治主张，争取社会舆论的同情与支持，然后再相机公开自己的组织。梁漱溟记其事说："往日统一建国同志会虽以国共外之第三者自居，而在重庆实不容吾人以真正第三者面目出现，故同盟势不能不于海外建立其言论机关。余之被推赴港以此。"[1] 3月28日，梁漱溟去向周恩来陈述去香港办报的计划，得到周恩来的热情支持。梁问到香港找中共谁接头，周说找廖承志。随后周恩来致电廖承志，除告知重庆文化人去港情况外，还嘱廖支持统一建国同志会（即民盟）的工作。[2]

梁漱溟于5月20日由桂林飞抵香港。他曾和廖承志面谈过一次，但主要联系人是范长江，范在办《华商报》，给予梁以有力的支持。

9月18日，由梁漱溟筹划、中国民主政团同盟在香港创办的《光明报》出版，救国会的萨空了出任报社经理。萨精明能干，是梁的一大帮手。

10月10日，中国民主政团同盟公告成立，并发表一、贯彻抗日主张，恢复领土主权之完整，反对中途妥协；二、实践民主精神，结束党治，在宪政实施以前，设置各党派国事协议机关；三、加强国内团结，所有党派问题最近不协调之点，亟应根本调整，使进于正常关系；四、督促并协助中国国民党切

---

① 梁漱溟：《中国民主政团同盟发起成立之经过纪略》，1942年5月4日，见周天度编：《中华民国史资料丛刊》增刊，第6辑。

② 周天度：《梁漱溟在中国民主同盟成立前后》，见《民国春秋》，1992年第5期。

实执行抗战建国纲领等十大政纲。[1] 邹韬奋等曾对民主政团同盟公告成立给予积极支持。救国会这时虽然未参加民盟，仍然由邹韬奋、金仲华、张友渔三人发表宣言，响应同盟的主张，保证完全同它合作；对同盟提出的十大政纲表示“热烈的欢迎和竭诚的赞助”，并希望同盟“继续努力，配合全国各方面的民主势力，推动中国民主的实现”。[2] 救国会对同盟的支持，使同盟在香港的负责人梁漱溟和曾琦非常感奋。11 月 7 日，邹韬奋致沈钧儒信中说：“民主同盟在港公告后，救国会以海外同人名义，由韬与金仲华、张友渔三人署名（系由此间常干会中公推）发表宣言响应，梁、曾等甚感奋，救国会迄今并未正式加入，惟对民主运动，自当积极支持耳。”[3]

1941 年 12 月 8 日，太平洋战争爆发。25 日日军占领香港。在中国共产党的帮助下，邹韬奋离开香港偷渡到九龙，然后步行到广东惠阳，几次转移，历经艰辛困苦，于 1942 年到达苏北解放区。其他在港救国会成员则回到桂林、重庆、昆明等地。

由于长期忧心国事，笔耕不辍，积劳成疾，邹韬奋于 1944 年 7 月 24 日病逝于上海医院。他的逝世是救国会和救国运动、民主运动的一个重大损失。

---

① 《中国民主同盟历史文献》，第 8 页。

② 《中国民主政治的推动》，见香港《大众生活》，第 23 期，1941 年 10 月 18 日；《救国会史料集》，第 680 ~ 682 页。

③ 《救国会》，第 382 页；《救国会史料集》，第 683 页。

第四节　新的民主宪政运动的中坚力量

一、正式加入民主政团同盟

在内地，沈钧儒和救国会支持中国民主政团同盟的成立及其所公表的政治主张。11 月 16 日，继黄炎培任同盟主席的张澜，与其他领导人左舜生、章伯钧、罗隆基、张君劢邀请国共两党代表和国民参政会中的部分社会贤达举行茶话会，由左舜生报告了中国民主政团同盟成立的经过及其政治主张，公开宣布中国民主政团同盟的成立。沈钧儒出席了会议，并由张申府代表救国会发言，赞同同盟的主张。次日（即 11 月 17 日），国民参政会第二届第二次大会开幕，张澜、张君劢、左舜生、罗隆基等人根据同盟的纲领，提出了《实现民主以加强抗战力量，树立建国基础案》，要求国民党立即结束训政，实施宪政，成立抗战时期正式民意机关；政府一切机关不得歧视无党和异党分子；不得强迫公务人员加入国民党；国民党党费不得由国库开支；保证人民各项自由，停止特务组织对内的一切活动等。沈钧儒积极支持提案，列名联署。

由于国民党和共产党是国内两大政党，共产党的力量在抗战时期力量逐渐壮大，而国民党的力量则相对削弱，唯一能和国民党一党专政挑战和抗衡的只有共产党。中间的小党派在国民党一党统治下，要求得生存和发展，就必须得到共产党的支持，而救国会作为共产党的忠实盟友，在这方面是有所作为的。终于 1942 年 1 月，同盟主席张澜主持中央执行委员会，讨论通过了邀请沈钧儒入盟的决定，救国会也同时成为同盟内党派成员之一。是年 1 月 9 日黄炎培日记记载："同盟午餐并会谈，到者表方、君劢、舜生、可玑、伯钧、恩来、必武、衡山、申府、特生及余。"[①] 这是黄炎培日记中第一次记载救国会沈钧儒、张申府参加民盟领导人会谈，此前几日黄在记载同盟领导人会商盟务时，均没有沈钧儒参加，因此救国会参加同盟就应在此时。由此也可推断，救国会参加民盟，中共代表团周恩来、董必武是起了促进作用的。救国会加入后，同盟正式成为三党（民社党、青年党、第三党）、三派（救国会、职教社、乡建会）联盟的政治团体。从此沈钧儒和救国会主要就是参加民主政团同盟的活动，进一步联系和团结其他中间党派势力，为巩固国内团结，争取民主政治和抗战胜利而努力。"救国会是民主同盟中最激进的一派"。[②]

救国会的参政员虽已被国民党除名，但沈钧儒、史良等救国会成员仍一本初衷，继续积极参加了争取民主，反对国民党独裁，坚持团结，坚持抗战的民主宪政运动。

1943 年元旦，救国会的主要成员之一曹孟君在重庆创办的《现代妇女》月刊正式出版。发刊词说：中国正在抗战，全世界人民正在反抗侵略，每一个人的现实生活与前途，都和这种战争分不开。中国妇女只有从抗战与反侵略中，才能获得真正

---

① 《黄炎培日记摘录》，第 35 页。

② 《茅盾全集》，35 回忆录集，第 522 页，人民文学出版社 1997 年出版。

的解放。“但今天的问题是妇女力量要为抗战集中，而封建的残酷压迫，生活的苦痛，却束缚着这力量，而不能自由施展。因此，把妇女问题提到抗战日程上来，也正是为了抗战。”[①] 同一期上发表了史良写的《新年希望》一文指出：这两年来整个妇女运动的泄气，一般妇女地位的低落，都是不容否认的。“在这种抗战激荡，民族革命的潮流中，为什么妇女运动不能跟着时代前进，甚至不如抗战初两年的蓬勃。当然，妇女运动是需要政治上的扶植。数年来政治上未能注意及此，而且各级机构中，还排除女性去参加工作，这是妇女运动受打击的明证，也是三民主义的政治中不应有的现象。”她希望妇女本身大彻大悟，自力更生，学习一种工作技能，然后争取一个比较适合的工作，“再在这个工作的岗位上，尽我们最大的努力，直接间接的参加抗建大业”。[②]

《现代妇女》创刊后，发表了不少支援抗战，宣扬民主，争取妇女解放的文章，对抗战和民主宪政的开展，起了有益的促进作用。

二、借为沈钧儒祝寿宣传救国会抗战团结民主的政治主张

同年 12 月 21 日，重庆文化界、妇女界和各党派的负责人

---

① 《现代妇女》，第 1 卷第 1 期，1943 年 1 月 1 日；《救国会史料集》，第 689 ~ 690 页。

② 《现代妇女》，第 1 卷第 1 期，1943 年 1 月 1 日。

等，共400余人，举行盛大的茶话会，祝贺沈钧儒70岁寿辰。

祝寿会由陶行知主持，他在贺词中，对沈钧儒从1935年领导救国运动以来的政治主张，作了很中肯的概括和评价。他说："沈先生毕生的奋斗，主张，生活，都不是为了他自己，而是为了国家，为了民族，为了人类。我们来此开庆祝的茶会，是为了庆祝他的主张。沈先生的主张是什么？有三项：一、抗战；二、团结；三、民主。当日本帝国主义开始向中国侵略的时候，沈先生便坚决主张抗战；为了使抗战胜利，坚决主张团结；为了要使团结巩固，又坚决主张要实行民主。这三项便是沈先生的救国主张，也是全中国人民的主张。……因此，我们今天庆祝他的生辰，意义并不寻常，还有为新中国做生辰的意义在内。"①

在会上讲话的还有董必武、郭沫若、于右任、左舜生、史良等。董必武在发言中说："记得在长征中我们在沙漠里跋涉的时候，就听到沈先生和章乃器、邹韬奋等几位救国会朋友发出抗战、团结、民主的号召，我们立即响应这个主张。"同时他盛赞沈钧儒做到老，学到老，勇于接受新思想的可贵精神，号召学习他的这种精神，继续为抗战、团结、民主努力奋斗。

左舜生称赞沈钧儒"没有成见，却具有坚强的意志。凡是有利于抗战，有利于团结，有利于民主，他肯讲、肯做；反之，他坚决不讲、不做。"左认为只有努力实行团结民主，争取抗战最后胜利，才是庆贺沈寿辰的最好礼物。

---

① 《新华日报》，1943年11月22日。

郭沫若代表文化界同人祝颂沈钧儒“起码再活三十年，为民族，为国家，为抗战，为团结，为民主而奋斗”。[①]

沈钧儒在答词中，为了表达朋友们对他的鼓励与期望，表示今后要努力做三项工作，其中第一项就是尽早实施民主宪政。

抗战，团结，民主，既是沈钧儒的救国主张，也是救国会自成立开始以至整个抗战期间的政治主张。在当时重庆政治气候很坏的情况下，借给沈钧儒作祝寿活动，不但很好的宣传了这一主张，而且也是对国民党坚持一党专政，排斥其他抗日民主党派的抵制和谴责。

三、强调只有实现民主政治，铲除贪污腐败，才能挽救危局

抗战后期，日本帝国主义为了打通从中国的东北直到越南的大陆交通线，于 1944 年发动了豫湘桂战役，国民党军队再次遭到重大失败，加上国民党官吏贪污腐败，诚如黄炎培所指出：“贪污，从前是黑的（鸦片），现在是白的（粮食），白而兼黑的。”“模范县长官吏越好，民生越苦；建设越漂亮，民脂民膏越干枯。”“贪污问题，现时如人身中毒，四肢百脉皆毒菌。”因此必须“严惩贪污问题”。[②] 战场上的失败和政治上的腐败，激起人民的极大不满，强烈要求结束国民党的一党专

---

① 《新华日报》，1943 年 11 月 22 日。

② 黄炎培日记，1944 年 9 月 8 日。引文中括弧里面的“鸦片”和“粮食”，均系根据 1944 年 9 月 10 日《新华日报》登载黄炎培来信订正添加的。

政，立即实行民主宪政，国民党统治区再次掀起民主宪政运动的高潮。沈钧儒、史良等救国会成员是这一运动的积极鼓吹者、推动者。

为了推动宪政运动的开展，1944 年初，沈钧儒和黄炎培、章伯钧、张君劢、左舜生等在重庆共同发起召集宪政座谈会。他在会上发言说：“今天一进门，看见许多熟朋友，使我有无穷感慨。三年前，在本银行公会不也举行过这一类的宪政座谈会，为什么三年后还在谈宪政？有的说，训政还训得不够！记得有一次王亮畴先生谈起民国二十九年来还没有一部宪法，那是一种耻辱。今天大家有督促政府实现宪政的责任，也有向民间作普遍宣传的任务，使每一个农民和每一位终年不出门的乡村妇女都了解宪法和本身的关系。”① 因此，他建议下次宪政座谈会开会前，希望各报遍登广告，写明地点和开会时间，邀请许多人参加。以后每次宪政座谈会，他都是积极参与者。

7 月初，沈钧儒、陶行知、史良、邓初民和郭沫若等，联名发通电，支持广西爱国民主人士“保卫西南”的号召，力主铲除失败主义，采取民主办法，组织人力物力，坚持抗战到底。② 9 月他又和黄炎培等人在重庆发起组织民主宪政促进会。沈钧儒针对现实，就维护民主原则和人民的基本权利，保障人身自由，发表了不少重要见解。如他在一次关于保障人身自由的发言中强调，必须实行“法权统一”，使法院以外的各机关

---

① 《新华日报》，1944 年 1 月 4 日；《沈钧儒文集》，第 481 页。

② 《新华日报》，1944 年 7 月 8 日。

不能任意拘捕，妨害人民身体自由。同时对于政府颁布并于8月1日生效的《保障人民身体自由办法》中，提出在司法以外公开承认军事机关也可以逮捕拘禁人民的做法，不表赞同，认为这是“法权之分裂杂乱，与今政府五权分立精神根本有所抵触”。[①]

史良在一些场合系统地阐述了她关于民主的涵义和民主与妇女的关系问题，其中某些意见今天对我们仍然有启迪意义。在一次会议上她说：“民主是不用学习的，所以不能拿学习来比喻。‘民主就是人民是主人’。无论有知识与否，每个人都会管理自己的财产。官吏是由主人请来代为管理财产的公仆，假若仆人有了错误，主人是有权来更换的。……惟其实行了民主的选举，才能真正铲除贪污呢！”[②] 她还指出：“近数年来政治的腐败，经济濒于崩溃的地步，军事的失利，总而言之，就是没有民主，使大家知道多种毛病，都是由于不民主而产生的，只有民主，才能团结，才能永久和平。世界潮流，民主的方向已经决定了，不民主是不能解决任何问题的。……要民主，不仅仅是自上而下，而要自下而上，大家共同来做开展民主运动；要各党各派共同解决国事，一个党是不能解决问题的，更不是一个人所能做到的，要大家共同来管理国事。”[③]

---

① 《沈钧儒文集》，第482、483页。

② 《女参政员谈民主》，见《现代妇女》，第4卷第5、6期，1944年12月；《救国会史料集》，第703页。

③ 《史良先生发表对妇运意见》，见《新华日报》，1945年3月10日；《救国会史料集》，第704页。

由于史良对深受压迫的广大中国妇女寄予深切同情，她始终把争取妇女的民主权利和人格平等，当成自己的首要任务。关于妇女与民主问题，她说："说起民主两字似乎很简单，好像就是叫老百姓做主人，其实并不就这样简单。民主是做人的道理，是人类共同生活的方法，也可说是人生哲学。民主的意义不单包含政治民主、经济民主，他的基本意义，就是'我是人，大家是人，我尊重自己意见，也尊重别人意见'。""人有本身的价值，本身的人格，这也就是人所以是万物之灵的原因，不能说'我有人格，而别人没有人格'，而应是'我有人格，人家也有人格'，不能勉强别人同我一样，这样才算是民主。民主一方面是民主政治内容，也唯有民主才是真正政治的精神。因为政治上派别各有不同，有在朝的、在野的，专制独裁的只顾在朝不顾在野；民主的不但顾在朝的，也顾到在野的。政治是应该有道德的，但只有民主才有政治道德。民主不分你不分我，只有正义、公理，态度是大方公正坦白的。"史良还指出，既然"民主是'我是人，大家是人'，我们妇女说：'我们女人也是人。'妇女要民主可说是对不民主的反抗。""我们一定要积极争取，要加倍努力。我们妇女要踏上世界人的立场，中国社会的立场。……我们要争取真正的民主，不要做国家的奴隶。我们要把国家造成乐园，不要把国家成为自己的牢监！"①

① 史良：《妇女与民主》，见《现代妇女》，第5卷第4期，1945年4月；《救国会史料集》，第704～706页。

史良上述关于民主就是人民是主人，官吏只不过是由主人请来代为管理事物的公仆，如果仆人有了错误，主人是有权来更换的；只有实行民主，才能澄清吏治，铲除贪官污吏，拯救政治腐败；和她在这里所说的各人各有自身的人格与价值，大家都是平等的，应当互相尊重；民主不分你我，只有正义、公理；专制独裁只顾在朝，不顾在野，民主则不但顾在朝的，也顾及到在野的，以及关于妇女与民主等等的言论，无疑是正确的。史良把统治者与被统治者的封建传统观念颠倒过来，将人人平等的思想注入社会人际关系中，说明她对民主的本质有深入的理解，体现了她可贵的人民民主思想精华，不仅在当时有普遍的深刻的社会意义，即使在今天，也仍未失去它的光彩和价值。

刘清扬也撰文指出，妇女是国家半数的人民，应该同样享有民主宪政的权利。但妇女长期处在封建枷锁和双层重压下，久已失去了人权的平等和自由的地位，所以特别需要民主宪政的扶持，以解脱历来的束缚羁绊，而达到解放的目的。因此，妇女对民主宪政的要求，格外迫切。她强调："澈底实现民主才是解放妇女问题的保障。""没有真正民主政治的保障，妇女的澈底解放是没有希望的。所以妇女应为促进民主宪政而努力，它实是求得自由平等的关键。"①

1944 年 6 月 12 日，毛泽东在会见中外记者西北参观团的

---

① 《妇女与宪政》，见《宪政月刊》第 6 号，1944 年 6 月 1 日；《救国会史料集》，第 693～694 页。

讲话中说："中国是有缺点的，而且是很大的缺点，这种缺点，一言以蔽之，就是缺乏民主。中国人民非常需要民主，因为只有民主，抗战才有力量，中国内部关系与对外关系，才能走上正确，才能取得抗战胜利，才能建设一个好的国家；亦只有民主才能使中国战后继续团结。……我们很需要统一，但是只有建筑在民主基础上的统一，才是真统一。""我们认为全中国只有民主制度、民主作风，目前才能胜敌，将来才能建立一个很好的、和平的国内关系与国际关系。"①

张友渔回忆说："1943 年以后，救国会对推动国民党统治区宪政运动起了重要作用。"②

四、响应共产党提出结束国民党一党专政，成立联合政府的号召

9 月 15 日，中共参政员林伯渠在国民参政会第三届第三次会议上，报告四个月来国共谈判经过时，提出"希望国民党立即结束一党统治的局面，由国民政府召集各党、各派、各抗日部队、各地方政府、各人民团体的代表，开国事会议，组织各抗日党派联合政府，一新天下耳目，振奋全国人心，鼓励前方士气，以加强全国团结，集中全国人材，集中全国力量。这样一定能够准备配合盟军反攻，将日寇打败。"③ 中共提出建立联

① 中共中央文献研究室编：《毛泽东文集》，第 3 卷第 168 页，人民出版社 1996 年出版。

② 1979 年 1 月 19 日周天度访问张友渔纪录，《救国会史料集》，第 1106 页。

③ 《解放日报》，1944 年 9 月 22 日。

合政府，挽救危局的政治主张，获得各抗日民主党派人士的赞同。沈钧儒认为这一主张，既容纳了实行民主宪政的基本要求，也是挽救当前严重的军事、政治和经济危局的必要办法，因而表示赞同和支持。

9月19日，中国民主政团同盟在重庆上清寺“特园”召开全国代表会议，经过认真的讨论，会议决定取消同盟的团体会员制，以后盟员一律以个人名义加入，组织名称改为“中国民主同盟”。救国会的沈钧儒和张申府被选为中央委员和中央常委。

9月24日，重庆各党派各阶级代表500余人集会，响应中国共产党的号召，要求实行民主，挽救危局，召开国事会议，成立联合政府。沈钧儒在会上发言说：“国内外形势，盟邦天天胜利，我们节节失败，真令人着急。大家所讲联合政府，国民会议，其实都很平常，容易做到的，问题在政府能否接受，如何实行。政府如要表示对民主的诚意，只要五分钟就可以使言论自由，承认各党派的地位及释放政治犯三点得到实行。”①为此，他提议仿效昆明、成都先例，成立重庆民主促进会，以今天的发起人钟天心、王昆仑、屈武等为发起人，全场一致鼓掌赞成。10月1日，他在重庆追悼邹韬奋逝世大会上致词时，热泪纵横，泣不成声，说：“韬奋先生是为民主而死的，我们哀悼他，我们要为实现民主而奋斗。我在韬奋先生的灵前向今天到会的朋友宣誓：我虽然老了，我誓为中国的民主政治实现

① 《新华日报》，1944年9月25日。

而要奋斗到底。”①

邓初民在上述9月24日的会上说：“今天不是应否需要民主的问题，而是如何实现民主的问题。中山先生说，民主是人民作主，所有权应属人民全体，不应在个人或一个集团手中。今天的问题，是民主由什么人来实行的问题。抓强盗，不能由强盗来抓强盗；要抗战，不能由反对抗战的人来领导抗战。要实行民主，必须要由赞成民主的人来实行民主，决非反对民主的人能实行民主。”关于实行民主的办法，他主张召开国民会议来实施民主宪政。“今天不召开国民会议，就不能实行民主，不民主就不能胜利！”② 他的讲话，获得全场热烈的掌声。

10月10日，中国民主同盟经沈钧儒等中常委多次磋商，发表《对抗战最后阶段的政治主张》，响应中共的号召，要求：（一）立即结束一党专政，建立各党派之联合政权，实行民主政治；（二）召集党派会议，产生举国一致之政府；（三）保障人民言论、出版、集会、结社、职业、身体之自由，废除现行一切妨碍上列自由权利之法令与条例；（四）开放党禁，承认各党各派公开合法地位，立即释放一切政治犯；（五）迅速筹备实施宪政，立即召开全国党派会议，制颁宪法等。③

1945年元旦，沈钧儒代表救国会同人在《新华日报》上发表了《新年希望》一文，再次表达了对建立联合政府的祈盼，

---

① 《新华日报》，1944年10月27日。

② 《新华日报》，1944年9月25日；《救国会史料集》，第698页。

③ 《中国民主同盟历史文献》，第32页。

他说："又是一年过去了，胜利将日益接近，抗战亦将愈入艰苦阶段。中原、湘桂、桂筑前线这一年内日本强盗之冒险进袭，世界法西斯最后挣扎，使得整个形势仍然严重。吾们主张吾国自政府以至全国上下愈应加紧团结，军事方面一切皆应注重前线，尤其在各部队间之政工人员，必须随时随地辅助军队深入民间，达到军民联合一致之目的。后方必须重法肃清贪污，加强政府各机关之政事效率，减轻工商负担，增加生产，尊重人民自由，使言论、行动等等，有积极发展机会，以增强其对于政治之贡献、热诚与向心力量，果能如此，强敌不足畏也。吾们于此，更不能不祈求中央领导之赶速改进，举国一致之政府能早日实现。新岁献曝，迫切陈辞。"①

与此同时，蒋介石也发表新年元旦文告，提出"一俟我们军事形势稳定，反攻基础确定，最后胜利更有把握的时候"，就及时"召开国民大会，颁布宪法"，"归政于全国的国民"。②企图以此作为缓兵之计，来抵挡全国人民强烈要求结束国民党一党专政，成立联合政府的潮流。

1月14日，中共代表王若飞、徐冰在重庆同民盟领导人沈钧儒、左舜生、章伯钧、张申府、黄炎培以及王炳南、杨耿光等人，就改革政府，实现国共谈判交换意见。③ 1月15日，沈钧儒等民盟领导人，针对蒋介石新年文告发表时局宣言说：

---

① 《新华日报》，1945年1月1日；另见《沈钧儒文集》，第497页。

② 重庆《中央日报》，1945年1月1日。

③ 《黄炎培日记摘录》，第59页；《中国民主同盟简史》，第29页。

“假定能召开一举国一致而又确能解决当前一切现实问题的国民大会，吾人在原则上自亦赞成之，但目前事实上乃绝少办到的希望。”重申只有：一、立即结束一党专政，建立联合政权；二、召集党派会议，产生战时举国一致之政府，并筹备正式国民大会之召开及宪法之制定；（三）保障人民言论、出版、集会、结社、职业、身体之自由，废除一切现行有妨害上列自由权利之法令与条例；（四）开放党禁，承认各党派公开合法地位，并立即释放一切政治犯等，才是真正实行民主宪政的途经。宣言最后说：“吾人以为在战争未结束以前，必须将此项过渡办法切实做到，中国始有实现民主宪政之可能，否则藉延宕以资敷衍，弄名词以饰观听，则不惟当前一切困难问题无从解决，整个国家民族且有陷于分裂破碎之虞。为国民党计，与其空谈‘还政于民’，何如实行与民合作，以免自误误国之为愈也。”①

蒋介石仍然坚持一党专政，拒绝召开党派会议和成立联合政府的主张。2月13日周恩来和负责调停国共冲突的美国驻华大使赫尔利去见蒋介石时，蒋在发言中说：“国民党是人民唯一的革命组织。”“各党派会议等于分赃会议；组织联合政府，无异于推翻政府。”② 章伯钧曾驳斥蒋介石的这种说法，指出：“党派会议或联合政府是合理的，是团结全国打开时局的第一

---

① 《中国民同盟历史文献》，第36～37页。

② 《黄炎培日记摘录》，第61页；《周恩来年谱》，第602、603页。

步骤。”[①] 第二天，周恩来和沈钧儒、章伯钧、陶行知、于右任、孙科、章伯钧、左舜生、黄炎培等各党派负责人会谈时，报告了最近国共谈判经过，揭露蒋介石反民主的本质，说明鉴于蒋介石的顽固态度，谈判无法进行，随后即返回延安。国共两党谈判，面临破裂。

五、呼吁团结，反对国民党挑动内战

1945年5月5日，国民党在重庆召开第六次全国代表大会。17日，大会通过《本党同志对中共问题之工作方针》和《对于中共问题之决议案》，拒绝中共关于建立民主联合政府的建议，并诬蔑中共“一贯坚持其武装割据，借以破坏抗战”，“颠覆政府，危害国家”，号召国民党员“提高警觉”，“努力奋斗，整军肃政，加强力量。”[②] 次日，蒋介石在向大会的报告中说：“今天的中心工作，在于消灭共产党。日本是我们国外的敌人，中共是我们国内的敌人。只有消灭中共，才能完成我们的任务。”[③] 21日国民党六全大会闭幕，23日蒋介石就调集第三战区十个师的兵力，任命上官云相为总指挥官，分三路向中共领导的苏浙地区新四军发动军事进攻。7月，胡宗南部又调兵遣将，开到陕甘宁地区南线，向淳化、耀县等地进攻。抗

---

① 章伯钧：《纪念国父》，《中华论坛》，第3期。

② 荣孟源主编：《中国国民党历次代表大会及中央全会资料》（下册），第921～922页，光明日报出版社1985年出版。

③ 蒋介石：《军事政治经济党务之现状与改进的途径》，国民党中央执行委员会秘书处档案，中国第二历史档案馆藏。

战胜利前夕，国民党“六大”确定坚持独裁准备内战的路线，以及其军队在各地向共产党领导的军队挑起武装冲突，内战危机呈露端倪。

针对严重的内战危机，沈钧儒和救国会把争取民主问题与反对内战联系起来，认为没有全国的团结与和平，就无法实现民主。沈钧儒说：“当前的民主问题，简要说起来，一方面是要争取到全国性之较长久的和谐合作，另一方面则在防止内部不幸的战祸。这不只是在我们国内成为一个问题，就是在全世界，实早已被认为大势所趋，任何国家莫能例外。”① 随后，他代表救国会同人向《新华日报》发表谈话，着重指出：“反对内战，呼吁团结抗战，为吾同人自抗战迄今一贯之主张，实亦本于全国人民之公意。八年抗战，所以能坚持一致者，当由于国内团结对外所致，诚足为国家民族庆幸。盖欲求抗战，固必须集中全国力量，始能对付强敌；亦惟有集中全国力量，始能完成反攻，争取彻底胜利。际斯国际形势，于我日见有利，胜利已近眉睫之时，反以此最后关头肇阋墙之争，自毁国力，其危险所至，何堪设想！同人认为内战危机，目前已属悬于一发，不能不坚决反对。”② 他要求政府以大局为重，立刻召开政治会议，以求根本解决；同时由各党派及其他社会人士共同组织调查团，前往各冲突地点进行调查，以期释明事实，平息祸端。

---

① 《沈钧儒文集》，第 500 页。

② 《沈钧儒文集》，第 502 页。

六、领导生活书店和峨嵋出版社出版救国丛刊丛书

如前所述，由于生活书店出版的许多书刊，把救国会的主张和救国会会员的言论传播出去，实际上成了救国会的言论机关，因而皖南事变后生活书店受到国民党的残酷打击，邹韬奋和总管理处徐伯昕等人被迫流亡香港。继之太平洋战争爆发，香港沦陷，邹韬奋又被迫流亡，不能回重庆，只能由徐伯昕回重庆向周恩来汇报请示今后工作方针，并请沈钧儒以理事身份，领导重庆地区的生活书店。沈钧儒是在1939年就被推选为生活书店合作社理事，其他几位理事也都是救国会成员。沈钧儒面对十分险恶的政治局势和严重的经济困难局面，毅然接受了邹韬奋的委托，担起了重任。虽然他事很忙，但对书店十分关心，如有关出书的方向，如何应付国民党的压迫，以及处理好与合作者黄炎培、潘序伦的关系等等，都给予指导。

1944年秋邹韬奋逝世，国民党在日本发动的豫、湘、桂战役溃败后，生活书店在桂林地区经营的事业，全部损失，又一次面临困境。为商讨今后的工作方针，在沈钧儒主持下，1945年在重庆举行了渝桂区生活书店联席会议。会议在沈指导下，对坚持生活书店这一文化阵地和进步的合作社组织，继续努力完成韬奋所未竟的事业，作出了部署。会议还决定成立一个内地管理委员会，由沈任主席，统一领导内地生活书店业务。①

---

① 仲秋元：《救国会、沈钧儒和生活书店》，见《爱国主义的丰碑》，第334~335页；《救国会史料集》，第1050页。

为恢复生活书店，解决生活书店一些亟待解决的问题，沈钧儒倾注了很大的热情和精力。

沈钧儒与生活书店合作创办的峨嵋出版社，自 1942 年成立之日起，至抗战胜利出版业务结束时止，三年内共出版了 24 种书，其中重要的有救国会成员的文艺作品和《抗战建国丛刊》。《抗战建国丛刊》是以书籍形式，每本书从一个方面分析批判国民党政治经济政策，发表救国会政见的一套不定期刊。1944 年救国会领导人之一张友渔从桂林到重庆，奉周恩来之命出任生活书店总编辑。周恩来指示张友渔，生活书店要以救国会的出版机关的面貌出现。张友渔同时也负责指导峨嵋出版社的编辑工作。经沈钧儒和张友渔等救国会同志商定，决定以出版丛刊这一不定期刊的形式，由峨嵋出版社来出版一批表明救国会主张的时事政策读物。这套丛刊定名为《抗战建国时事丛刊》，每册收七八篇文章，约五六万字，集中分析论述一个方面的问题。执笔者都是救国会的著名学者和作家。丛刊先后出版了五册，有张志让编著的评述外交政策的《国际与外交》，张申府的评述当前民主宪政运动的《民主与宪政》，沈志远的评述国民党财政经济政策的《中国的经济现状与对策》，韩幽桐的评述国民党法律与宪法的《法与宪法》等。这些书出版后，受到广大读者欢迎，一再重版。

第五章
为和平民主的新中国而努力

第一节　为和平民主团结而奔走呼号

一、“不要叫胜利冲昏了头脑”，痛悼“一二·一”死难师生

1945年8月15日，日本宣布无条件投降，中国人民经过八年浴血抗战和艰苦卓绝的斗争，终于赢来了自十九世纪四十年代反侵略战争以来第一次完全胜利，为中国历史谱写了光辉灿烂的篇章。救国会在八年抗战中，作出了自己应有的贡献。

抗战胜利后，全国人民都渴望和平，把中国建设成一个真正独立、自由、民主、团结、统一和富强的新中国。中国共产党主张在和平、民主、团结的基础上，各党各派和各种社会力量合作，建立一个联合政府的新中国。但执政的国民党仍旧奉行一党专政，以党治国和个人独裁的方针，企图独享胜利的果实，继续排斥其它党派和社会力量的政治参与。中日民族矛盾获得解决，国内矛盾又开始上升，并面临内战的危险。

蒋介石国民党迫于各方面原因，一时还不敢公开挑起内战，8月中旬，他三次电邀毛泽东赴重庆进行和平谈判。中国

共产党仔细衡量各方面情势，为了尽一切可能争取和平，阻止和推迟内战爆发，决定接受蒋介石的邀请，派毛泽东、周恩来、王若飞赴重庆谈判。国共双方经过认真商谈，虽然在军队改编和解放区政权问题上意见分歧，未能达成一致，但在其它问题上如和平建国的基本方针，保障人民自由，承认党派合法，召开政治协商会议等问题上达成一致意见，于10月10日共同签署了《政府与中共代表会谈纪要》，即通常所说的“双十协定”。

不料，“双十协定”的墨迹未干，蒋介石即于13日下达了“剿匪”的密令，并在11月上旬和中旬在重庆亲自主持召开军事会议，策划在六个月内击溃八路军、新四军主力，然后实行分区围剿。毛泽东回延安后，即作了反内战的部署。国共两党军队随之在上党、察绥、平汉路、津浦路等地发生了一系列激烈战斗。

局势的恶化，引起救国会人士的严重关注，他们为战后的和平、民主、团结事业而奔走呼号，不遗余力。还在抗战胜利前夕沈钧儒代表救国会同人呼吁加强团结合作，反对内战的文章，已如前述。此时，他多次与民盟其他领导人开会商讨停止国共双方军队冲突问题，并与重庆文化界、实业界、妇女界等各界领导人商讨发动全国各界组织反内战联合会。不久，“陪都各界反内战联合会”成立，沈钧儒当选为陪都各界反内战联合会常务理事。

救国会的主要成员李公朴密切地关注着局势的发展。9月4日，昆明西南联大新诗社在新校舍东食堂举行诗歌朗诵会，主题是“为胜利民主团结”而歌。有千余人参加，李公朴应邀出席，并在大会上朗诵了一篇他创作的题名为《不要教胜利冲昏了头脑》的新诗，表达了渴望要求民主团结与和平的心声。诗如下：

不要狂欢，且慢骄傲，
胜利团结与民主并没有真正得到。
它还要靠咱们大家努力，
抓紧时机共同创造。

八年来团结成了个空口号，
中国的命运几乎不能保。
现在“胜利”总算被“等”到，
胜利的果实不能白白地送掉。

今天为胜利团结与民主而歌，
却不要教胜利冲昏了头脑。
团结的障碍多得很，
民主的暗礁更不少。

我们要抓紧时机打定主意，
把民主和平高唱入云霄。
把反民主的将军、老爷、汉奸、
　走狗、摩擦专家、顽固分子，

一齐都打倒！打倒！打倒！[①]

12月1日，西南联大、云南大学、中法大学等大中学校师生、青年职工、社会人士等6000余人在联大草坪举行反内战时事讲演会，遭到国民党军警和宪兵特务的镇压，打死教员一人、学生三人，伤50多人。这是战后的第一次大惨案，激起广大人民的愤慨。9日，重庆各界为昆明“一二·一”惨案死难师生举行追悼大会，沈钧儒代表救国会主祭并讲话，他说：“要为民主在中国实现而奋斗，我们就要继续反内战，要踏着已死的先烈血迹前进。”[②] 他还写了一首题为《献给生者和死者》的诗，表示对国民党镇压行径的无比愤慨和强烈抗议：“血洒昆明市，心伤反战年。座谈讵有罪，飞祸竟从天。魑魅食人日，鸱枭毁室篇。防川终必溃，决胜在民权。”[③] 已来到重庆的李公朴不但负责筹备了追悼会，而且写了两副悼念挽联，其中之一为：“要独裁，残杀学生之政府，从来没有好下场；反内战，代表人民的心意，一定会成功。”[④] 史良写的挽联是：“统治者宰治，青年遭难孰能忍；立法者毁法，民权扫荡真

① 方仲伯编：《李公朴文集》，第937～938页；《救国会史料集》，第709页。

② 《陪都各界追悼昆明死难师生大会速写》，见《现代妇女》，第6卷第6期，1945年12月。

③ 《寥寥集》，第138页。

④ 《李公朴文集》，第1018页。

堪伤。”[①]

二、陶行知创办《民主教育》，大力宣扬民主

为了争取实现民主政治和民主教育，11 月，陶行知创办的《民主教育》杂志出版。他在创刊号上发表了《民主》和《民主教育》两篇文章。在《民主》一文中他说：“民主的意义还是在发展，因为它的内容还是在发展。照我看来，真正的民主，必须包涵：一、政治民主；二、经济民主；三、文化民主；四、社会民主；五、国际民主。……民主是中国之救命仙丹。民主能叫四万万五千万老百姓团结成一个巨人。民主能给我们和平，永远消除内战之危机。民主好比政治的盘尼西林，肃清一切中国病。民主又好比是精神的维他命，给我们新的力量，来创造一个自由、独立、进步的新中国和一个富足、平等、幸福的新世界。民主第一！人民万岁！”[②] 在《民主教育》一文中他指出：“民主教育是叫人做主人，做自己的主人，做国家的主人，做世界的主人。把林肯总统的话引伸到教育方面来说，民主教育是民有、民治、民享之教育。说得通俗些，民主教育是人民的教育，人民办的教育，为人民自己的幸福而办的教育。”他还提出了实现这种教育的内容和方法：（一）教育为公以达到天下为公，全民教育以实现全民政治；（二）教人民肃清法西斯细菌，以实现真正的民主；（三）启发觉悟性，

---

① 《现代妇女》，第 6 卷第 6 期，1945 年 12 月。

② 《民主教育》，创刊号，1945 年 11 月 1 日；《救国会史料集》，第 710 页。

教人民进行自觉的学习，遵守自觉的纪律，从事自觉的工作与奋斗；（四）培养创造力以实现创造的民主和民主的创造；（五）各尽所能，各学所需，各教所知，使大家各得其所；以及民主教育应该是整个生活的教育等等。①

稍后陶行知在另一篇文章中说，中国人受了二千年专制政治的压迫，几乎每个人一当了权便会仗权凌人。在中国几乎每一个有权的人是一个独裁者。有大权是大独裁，有小权是小独裁。“民主的时代已经来到。民主是一种新的生活方式。我们对于民主的生活还不习惯。但春天已来，我们必须脱去棉衣，穿上春装。我们必须在民主的新生活中学习民主。不但老百姓要学习民主，大大小小的领袖们都得学习民主。……他们虽然受过教育，但是没有受过民主教育，所以还要再受教育，再受民主教育，把受过不合民主的教育从生活中肃清掉。”②

在大力宣扬民主的同时，在中共南方局的支持赞助下，陶行知还和李公朴共同在重庆创办了一所社会大学。这是一所实施民主教育的新型大学。它的学生主要是在业青年，学习时间是夜间上课，办学目的是“为了普及教育，要使工人、农民以及其他一切没有机会读书的人都有书读；要使教育普遍，要创造新中国，要使人人都知道民主是什么？怎样实行民主？世界大势怎样？”③ 社会大学以冯玉祥、张澜、沈钧儒、饶国模、施

---

① 《民主教育》，创刊号，1945 年 11 月 1 日；《救国会史料集》，第 711 页。

② 陶行知：《领导者再教育》，见《民主》星期刊（北平版），1946 年 3 月 20 日；《救国会史料集》，第 761 页。

③ 李公朴：《怎样办社会大学》，见《李公朴文集》，第 943 页。

复亮、任宗德、史良、方与严、周宗琼、陶行知、李公朴为董事，冯玉祥为董事长，陶行知任校长，李公朴任副校长兼教务长；聘请华岗、邓初民、翦伯赞、王昆仑、冯玉祥、侯外庐、章乃器、秦邦宪、邓发、柳湜等一大批中共党员专家、学者和社会名流讲授政治、文学、教育、新闻等课。社会大学是救国会同仁为国内和平民主而斗争的一个方面的实践！

第二节　中国人民救国会的成立及其政治主张

一、改组救国会，成立中国人民救国会

鉴于抗日战争胜利结束，救国会原来制定的争取抗战胜利民族解放的政治纲领、章程以及全国各界救国联合会的旧有名称已不适合新的历史情况，沈钧儒与聚集在重庆的救国会会员多次交换意见，决定改组救国会。

1945 年 11 月 28 日和 12 月 3 日，沈钧儒和曹孟君、萨空

了、李公朴、沈雁冰[①]、胡子婴、罗叔章、欧阳执无、陶行知、邓初民、何惧、汪德彰、李湜等救国会会员[②]先后两次召开改组救国会筹备会议，就政纲、组织规程、参加会员、成立大会地点、时间等进行讨论。其中关于救国会的名称，前后拟议有"中国人民建国会"、"中国民主协进会"、"中国民主联邦促进

---

① 沈雁冰（茅盾），不是救国会成员，但他同情支持救国会的事业，因此救国会的一些重要会议都邀请他参加。据茅盾回忆："（1944 年秋冬间）在某一次集会上，沈钧儒把我拉到会议的一角，对我说：'你以无党无派的身份活动，虽有其方便，但不参加各党各派召集的各种内部会议，对于了解当前变化急剧的政治形势诸多不变，不如参加救国会，救国会的朋友们都欢迎你。'救国会是民主同盟中最激进的一派。四 0 年底，我在枣子岚垭良庄时，和沈钧儒是邻屋，曾在沈衡老和韬奋的邀请下列席过救国会的内部会议。以后经过皖南事变、太平洋战争、香港脱险等等的动荡的岁月，这列席的关系早已中断。四三年回到重庆后，再未提起这些事。我想了一下对沈衡老说，我这个无党无派民主人士的头衔还是不摘掉的好，我也无意参加党派，假如你们同意，我仍旧恢复四 0 年的办法，让我列席救国会的内部会议，但不算救国会的成员，你看如何。沈衡老本来是想拉我加入救国会，以壮大声势（那时各民主党派都在发展组织），见我如此表示，也就不再劝，同意我的方案。因此，在各民主党派中，我同救国会就有了更深一层的关系。"（以上见《茅盾全集》，35 回忆录集，第 522～523 页。）

② 张申府抗战前为华北各界救国联合会的领导人。抗战期间在重庆他一直是救国会的领导人之一。但其人骄傲自大，对沈钧儒不尊重，有人说他想从沈手中夺取救国会的领导权，因此引起一些救国会人士对他的不满。这次中国人民救国会的成立，未邀他参加，实际上是将他排除在外。1949 年 10 月，张申府在《观察》杂志上发表《呼吁和平》一文，为国民党发动内战辩护，并反对人民解放战争，沈钧儒、章伯钧联名发表对时局声明予以谴责，民盟决议开除其盟籍，自然也同时被救国会除名。

会”，因有争议，到第二次会员大会始正式决定改名为中国人民救国会（仍简称救国会）。

经过充分的酝酿和认真的准备，1945 年 12 月 16 日，中国人民救国会第一次会员大会在重庆中一路韦家院坝 16 号任宗德的家中举行。沈钧儒等 35 位会员出席会议。由沈钧儒和陶行知、史良组成大会主席团。会议主要听取了沈钧儒和陶行知分别报告救国会改组缘起及筹备改组经过，讨论了救国会纲领草案与组织规程草案。在是日的会议上，沈钧儒、陶行知、沈志远、罗淑章、李公朴、宋云彬、史良、秦柳方、曹孟君、胡子婴、何惧、邓初民、刘清扬、萨空了、杜君慧、庞荩青、潘念之、傅于琛、方与严 19 人当选为中央执行委员，高集、林亨元、冯亦代、欧阳执无、华丁夷、朱楚辛六人当选为候补中央执行委员。中央常务委员七人：他们是沈钧儒、陶行知、史良、曹孟君、李公朴、何惧、萨空了，候补常委二人：傅于琛、庞尽青。秘书处史良、李公朴；组织陶行知、何惧；宣传邓初民、高集。沈钧儒任中央常务委员会主席。

12 月 30 日，李公朴在人救会会员第二次大会上作了《政治报告》，他首先分析了二次世界大战在政治上、经济上带来的变化，指出：“战后世界的前途，一定要走向和平民主的大道。”他认为战后美国扶植国民政府的政策，扶植中国不民主力量，助长了中国的内战，“与中国的安定和民主也是背道而驰的。”李公朴在报告中着重谈到当时国内内政问题的焦点，即政治协商会议“是否能如国人所期望而得到圆满的结束”。李公朴在报告中还指出：关于停止内战问题，如果各地武装冲突不能立即停止，一切问题便无从谈起。国民党“幻想消灭异己，希望在三个月、半年或一年之内，武力统一中国的迷梦，是永远也不能实现的”。关于联合政府问题，他说：“联合政府一定要由各党各派及无党无派的人去共同组成”，在联合政府中，“中国国民党当然为第一大党”，“政府主席仍将为蒋主席”。关于共同纲领问题，他认为这一纲领一定要符合全国民意，真正代表人民的共同利益，同时，这个纲领一定要是具体的，又要是可能真正见诸实行的，不能像抗战建国纲领那样成为具文。关于“五五宪章”与国民大会问题，他指出：宪法应该是全国人民所同意的宪法；国民大会的代表，应该是真能代表民意的代表。他要求必须修改“五五宪章”，因为它是在一党专政的政治基础上草拟的；必须重选国大代表，因为十年前所选的代表，断不能代表今天的民意。他说：“我们的新宪法，需要吸收英、美、苏、法宪法的优良精神而加以中国化，才能适合今天的需要。”等等。他在报告中结论说：“总之，世界和中国都在动荡混乱中有着光明的远景，世界局势的安定和进步，中国和平团结、民主统一的前途，都需要全世界和全中国进步人士一点一滴的努力，继续不断的争取。只看到动荡混乱，而不能透过黑影预见远景的人，会恐惧，会失望；同样只看到光明的远景而过分乐观的、天真的等待主义者，也会失望的。民主的途程本来是艰难曲折的，只有团结和组织人民大众的力量，把握住整个世界的动向，配合全国人民的民主浪潮，不断的努力和奋斗，才能够辟成人民大众的光明的大道啊！”①李公朴的报告，获得与会的救国会代表的一致赞同。这个报告的提纲，随后以《从世界看到中国》为标题，刊登在救国会的机关刊物《民主生活》周刊第1号上。②

随后沈钧儒以中国人民救国会中央常务委员会主席的名义，向新闻记者发表谈话，公布了救国会改组情形，宣布中国人民救国会成立。

二、中国人民救国会政治纲领

在沈钧儒的领导主持下，中国人民救国会自召开第一次会员大会，至次年5月沈钧儒离开重庆回到上海，救国会的领导核心随之转移，在重庆共召开了八次会员大会和两次常委会，讨论通过了组织规程和政治纲领等文件。

组织规程规定：“本会宗旨在团结国人，建立独立、自由、幸福的民主新中国。”③

政治纲领分为总纲、政治、经济、文化教育、社会、外交和侨务七个部分。总纲指出：中国人民现阶段的革命任务，是反对外来的殖民帝国的民族压迫，反对国内封建主义与法西斯主义残余势力的压迫，因此其革命性质，还是资产阶级的民主革命，而不是社会主义革命，但它不是停留在民主主义革命的

---

① 《民主生活》，第1号，1946年1月9日。

② 《救国会史料集》，第719页。

③ 《救国会》，第391页；《救国会史料集》，第715页。

阶段，而是经由民主主义革命走向社会主义。“民主主义的革命目标，是建立一个以全国绝大多数人民为基础的联合战线民主联盟的民主国家制度，即是建立一个独立、自由、平等的人民共和国；而其政府则是民主的联合政府——包括各党各派及无党无派的各种政治力量在内的联合政府，从中央到地方的联合政府”。政治部分指出，目前的任务，是彻底消弭内战，加强团结，在和平、统一、团结、民主的基础上，实行民主改革，经过政治协商会议，立刻结束国民党一党专政，成立临时性的民主联合政府，然后经过普选的国民大会，制定宪法，成立正式的联合政府；保障一切人民有言论、思想、出版、集会、结社、信仰、营业、迁徙、通信之自由，明令承认各民主党派的合法地位，释放一切政治犯，等等。经济上，实行资本主义经济，采取发展资本主义的经济政策；土地问题实行耕者有其田；在工商业问题上要防止独占和私有资本制度操纵国民生计，采取国家经营、私人经营、合作社经营三者组合的方式，把中国从半殖民地半封建推进为创造的民主主义的国家与社会。[①] 政纲的其它部分，也都根据新的形势，提出了新的要求和主张。政治纲领虽然没有提及工人阶级的领导权的问题，但它提出建立一个以全国绝大多数人民为基础的、统一战线的、民主联盟的、走向社会主义的民主国家，是和共产党在新民主主义革命时期所规定的总路线相符合的。它要求立即结束国民党一党专政，成立民主联合政府，也和当时中国共产党的

① 《救国会》，第 384 ~ 387 页；《救国会史料集》，第 720 ~ 724 页。

主张完全一致。政治纲领表明，救国会接受了毛泽东的新民主主义革命思想，完全赞同共产党成立联合政府的政治主张。

在“人救会”第七次大会上，从延安前来参加会议的救国会重要成员柳湜[①]作了长篇发言，并传达了毛泽东对救国会的高度评价。柳湜说：“无论在抗战以前、抗战时期和今天，救国会都占着很重要的地位，有着很大的作用。”“为什么能有这样大的作用呢？原因很多，主要的是‘九一八’以后的民族危机日益严重，国内不团结的现象令人痛心，因而酝酿与展开了救亡运动。救国会团结了全国进步的文化界、广大的知识分子、青年学生，在意识上团结了这一阶层的力量，伟大的‘一二九’运动，救国会正是代表了这一阶层人民提出自己的要求，更进而变为力量。救国会不是空头政党，它有物质基础，有文化出版机关，通过许多刊物联系了无数进步的知识分子，进行了巨大的思想教育工作。其时，中共还不能公开办刊物，公开他们的政治主张与号召。救国会如果没有这物质基础，是不可能有这样大的局面与影响，在国内取得如此重要的地位。”柳湜还说，毛泽东曾对他讲：“中国的抗战是由两种力量打出来的：一、红军北上——这是武的；二、救亡运动——这是文的。在救亡文化运动中救国会起了中心的作用。”

---

① 柳湜，救国会的重要成员之一。1928 年参加中国共产党。30 年代初和李公朴一起在《申报》流通图书馆“读书指导部”、《申报·读书问答》栏、《读书生活》半月刊、读书生活出版社工作，积极参加救国运动。1940 年从重庆去延安，代表救国会参加陕甘宁边区参议会，并任教育厅长。新中国成立后任教育部副部长。1968 年在文化大革命中被迫害致死。

柳湜认为："救国会的任务并未完了，抗战固然是救国，建国也仍然是救国，民主还没有开步走，我们应该更进一步地坚持文化教育出版工作作为我们的阵地，来领导社会。""在政治斗争中，文化战线是最重要的，这一方面也恰巧是反动派的弱点，是最害怕的。……在这一方面，我们占绝对优势，只要把目前的困难克服过去，未来的天地是很广阔的。"①

中国人民救国会与原有的全国各界救国联合会，除了在纲领中所阐明政治主张和在组织规程中所提出的宗旨有不同外，还有前者是以个人入会，而后者如前所述，是上海各界救国联合会与其他各地救国团体联合组成的。

中国人民救国会成立后发展了一批新会员，并在重庆、成都、昆明以及香港等地设立了分会。

第三节　对民主精神民主生活的大力倡导

一、《民主生活》杂志的创刊

1946 年 1 月 9 日，根据救国会第一次中央常委会的决定，由沈钧儒和李公朴、宋云彬、高集负责筹备创办的救国会的言论机关刊物——《民主生活》周刊出版。《发刊词》开头即明确指出：抗战胜利了，但中国人民没有得到胜利的果实。抗战结束了，但我们内部的冲突又起来了。当全世界人民大都开始

① 《救国会史料集》，第 740 ~ 741 页。

过和平幸福生活的时候，我们中国人民还得继续忍受不必要、不应该的痛苦。由于我们内部的不团结，政治的不民主，抗战中中国提高了的国际地位，又有降低的危险了。这是为什么？“问题的症结，都在于不民主。只有民主，才能保证我们的胜利，使人民得到胜利的果实，享受种种自由，过着和平幸福的日子。只有民主，才能保持我们已经取得了的崇高的国际地位，才能使中国成为维持远东以至世界的和平的柱石。过去，我们曾用笔和舌来主张抗战，坚持抗战；今天我们将用笔和舌来号召团结，争取民主。现在是人民的世纪，人民是国家的主人。我们始终是站在人民方面的。我们愿意做人民的喉舌，用我们的笔来反映人民的公意，喊出人民的苦痛，启发人民的觉悟，协同人民前进，以发扬民主精神，实践民主生活。”《民主生活》本此原则，发表了不少要求实现民主政治，给予人民民主权利，批评国民党实行一党专政，压制扼杀言论出版自由和散播反民主言论，破坏和平，镇压民主运动的文章。

《打退这一股逆流》是《民主生活》发表的一篇带社论性质的文章。文章说，全世界和全国人民都需要民主与和平，人民的力量是不可抗拒的。世界的前途必然是民主、和平，中国的前途也必然是民主、和平。“但是反对民主，破坏和平的反动力量，不论是在全世界范围内或是在中国一国的范围内，都还是相当强大的。它们正在为了维持反动的统治挑起罪恶的战争，重把全世界人民抛在痛苦的黑暗的深渊中，作着积极的活动。近来围绕着中国的东北问题，这种活动是更加猖獗了。然而人民的力量是不可抗拒的。……我们必须集中力量，来打退这股逆流。”[1]

据仲秋元回忆说：“《民主生活》出版后，群众购买踊跃，不仅在重庆印，还把纸型航寄上海重印，发行东南各省。三联书店全店上下，每逢星期六刊物送来，即全店动员，包扎分发，由多人骑自行车往各书店送货，力争在星期日读者能看到刊物。外埠的也要在星期日寄出。《民主生活》虽只出了12期，政治影响却是很大的，其进步性和战斗性在当时各民主党派办的期刊中是名列前茅的。”[2]

二、撰文驳斥国民党反民主的谬论

针对一些国民党当权人士在报刊上宣扬民主运动不能与现行法令相背离，民主必须尊重法统，必须守法，法统不容更新等言论，《民主生活》先后发表了署名“凡士”写的《论法统》和《民主要不要守法?》两篇有力文章，予以澄清和驳斥。

《论法统》一文说，国民党在民国十五年和别的党派合作进行北伐，并推翻自命为正统法统的北洋军阀，受到全国多数人的拥护，但不能说，国民党的一党政府由此就建立了一个神圣的“法统”。离开民主而谈法统是不合潮流的。“国民党一党专政虽然从民国十六年后已经成立，但是并未经民意的公决，很难说政府有什么合法的根据。”文章指出，民国成立后，袁

---

① 《民主生活》，第10期，1946年3月20日。

② 仲秋元：《救国会、沈钧儒和生活书店》，见《爱国主义的丰碑》，第341页。

世凯要算是“正统”的衣钵了，他订的什么约法，什么总统选举法，也可以说是一种“法统”，可是这个“正统”、“法统”，孙中山不承认，全国人民也不承认。假若袁世凯是正统，以后的北洋军阀也就是正统了，但国民党也没有承认，因为他们所作所为都不合乎人民的公意，所以谈不上正统和法统。所谓法统不容更新之说，是不能为人民所承认的。文章最后强调说：“到了现在，已是举国要求赶快结束延长了十八年的国民党一党专政之时，大家都希望国民党在此时痛下革旧更新之决心，与全国各党派、全国人民一起携手走上新中国的道路。”①

《民主要不要守法?》一文说：“近日读报，见常有人说这样的话，要民主就必须守法，若不守法，那就是‘无法无天’的民主云云。……若要问：民主要不要守法？回答很简单，民主是要守法的，但守的是民主的法，而绝不是反人民反民主的法。”文章指出，譬如现在政治协商会议正在讨论和平建国纲领，一旦是经过民主协商而产生的纲领，自然谁都得遵守；将来经过普选的国民大会而产生了宪法，那就是民主中国的根本大法，自然更是人人都应遵守。但对于国民党政府现行的许多法令，人民却不能一句话也不说，只是老老实实地遵守；政府当局自己也承认这些法令中许多是应该废止、修正的，如果叫人守法，就无异于承认这一切限制和妨害人民民主自由权利的法是合理的。文章说：“在不民主的政治下，才会有民主运动。不民主的政治是以反人民的法为保障的。因此民主运动一开始

① 《民主生活》，第3期，1946年1月23日。

绝不可能是守法运动，而是变法运动，要批判和改革旧的法，要创制新的法。”“正因为在一党专政之下，有法等于无法，政府当局自己并不一定守法，人民自然也不必守法。”①

《民主生活》还发表了救国会的重要成员、中共南方局文化组成员黄洛峰写的《除去言论自由的障碍——废止出版法》一文，指出：现行的出版法是国民政府“专为巩固国民党一党专政而定的。十多年来，政府为排斥异己，借出版法这把斧子砍杀了多少刊物，更有许多从事文化工作者，被戴上破坏、违反、颠覆等罪名，或遭逮捕，或遭监禁……”等违反民主自由事实后，提出“政府如有诚意实行民主，那么限制或剥夺人民自由的法律，非一概废止不可。出版法既是言论自由的障碍，更非把它去掉不可。否则，口头上尽管说要给人民以自由，而实际上却在用种种法律来限制人民的自由，那便等于空头支票，人民是不会相信的。”②

一位支持救国会事业的民主人士，针对国民党某些人反对民主，指摘政治协商会议为“分赃”，在《民主生活》上撰文说：“现在政治协商会议之成功与失败，是以能否实现民主政治为标准，而能否实现民主政治，又以能否保证人民权利为关键或试金石。如果人民有其应有的权利，政治便是民主化了，无论谁执政都一样是人民的公仆，则其政权也即不是所谓‘赃

① 《民主生活》，第 4 期，1946 年 1 月 30 日；《救国会史料集》，第 752 ~ 754 页。

② 《民主生活》，第 2 期，1946 年 1 月 16 日。

物'；否则政府不以保障人民权利为事，而以压榨人民为事，则政权本身便是一种肮脏的东西，纵能令他人参加，也不过'分赃'而已。"[①]

随后不久，李公朴发表了《民主生活讲话》文章，对于如何根据中国当时的国情，建立民主制度和民主作风，以及民主的理论和实践问题，作了全面系统的论述。他在文章中的第一个标题就是《建立民主作风》，一开始就指出："中华民国已经有了三十五年的历史，民主本不应该到今天才来谈。然而就是在今天来谈，无论是在程度上、范围上还是受限制的。上海、南京、北平、广州等收复区，到现在还实行着不合理的审查制度；就是在重庆，我们能否畅所欲谈，也是众所周知的事。可见直到现在，就是表面的民主，我们都没有得到。今天政府虽然承认了各政党的合法地位，但是否能真的实行，以及实行程度如何，还需要我们继续的争取。即使政府今天真的还政于民了，而我们能否运用，以及运用的程度和效果究竟怎样，也不是没有问题的。实在说来，民主不仅仅是谈谈就了的事，主要的是怎样从个人与一群人的生活上来实践的问题。因此，在今天我们来谈民主生活，不能说不是一个重要而切实的课题。"他认为，全世界是不能分割的，中国是全世界中的一部分，战后的世界又走了民主的道路，中国就不能单独的遗落在后边。中国在目前，虽然有些地区已开始走上了民主的道路，可是全

---

① 马哲民：《政治协商会议与人民权利》，见《民主生活》，第4期，1946年1月30日。

国大部分地区还存在着腐败、贪污、专横、强暴。“这里根本的原因，就在于没有民主。……在今天要想完成我们的建国大业，就一定得继续以前没有完成的‘为民主而斗争’。”①

第四节　参加旧政协会议

一、在政协会议上呼吁和平民主

根据国共重庆谈判会议纪要，即将由国民政府召开的政治协商会议，“邀请各党派代表及社会贤达协商国是，讨论和平建国方案及召开国民大会各项问题”。会议关系着国内的和平民主和统一，关系着中国命运的转机，因此全中国人民都对它寄予很大期望。救国会常务会议决定组织辅助政治协商会议特别委员会，并推选沈志远、罗叔章、秦柳方、宋云彬、叶雨苍、胡子婴、潘震亚、庞荩青、高集、傅于琛、林亨元、华丁夷、张志让、李公朴 14 人为特别委员会委员。

1 月 10 日，举世瞩目的政治协商会议在重庆召开，沈钧儒、张申府作为民盟内人民救国会的代表出席会议。在开幕式上，沈钧儒代表民盟主席张澜致词说：关于和平与民主问题，一定要先有和平而后才能实现民主。“和平是会议成功的先决条件，永久的和平是中国建国的先决条件。”至于民主，他说：“我们认为今天全国老百姓所要求的，只是那些做人的起码的

① 《民主生活》，第 3 ~ 8 期；《救国会史料集》，第 763、764 页。

各项基本自由权利。不过老百姓要的不是字面上与纸面上的自由权利，他们要求的是事实上真实的自由。”关于实行开放政权，订定共同纲领，召开国民大会，制定宪法，实行宪政等问题，他说，解决这些问题，“不能违反人民普遍的愿望”，“不可辜负盟友帮助的好意”，“必出之以至诚，守之以自信”。最后他指出：八年抗战，“先烈们用鲜血性命换来的抗战胜利，换来的民族生存，换来的国家独立，我们没有摧毁他、破坏他的权利。今天我们只有努力奠定国家永久和平，建立国家真实民主基础，才对得起死难的先烈，对得起全国的人民。”① 1月19日，在政协大会讨论宪法草案问题时，沈钧儒还特别就中共领导的解放区问题发言，指出应注意两个事实，一是中共抗日的历史性，其领导的军队，努力抗战，收复许多地方，而行成了今日的解放区；二是中共设施的进步性。他希望国民政府承认这两个事实，对此种成绩，加以鼓励、保存和发展；并主张“本联邦联省精神，在中共领导区域试行，并从法律上承认他”。② 沈钧儒的主张，其实质是以省宪的名义，来保障解放区，给解放区以法律上的承认。

由于中国共产党和各民主党派、无党派人士代表的共同努力，同时国民党政协代表也作出了某些让步，政协会议通过了政府组织、国民大会、施政纲领、军事问题和宪法草案五项决议案，在推动中国政治民主化，确定和平建国道路上迈出了一

---

① 重庆《中央日报》，1946年1月11日。

② 《沈钧儒先生谈地方政权问题》，见《新华日报》，1946年1月20日。

大步，有利于人民而不利于国民党一党专政。中共代表团周恩来在政协闭幕会议上致词说："这些问题的原则解决，是为中国政治开辟了一条民主建设的康庄大道；而这种解决方式，也是替民主政治树立了楷模。"① 会后沈钧儒在一次记者招待会上报告说："在参加政协会议中，第一个感觉，是国民党有很大的让步。……我们不能不佩服在国民党领导之下，造就崭新的时代，为中国前途着想，真是无限兴奋。"但他同时也指出："现在世界大势所趋，必走向民主政治之康庄大道。这在国民党执政时，要过渡到这条路上去，就不必过问利害，但求得中华民族的自由。……假使人民得不到自由保障，那末民主基础就不稳固，一切政治基础是要建筑在老百姓身上。无论在政治社会各方面和舆论方面，对于中国民主前途，人民基本自由，大家来推动，才能够得到确实的保障。"②

二、拥护政协会议决议，要求结束国民党一党专政和保障人民民主自由

国民党坚持其一党专政独裁统治的目标不会改变，政协会议期间，在讨论政府组织等五项决议时，国民党代表与中共代表和其他各民主党派代表斗争激烈。没有参加会议的救国会成员用写文章、发表演讲、开会等方式，支持会内民主势力的斗争，促进制定有利于人民的决议。

---

① 《新华日报》，1946 年 2 月 3 日。

② 《沈钧儒文集》，第 506～508 页。

救国会宣传部长邓初民就政治协商会议制定共同纲领撰文指出：八九年艰苦卓绝的对日抗战，全中国人民的身家性命全部奉献在反民族压迫这一任务上，抗战幸而胜利，民族压迫与封建压迫的彻底解放并未实现。“这充分表现在当前的国民政府还是国民党一党的政府上面，即一党专政的政府上面。”今天召开政治协商会议，所要完成的政治任务，“就是要把党治变成民治，要把训政变成宪政，换一句话说，就是要把专政变成民主”。而实现民治、宪政和民主的两个步骤，一是目前经过各党各派及无党无派人士的协商，成立民主的临时性的联合政府；二是经过普选的国民大会，成立正式的民主联合政府。总之是要结束一党专政。他进一步指出：“国民党的一党专政，亦即中国的政治不民主，是中国一切祸乱的总根源。……如果一党专政不结束，非但不能解救目前中国严重的政治局面与险恶的社会混乱，而且更会孕育今后国内更大更多的纷争，乃至于再掀起更大规模的内战。”①

曹孟君在一篇文章中指出，政治协商会议开会已经七天，政府宣布保障人民身体、信仰、言论、出版、集会、结社的自由权利也有七天，我们在等待有关限制人民自由法令的修正和废止，保障人民基本自由的具体实现。文章认为仅仅是修正和废止还不够，因为在一党专政下，“特务以及有权力的人物对于压迫人民的自由已成了习惯，法令尽管废止，他们的特权如

---

① 《民主》星期刊（北平刊），1946年2月10日；《救国会史料集》第756~758页。

不禁止，他们仍旧可以用种种方式压迫人民。……所以保障人民的基本自由，除掉废止或修正限制人民的有关法令，明令取销特务组织外，还必须制定妨害人民自由治罪法和单行本，所有一切妨碍人民自由的行为，严厉制止，违者严加惩处。”“只有人民不分男女真正的享有基本自由，充分的运用基本自由，民主政治才有基础，和平也才能保障。”①

此外，救国会与民主建国会等团体成立了“陪都各界政治协商会议协进会”，在政协会议开会期间，先后举行了八次各界民众大会，邀请政协代表报告会议进行及商谈情况，听取人民群众的批评和建议。民众大会尽管经常遭到国民党特务的破坏捣乱，但有力地配合了中共和民盟代表在政协会议上要求结束国民党一党专政，保障人民民主自由权利的斗争。

第五节　政协会议以后

一、较场口事件，李公朴被殴伤

国民党统治集团不能容忍也经受不住真正的民主改革，不打算放弃一党专政，因而它并不准备去履行政协决议。如上所述，政治协商会议即将要召开之时，国民党中就有人说这是“分赃”会议。会后他们说，“政协决议不利于国民党”，是

① 《人民的自由仍要靠自己来争取》，见《现代妇女》，第7卷第1期；《救国会史料集》，第754~755页。

"国民党的失败"，甚至认为国民党"几十年奋斗现在完事"。他们集中攻击动摇国民党一党专政统治的宪法草案案，认为背离了孙中山的遗教。蒋介石也说："我对宪草也不满意，但事已至此，无法推翻原案，只有姑且通过，将来再说。"① 蒋介石这种话很明显，他举手通过宪草，只是一时权宜之计，随时准备撕毁它。茅盾回忆说："当时国内局势已发生很大变化，政协决议虽然签订，却是一纸空文，蒋介石采取的办法是，一只手在决议上签字，另一手就是撕毁。他借口'国家法统'，说政协决议不能代替约法，又借口'接收主权'，拒绝在东北停战。"②

政协会议五项决议的墨迹未干，国民党即破坏决议，制造了较场口事件，并捣毁重庆《新华日报》和民盟中央机关报《民主报》。

2月10日上午，数千名群众在重庆较场口广场集会，准备召开陪都各界庆祝政协会议成功大会。国民党蓄意破坏这次大会，重庆卫戍司令王瓒绪、市党部主任方治在陈立夫的授意下，指派中统特务、市教育会理事吴人初以及市农会常务理事刘野樵进行破坏捣乱。刘野樵要争当大会主席，悍然宣布开会，大会主席团成员李公朴、章乃器、马寅初等当即提出抗议，施复亮向台下群众大声宣布："请大会总指挥李公朴先生讲话。"李公朴刚要说明情况，这伙暴徒心怀鬼胎，害怕李公

---

① 梁漱溟：《我参加国共和谈的经过》，见周天度编：《中华民国史资料丛稿》增刊，第6辑，中华书局1980年出版。

② 《茅盾全集》35回忆录集，第580页。

朴揭露他们的丑恶嘴脸，便一拥而上，拉着他的胡须，拳打脚踢，从台上打到台下，李头部被铁尺打伤，鲜血直流。台下的暴徒闯入人群队伍乱打，全场秩序大乱。混乱中，李公朴在社会大学、劳动协会等团体青年的保护下，突围出来，由八路军办事处的汽车送往市民医院救治。

血案发生当天，周恩来到医院去看望李公朴时，他忍着伤痛，激动地说："为了和平民主，为了祖国统一，我受点伤算不了什么。我要更加坚强起来，为争人权、民主和自由。"① 他在医院写的《起床以后》一文中说："自'九一八'以来，我尽我所有的力量，从事抗战与民主的教育工作，奔走于国内党派之间做团结工作。如今胜利了，可是在我们庆祝这一胜利大会的时候，反动分子竟然如此无耻蛮横，我怀疑到孙哲生（孙科字哲生，时任国民政府副主席兼立法院长——引者）先生所说'和平革命'一辞中的'和平'两个字眼了。""我流的血不过几百 CC，只是血海中的几滴而已，这算得了什么呢？为了民主的胜利，为了中国的前途，只要能够团结起更多的人来为民主中国而奋斗，死又何足惜！"② 3 月 27 日，他在给好友张光年的信中指出："民主的路不但长而且是艰苦的，过去是从认识上理解它，现在则已开始走上实践的路了。艰难痛苦的事实已活生生的一件一件的摆在面前了，将来的艰苦还要多，我们

---

① 张曼筠：《回忆李公朴》，见周天度编：《中华民国史资料丛稿》，第 4 辑，中华书局 1978 年出版。

② 《民主生活》，第 8 期，1946 年 3 月 6 日；《救国会史料集》，第 759 ~ 760 页。

需要更坚强与团结才能克服它，我信是可以的。我愿随大家坚忍持久的干下去，准备在真理的旗前倒下去，是大愿也。”①

二、悼唁“四八”死难烈士

4月8日，和国民党谈判的中共代表成员王若飞、秦邦宪，新四军军长、被国民党监禁刚刚获释的叶挺，中国工人运动领导人之一邓发，以及著名的教育家黄齐生等人乘飞机从重庆返回延安，不幸在山西黑茶山触山遇难。他们的遇难，是中国共产党的重大损失。

“四八”烈士殉难后，15日，救国会中央执行委员会沈钧儒、沙千里、陶行知、曹孟君、史良、何惧、李公朴、胡子婴八名执委联名致电周恩来、毛泽东及中共中央表示悼念。唁电说：“敬悉王、秦、叶、邓、黄诸先生坠机殉国，本会同仁无任哀恸。诸先生毕生为中国人民事业奋斗不懈，功在国家，示人楷模，激励后进，其精神永垂不朽。值此和平民主之业尚未完成，此不可补偿之损失，只有全国民主党派、社会贤达益加团结奋斗，或可补于万一。”② 沈钧儒还在《新华日报》发表悼唁文章，追忆了除邓发外，与其他诸人的交往，称“我与若飞诸先生虽有党籍之殊，弥切死生之感”。“当此一面和平团结正在展开，一面仍复阴霾闭塞，一切全赖群才群策努力斡旋之际，有此巨变，又焉得不认为今日历史上一大事件！”对此

---

① 方仲伯编：《李公朴纪念文集》，第37页，云南人民出版社1983年出版。
② 《沈钧儒文集》，第509页；《救国会史料集》，第771页。

“超出意外之损失，为公为私，不胜一恸”。最后他写了一首挽歌，以志哀悼：“风雨无情兮，白日为昏；黑峰刺天兮，群魔昼奔；呜呼先生兮，何处招魂！吾谓不死兮，左右如存；导以桂帜兮，荐以溪荪；佑此中国兮，卫我人群。”[①] 李公朴对王若飞等殉难，十分悲恸，他参加了筹备重庆各界举行的追悼“四八”烈士大会，并于16日怀着极其沉痛的心情，写了一首题为《你们的死叫我格外不怕死——献给若飞、博古、邓发、希夷、齐生诸先生》的悼诗，表达了他对先烈的敬佩悼念之情，和为民主和平运动献身的决心。现摘录中间两段如下：

你们的死
超过了晴天霹雳，
震痛了每个爱好和平、民主人们的心灵。
我从来没有过这样的悲恸！
这几天来的脑子，
似乎已经失去了作用，
像我这样的人，
还有什么值得生存?!

你们的死，
使我没有什么话说，
只有叫我格外不怕死。

---

① 《新华日报》，1946年4月19日；另见《沈钧儒文集》，第510～511页。

你们的死，
叫我没有什么能说，
只有格外多做事，
准备随时死。
你们的死，
叫我还有什么可说，
只有增加我的责任与勇气，
在未死之前，
要尽力消灭法西斯蒂。①

三、李公朴遇害，陶行知逝世

与参加民主运动的同时，李公朴和陶行知一道，致力于民主教育、社会教育的推广。在当时召开的政治协商会议讨论宪法草案时，他要求“在宪法上确定民主教育的原则”。他曾在日记中写道：“抗日胜利后，又开始为国内民主与和平而斗争之工作，这一工作途程，其艰巨与遥远，将远过抗日阶段。吾已决定站在民主教育岗位上努力，以了此生。”② 他认为教育是以政治制度及经济情况为依据，教育思想学说随政治及社会背景的不同而各异。中国新教育不过是近百年的事，但中国到现

---

① 李公朴日记原件，1946 年 4 月 16 日。4 月 19 日《新华日报》曾登载此悼诗，但不完全。另见《救国会史料集》，第 772 ~ 773 页。

② 《李公朴文集》，第 1074 页。

在为止，实行的还是奴化统治教育。中国今天需要建立一个民主教育的制度，但这不是单从教育本身去要求所能成功的，一定要先有政治和经济的民主，然后才有教育的民主。[①]这是他极力反对封建专制主义，力争政治民主化，要求建立一个民主的新中国的基本原因。

李公朴为争取民主，视死如归。他曾表示："为了民主，我已经准备好了，两只脚跨出门，就不准备再进门。"[②]

6月下旬到7月上旬，李公朴为了争取民盟在昆明的合法活动地位，与楚图南、闻一多、潘光旦、费孝通、潘大逵等民盟人士，在昆明先后举行三次招待会，向地方各界人士宣传民盟的政治主张。李公朴强调指出，中国民主同盟的主要目的与任务是："团结全国民众，尽力推进民主运动。因为我们深刻的理解，团结的基础是民主，没有民主，就没有团结；没有团结，就无法增强抗战的力量。当然，在今天若是不能实现民主，也就决不可能有和平了。"[③]

李公朴为反对内战，实现民主，和平建国而大声疾呼，对时政弊害大胆揭露鞭挞的不屈不挠奋斗精神，和"虽千万人吾往矣"的豪迈气概，使国民党对他恨之入骨，必欲除之而后

---

① 《教育系代表报告》，重庆社会大学育才学校校史研究会：《大后方青年运动参考资料——重庆社会大学》，第88～89页，重庆出版社1984年出版。

② 《文史资料选辑》，第86辑第40页。

③ 李公朴：《民盟的历史与组织》，见《民主周刊》，第3卷第17期，1946年7月9日。

快。7月11日晚，李公朴和夫人张曼筠在昆明外出途中，几名特务尾随其后，夜色昏暗中，朝他连开数枪。李公朴立即倒在血泊中，后经送医院抢救，终因失血过多，于12日凌晨不治逝世。弥留之际，他还自言自语地说："我早有准备了。"疼痛使他咬紧牙关，后又睁开眼睛喊道："完全为了民主，完全为了民主。"① 李公朴为和平民主献出了宝贵年轻的生命，时年才44岁。

李公朴遇难后第四天，另一位民主战士闻一多又遭国民党特务暗杀。李闻惨案震惊全国，反对国民党独裁统治，要求和平民主的浪潮进一步高涨。

为悼念战友，抗议国民党的法西斯暗杀暴行，沈钧儒冒着生命危险，挺身而出，为《新华日报》追悼李闻特刊题词："一个一个的触犯了政治权力的尖锋，'民不畏死，奈何以死惧之'。杀一二人而要使天下再不会有三四人，以至于百千万人，那真是梦想。"②

5月间，国民政府由重庆迁返南京。中共在国统区的代表机关、民盟总部以及救国会中央先后由重庆迁到南京、上海，政治斗争的中心由西南转移至华东地区。特别是上海取代重庆成为全国人民维护政协决议，开展和平民主运动，反对国民党内战独裁的中心地区。

救国会的中央常务委员，同时也是民盟中常委的陶行知在上海从事和平民主运动。6月23日，上海人民代表马叙伦、阎

---

① 张曼筠：《回忆李公朴》。

② 《新华日报》，1946年7月28日。

宝航、雷洁琼等赴京请愿呼吁和平，陶行知在上海北站五万群众欢送大会上高呼：“八天的和平太短了，我们需要永久的和平！假装的民主太丑了，我们需要真正的民主！我们要用人民的力量，制止内战，争取永久的和平！我们要用人民的力量，反对独裁，争取真正的民主！”① 请愿代表在南京下关车站遭到大批国民党特务凶殴，多人受伤。沈钧儒、陶行知、沙千里、史良等八名救国会同人立即致电谴责这次暴行，并慰问马叙伦等代表，电文说：“八年抗战，疮痍满目，经济已临崩溃，饿莩遍及全国，若再继续内战，势必亡国无疑。先生等为和平奔走而竟遭毒手，全国人民同声愤慨。钧儒等一息尚存，誓必为先生等后盾，不达永久和平不止。特电慰问，并致最高敬意。”②

李公朴牺牲后，陶行知传闻他也被列入国民党特务暗杀的黑名单，7 月 11 日，他在一封信中说：“如果消息确实，我会很快地结束我的生命。……我提议，为民主死了一个，就要加紧感召一万个人来顶补，这死了一百个就是一百万人，死了一千个就是一千万个。”③ 一个人倒下去，千万个人站起来，这就是他对国民党用卑鄙的政治暗杀摧残民主运动的响亮回答。7 月 25 日，陶行知因劳累过度，同时受国民党迫害，生活极不安定，再加上李公朴、闻一多逝世噩耗，刺激殊深，突患脑溢血逝世。

---

① 《陶行知纪念文集》，第 88 页，四川人民出版社 1982 年出版。

② 《新华日报》，1946 年 6 月 28 日；《救国会史料集》，第 776 页。

③ 《陶行知纪念集》，第 677 页。

救国会两年前在痛失邹韬奋之后，不到半个月时间即接连丧失了李公朴、陶行知两位杰出的领导人，这又是一个重大损失。但这只能更加激励以沈钧儒为首的救国会同人，继承先烈的遗志，为民主的新中国而继续努力奋斗。

第六节 谴责国民党单方面召开“国大”和改组政府

一、不承认国民党一党片面的“国大”及其所制定的宪法

国民党一方面与共产党进行“和谈”，另一方面于6、7月间向中原和苏皖解放区发动大规模进攻；同时还违反政协决议，于7月3日未经与各方面协商，公然决定于11月12日单方面召开国民大会。对此，沈钧儒发表谈话指出：国民党单方面召开“国大”，是“取消政协决议和恢复一党独裁的做法”，“丝毫不能解决问题”。他认为“一切经过政治协商的道路，是今天的新的法统，谁要违背这个新的法统，就是违法”；国民党单独改组政府，邀请几个所谓无党无派的人士参加，也是“骗不了人的，因为它的本质仍是一党独裁”。关于国共和平谈判的前途，他强调和平的前提条件是政治民主，说：“今天中国的问题，是政治问题，是政治民主与不民主的问题。政治民主了，什么问题都好谈，国内自然就会和平。中共所争的是政治民主，还都后，政府都避开政治不谈，专谈军事，当然不能

解决基本问题。谈和平的立脚点是一定要谈政治。今天全国人民所展开的反内战运动，在广的意义上，应该是个争取民主政治的运动。只有政治民主了，才能有真正的和平。”①

11 月中旬，国民党彻底撕毁政协决议，召开其一手包办的国民大会，救国会负责人沈钧儒、史良、沙千里、邓初民等在报刊上发表文章和谈话，予以谴责。

沈钧儒说：“对于现在举行的所谓国民大会，我是根本不承认的，对它所讨论的宪法，也就根本不予理会。”南京政府向国民大会提出宪法草案时，蒋介石曾在书面谈话中提到，宪法通过六个月就可以修正，他认为“对于宪法通过事先决定其只有六个月的效力，实在史无前例”。“六个月的宪法，几炮就打光了，又有什么研究的价值呢？……所以我觉得这个宪法实在无聊得很，根本不值一谈。”②

史良指出：“在二十八年参加参政会宪政期成会时，我也参加讨论。当时各方面普遍发动，大家多少还有些希望，讨论也有些兴趣。现在局势已发展到这步田地，实在提不起兴趣，所以昨天我接到通知，要座谈宪法，研究所谓修正案，当时我就有浪费时间的感觉。要讨论这个修正案，无异于为他们捧场，替他们作反应。所以我也赞成要谈宪法，就应该具体的研究今后应有怎样的宪法，根本脱离‘五五宪草’的圈子，而举

① 《沈钧儒文集》，第 522 ~ 523 页。

② 《沈钧儒文集》，第 527 ~ 528 页。

行系统的连续讨论。”[①]

沙千里说：“在法言法，召开国大先有政协的关系放在那里，这比宪法草案更是根本法。因为政协关系是各党各派集合的契约，在政协会议中规定第一次国民大会的召集由政协会议协商决定之。可是今天国大的召集是一党的，是片面的；由法律观点看来，是违背推翻了前定的契约，而另起炉灶，这是不合法的；以不合法的国大所产生的宪法当然也是不合法的。即使它是遵照政协原则而订立的，也是不合法，更何况它又违反了政协原则。所以有些人说此次国大如通过宪法，只能认之为非法律的宪法。正好像是私生子，私生子是为家庭所不承认的，不管他长得好看不好看，与家庭仍是毫无关系的，法律上是不予承认的。”他还认为，宪法是人民用来限制政府的，各国的情形都是如此。在现在中国，情况就完全相反，宪法是在“还政于民”的口号下提出的，而“还政于民”的权力是在政府，政府想还多少，就还多少，人民无法加以控制。所以根本不用研究宪法，只要看“还政于民”四个大字，就可知道这宪法有怎样的内容。[②]

邓初民在《廓清宪法问题上的一些乌烟瘴气》一文中进而指出：真正的民主宪法只有在胜利了的民主革命阶级才能制定和执行，否则再好再漂亮的民主宪法，“都是掩护反动专制的外衣，都是一堆废纸”。当前迫切的问题，是努力扩大和加强

---

① 《文汇报》，1946 年 12 月 15 日；《救国会史料集》，第 781 页。

② 《文汇报》，1946 年 12 月 15 日；《救国会史料集》，第 780 页。

民主力量，使之压制反民主力量，迫使它放弃一党专政。①

抗战胜利后，由于中国共产党领导的人民革命势力和国民党反动势力的激烈尖锐搏斗，促使民盟这一中间力量出现了分化。右派青年党首先站到了国民党一边来反对中国共产党，诬蔑共产党发动内战，与国民党秘密签订反苏反共协定，同时在盟内进行破坏活动，成为国民党的忠实与党。救国会和盟内其他进步力量同青年党展开了坚决斗争，终于在1946年4月将它开除出盟。这是民盟内部斗争的一次重大胜利，它进一步削弱了右翼力量，增加了左派的领导力量。11月中旬，民盟总部发表《紧急通告》，表示为了维护政协决议，不参加国民党召开的分裂的国民大会。② 盟内另一右翼民社党违反民盟决议，擅自参加"国大"。12月24日，民盟中常会通过决议，开除民社党的盟籍，决议说："民主社会党违反政协，参加'国大'，与本盟的政治主张显有出入。兹经本盟决议，认为民社党已碍难在本盟内继续合作……应予退盟。"③ 青年党和民社党被清除后，民盟的主要成员就是救国会、农工民主党和无党派分子。但是斗争并未从此中止，而是随着形势的变化，以不同的方式继续进行着。

二、揭穿国民党改组政府的骗局

1947年4月18日，蒋介石在南京宣布改组国民党政府，

① 《文汇报》，1946年12月25日；《救国会史料集》，第781~785页。

② 《中国民主同盟历史文献》，第246页。

③ 《中国民主同盟历史文献》，第255页。

由张群代宋子文为行政院长。改组后的政府由国民党拉拢青年党、民社党两个小党派参加，再加上四名“社会贤达”，以标榜所谓联合执政。这种粉饰其一党独裁专政的改组，欺骗不了国内的舆论。

4 月 22 日，新华社发表周恩来起草的社论《新筹安会——评蒋政府改组》，指出：蒋介石改组政府的把戏，不过是继承袁世凯的筹安会的新筹安会。“其媚外、残民、打内战、走死路等特点，将无一而不相像。”“蒋介石统治集团是同时处在政治、军事、经济三大危机之中……直至被危机压得粉碎。”[①] 4 月 25 日，民盟发表对时局宣言，声称：一、改组的政府不是依据政协程序及精神产生的政府；二、改组的政府不是促进和平的政府；三、改组的政府不是实现民主的政府。宣言还指出，实现民主，必先结束党治，中国目前仍为训政局面。“姑无论为一党训政或三党训政，既是训政，即未民主。”“则目前改组之政府实与民主和平团结统一之途径背道而驰。民盟认此为当前国事上极大的遗憾。”[②]

救国会曾于 25 日召开中常会，讨论以什么方式反对国民党所谓的政府改组。因考虑到处于国统区上海、南京的特殊环境，不便单独表达自己的反对意见，特通过人民救国会南方执行部李章达、陈汝棠、陈此生、沈志远、刘思慕等，于 27 日在香港发表关于“政府改组”的声明。声明指出：此次政府改

---

① 《周恩来年谱》，第 749 页。

② 《中国民主同盟历史文献》，第 320 ~ 321 页。

组，不但违反政协决议，而且完全违反中国人民的要求。今天中国人民所要求的是和平，是民主，是成立包括一切民主党派真正代表人民利益的联合政府，而这次所谓改组政府，却是继续内战，继续一党专政，继续出卖民族利益。国民党反动派想拉拢一二无关重要热衷于权位的小党派，作为“民主”的伪装，以欺蒙国际视听，其目的无非是要骗取美帝国主义的借款，以进行其反人民、反民主的内战，并巩固其独裁政权。声明最后表示：“我们完全同意中国民主同盟四月廿五日的声明，号召海外同胞一致起来，反对这种伪装的改组，并且愿向全世界人士揭破国民党政府这种骗局。”①

三、中国人民救国会一届二中全会宣言

青年党、民社党被清除出民盟后，一些救国会成员就建议沈钧儒“应当健全民盟的组织”，同时“救国会的加强也应商讨”。12 月 27 日，救国会中常会开会，参加者有沈钧儒、沙千里、何惧、闵刚侯、孙晓村、王造时。会议议决事项有：一、救国会“对民主同盟应如何确定方针案，决议本会认定民主同盟为运动性之机构，而非政党，因此本会本身急应加强。”并决议推定沙千里、何惧、闵刚侯起草加强方案。1947 年 1 月民盟二中全会议决定取消党派盟员，以后盟员均以个人为单位，救国会决定以自己的名义公开活动。2 月 4 日，由史良、王造时、何惧、沙千里和沈钧儒出席的救国会中常会上，决议史良

① 香港《华商报》，1947 年 4 月 27 日；《救国会史料集》，第 800 页。

任秘书处主任，沙千里任组织委员会主任，各委员会委员由各主任提请中常会聘任，[1] 以加强健全救国会组织。并决定建立各地分会，推定了负责人选。3 月 27 日，救国会中常委沈钧儒、沙千里、史良、曹孟君开会，讨论“关于本会公开问题”，决议：“应与民盟及其他党派一致活动。”关于“中央全会应否举行”问题，决议定于 4 月 20 日召开，[2] 后因故延期。

5 月 18 日，救国会在上海举行一届二中全会，沈钧儒任会议主席。全会听取了政治报告、会务报告，通过了《中国人民救国会第一届第二次中央全会宣言》等文件。该宣言由孙晓村、张锡昌、胡子婴起草，最后经沈钧儒、史良审查定稿。

宣言共分三部分。第一部分，在分析了自第二次世界大战结束以来的国际形势后，表明尽管有少数好战的反动分子，企图将世界拉向战争，执行侵略的帝国主义路线，“但我们认为，这是走不通的道路，和平民主的前途，一定是光明灿烂的！”第二部分，叙述了抗战胜利以来的国内形势，抨击国民党政府破坏和平，撕毁政协决议等等行径，指出：抗战胜利后一直到今天，在中国展开了民主与反民主的尖锐斗争，“和平民主不能坐待，也不会从天而降，必须经过全国人民艰苦的斗争，和平民主最后才会到来。”第三部分，提出救国会今后的任务，说：“今后本会仍一本过去传统的精神，与国内各民主政团，共同努力，以争取独立、和平、民主的早日实现。”为此，提

---

① 《救国会史料集》，第 743 页。

② 《救国会史料集》，第 744 页。

出以下几项主张：一、反对外国侵略势力干涉中国内政，中国境内不容留驻外国军队，中国的问题应由中国人民自己解决；二、反对以军事求统一的错误政策，要求停止内战，实现永久的和平，恢复政协路线，重新召开党派会议，解决国是，实现真正的民主；三、争取人权的保证和言论、出版、集会、结社、身体、居住、通讯等自由，坚决反对任意封闭报刊，逮捕人民；四、争取生存的保障，要求停止征兵征粮、增捐增税，停止通货膨胀，平抑物价，让老百姓活下去。宣言最后指出："在十年前我们能结成抗战统一阵线而取得抗战的胜利，在今后我们必然也能结成民主统一阵线而获得民主的成功！"①

由于国民党厉行白色恐怖统治，救国会公开活动已成为不可能，连通过的宣言也无法发表。但从此以后，沈钧儒所领导的救国会完全站到了中国共产党的一边，坚持把救国会争取民主的努力溶入到中国共产党领导的人民革命之中。这一年的3月，蒋介石强迫中共在南京、上海和重庆等地担任谈判联络工作的全体代表和工作人员，限期全部撤返延安。中共代表撤离前，周恩来致电张澜，商请民盟代为保管中共代表团的房屋财产。在白色恐怖十分险恶的情况下，民盟毫不犹豫地同意代管。随后，沈钧儒亲自和罗隆基与上海警备司令部交涉接管中共在南京的财产事宜，办理接管手续。董必武离开上海前，将中共代表团客厅的一个配有木架、有玻璃罩的淡绿色"瓷如意"赠给沈钧儒，表示对他莫大的信任。沈钧儒一直珍藏着这

---

① 《救国会》，第411~414页；《救国会史料集》，第746~748页。

个瓷如意。

四、反对国民党强迫解散民盟

蒋介石强迫中共代表团撤离国统区，国共关系彻底破裂。中国民主同盟发表《为国共和谈正式破裂宣言》，在讨论该宣言稿时，沈钧儒和章伯钧反对宣言语意过于“中立”，不分是非，责备双方。他并建议将宣言改为谈话发表，也未被采纳。黄炎培日记对此事记述说：3月8日午后，张澜、章伯钧、史良等共商宣言，因罗隆基等没有来沪，“而发表不宜再迟，乃决明日见报。衡山又出花样，将宣言改谈话，皆不理”。3月9日日记写道：“今日报端见民盟宣言，盖已费九牛二虎之力争执得之。”“衡山、伯钧等以语意太中立，多切责双方。彼等一向不许一句话侵及中共者，故对此文百端阻止发表。”①

7月初，国民党颁布“戡平共匪叛乱总动员”，沈钧儒认为，这不是反动势力的强大，而是他濒临绝境的反映，指出：“今后我国政局的发展，不会再像北伐战争那样，是从南方向北方挺进，肯定是从西北或者说是从北方（指人民解放军）向南方进军，非如此则别无任何出路可言。”② 沈钧儒和救国会对中国共产党的正义事业充满胜利信心，坚信共产党一定会打败国民党的进攻。

---

① 黄炎培日记，1947年3月8日、9日，见《黄炎培日记摘录》，第137、138页。

② 《沈钧儒纪念集》，第198页。

国共关系彻底破裂后，国民党在向中共领导的解放区进攻的同时，在国统区把中国民主同盟作为首要打击对象。5 月 14 日，国民党政府新闻局长董显光在记者招待会上发表谈话说："民盟与中共曾公开否认宪法及国民大会之合法性，该盟与反叛政府之中共既有密切关系，虽仍称一和平之政党，然政府对该盟之态度，将视其政策及行动如何而定。"① 7 月初，国民党政府通过了所谓"国家总动员案"，随即公布了《戡乱动员令》，使一切镇压民主运动的暴行，得以借"戡乱"之名而合法化。10 月 1 日，董显光再次举行记者招待会，宣称："过去民盟与共匪间关系密切，主张一致，此为社会共见之事实，无须赘述。政府颁布总动员令后，若干民盟盟员仍不知自爱，号召人民以行动反抗政府。凡此事实，益足使人深信民盟并非独立政党，实为中共之附庸。"董显光发出了国民党要解散民盟的信号。7 日，国民党西安警备司令部以"勾结共军，密谋暴动，贩卖烟毒"罪名，公然枪杀了民盟中常委兼西北总支部主任委员杜斌丞。23 日，国民党大批警察特务围困南京梅园新村和高门楼两处民盟总部办事处。27 日，国民党政府内政部发言人宣布民盟为"勾结共匪，参加叛乱"，"企图颠覆政府"之非法团体，"今后各地治安机关，对于该盟及其分子一切活动，自应依据妨害国家总动员惩罚暂行条例及后方共产党处置办法，严加取缔。"②

---

① 《董显光在记者会上答问》，见《中央日报》，1947 年 5 月 15 日。

② 《民盟参加叛乱，宣布为非法团体》，见《申报》，1947 年 10 月 28 日。

面对国民党的高压政策，沈钧儒与民盟中央其他负责人不畏强暴，进行抗争。他们针对董显光对民盟的诋毁，由黄炎培代表发表书面谈话予以反驳。谈话指出：民盟一切行动，只以民盟中央纲领所大书特书的民主、和平、统一为目的。为了主张统一，所以反对分裂，为了主张和平，所以反对战争。为什么反对分裂？分裂将不成为国家。为什么反对战争？战争给予老百姓痛苦实在受不了。[①] 在杜斌丞被枪杀的次日，即 8 日，沈钧儒受民盟中央委派，和章伯钧、罗隆基、叶笃义抵南京，向美国驻华大使司徒雷登申述国民党政府迫害民主人士的严重罪行，要求司氏出面向国民党政府交涉。这时，民盟主席张澜的寓所永嘉路集益里八号，四周布满了国民党军警特务，并尾随和监视出入人员。在此险恶形势下，沈钧儒毅然从自己的住所搬来和张澜同住，与之共患难。

10 月 27 日，沈钧儒、黄炎培等民盟领导人在张澜寓所举行紧急会议，决定派黄炎培和叶笃义去南京，会同罗隆基向国民党政府交涉。黄、叶、罗先后和张群、邵力子、吴铁城、陈立夫会商了七次。最后，为使盟员免遭大规模镇压的危险，保护民盟成员的生命安全，黄炎培等与国民党当局达成协议：民盟正式宣告自行解散，停止活动，并由民盟单方面发表解散公告。11 月 4 日，黄、叶、罗携带解散公告，在特务监视下回到上海。次日，张澜、沈钧儒、史良、张云川和黄、罗、叶聚会集益里八号，举行在沪民盟中常委扩大会议。这时会场内外

---

① 黄炎培日记，1947 年 10 月 2 日。

“特务云集”，楼下客厅挤满了国民党军警特务和新闻记者，门前小弄堂也停满了军警特务的汽车。在听取了黄炎培报告与国民党政府谈判经过和结果后，沈钧儒的心情十分沉重，对解散民盟表示不同意，反对在国民党的劫持和威胁下屈服，他提出还有没有商量余地。然终因局势所迫，也提不出具体办法，无法改变。史良和第三党的张云川，对解散民盟，也与沈钧儒持相同态度，表示“异议”。[①] 黄炎培后来在《国讯》杂志上发表了一篇文章，说明事情经过，其中有“以我发之，以我收之”的话。[②]

国民党政府强行解散民盟，使救国会沈钧儒等人进一步认识到，蒋介石既然连民盟这样一个和平的、公开的、合法的中间党派都不容忍了，那么继续期望以和平的、不流血的协商方式统一中国，实现民主，只能是不切现实的幻想，于是决定到香港去开辟新的斗争方式和救国途径。

民盟的解散，宣告全国性第三大党运动已经失败，第三条道路的想法已经破产。

由于中国是一个没有民主的国家，在国民党一党专政下，不容许任何政党的合法存在；同时，中国的民主运动，由于历史的发展，武装斗争成为主要形式，到了大革命后，就只有国共两个互相对立的全国性大党，别的小党派很难有多少活动的

① 黄炎培日记，1947 年 11 月 5 日。

② 周天度 1978 年 7 月 19 日访问叶笃义纪录，参见《救国会史料集》，第 1118 页。

余地。经过二十多年的斗争和战争，日益证明中间道路即第三条道路已成为不可能，不是大地主大资产阶级领导的半封建半殖民地的独裁专政，就是无产阶级领导的新民主政权，不可能有自由资产阶级领导的旧民主政权。“资产阶级的共和国，外国有过的，中国不能有”。① 民盟因为抗战特别是因为政协的机缘，客观上一时造成了它在全国的第三大党地位，使它中间的许多领导人代表着中产阶级的想法，企图在国共对立的纲领之外，寻找出第三条道路，但一接触到实际，尤其是内战重起，就使它只能在靠近共产党或靠近国民党这两条道路中作出选择，不能有其他道路，这样就必然不断地引起内部的分化。青年党、民社党依其本来面目先后分裂出去，投向了国民党的怀抱。民盟解散后，梁漱溟、张申府相继发表声明响应，随后被开除出盟；而沈钧儒领导的救国会同其他进步力量，则进一步跟着共产党走了。

第七节　民盟一届三中全会前后

一、在香港参与主持民盟一届三中全会，领导民盟走向“一边倒”

沈钧儒鉴于上海无法继续进行活动，人身安全亦得不到保障，于 11 月 27 日在与张澜等民盟领导商议后秘密离开上海前

① 毛泽东：《论人民民主专政》，见《毛泽东选集》合订本，第 1360 页。

往香港。沙千里也于 11 月底到达香港。救国会中央的活动，从此由上海转移至香港。

沈钧儒到达香港后，与先后抵港的民盟中央常委章伯钧、周新民以及原在港的一部分中央执行委员会合，民盟总部以沈钧儒、章伯钧中央常委名义，又继续在香港活动。12 月 13 日，沈钧儒和章伯钧、周新民等在港中执委开会，正式决定在香港召开民盟第一届中央委员会第三次会议，并积极着手筹备，以重新确立民盟的路线和政策。

在人民解放战争转入战略进攻的胜利形势鼓舞和推动下，1948 年 1 月 5 日至 19 日，由沈钧儒和章伯钧主持，民盟三中全会在香港召开。会场上悬挂着李公朴、闻一多、杜斌丞和陶行知的遗像。当日参加会议的除沈钧儒、章伯钧外，有周新民、柳亚子、邓初民、史良（沙千里代）、朱蕴山、刘王立明、周鲸文等共 29 名中央委员出席，还有各支部代表 12 人列席会议。开幕当日发表紧急声明，郑重宣布，否认蒋介石南京政府宣布民盟为“非法团体”的无理而狂妄的举动，认为取消民盟的合法地位是根本违法的；提出要“为彻底摧毁南京反动政府，为彻底实现民主、和平、独立、统一的新中国而奋斗到底。”[1] 沈钧儒在三中全会开幕词中说：“我们要检讨过去的政纲政策，对当前的政治形势重新估计，而后确定当前应走的政治路线和新的工作方针，来加强本身力量，完成政治任务”；并提出全

① 《中国民主同盟历史文献》，第 363 ~ 364 页。

会的使命，“是要恢复本盟总部，继续进行艰巨的政治斗争”。[①]

民盟三中全会通过了政治报告和宣言等重要文件。其主要内容有：一、指出南京反动独裁集团，“是当前中国民主革命的中心对象，要实现民主，就必须推翻这种反动集团的统治并毁灭其基础。”[②] 二、认定美帝国主义是国民党反动政权的支持者和靠山，“只有坚决驱逐美帝国主义的势力出中国，毁灭美蒋所订的一切新不平等条约，中国的独立才有保障”。[③] 三、坚决拥护土地改革，指出为了彻底推翻南京的反动集团及驱逐美帝国主义出中国，就必须“彻底铲除这一反动统治的经济基础，那就是彻底消灭封建性的土地制度，实行耕者有其田的口号。”[④] 四、指出中间道路行不通，表示“坚决不能够在是非曲直之间，有中立的态度”；对中国共产党为民主事业奋斗的历史，为实现国内和平所作的努力，表示敬佩，公开声明要“与中国共产党实行密切的合作”。[⑤]

民盟三中全会上述成果，也是通过斗争才取得的，据沙千里回忆：“1947 年，民盟被迫解散后，章伯钧、沈老和我先后去了香港，后来召开了民盟三中全会。当时有两派，一派人如周鲸文、刘王立明等主张仍按黄炎培在上海作的那样，解散民盟；另一派人如沈老、章伯钧、邓初民、还有我（代史良）等

① 《中国民主同盟历史文献》，第 365 页。

② 《中国民主同盟历史文献》，第 394 页。

③ 《中国民主同盟历史文献》，第 397 页。

④ 《中国民主同盟历史文献》，第 393 页。

⑤ 《中国民主同盟历史文献》，第 395 页。

反对，两派人旗鼓相当。后来反对的多来了一个人（名字已记不起来），占了优势，才通过三中全会决议案，否定了解散民盟。”①

这次会议鉴于张澜主席仍在上海，决定由沈钧儒和章伯钧以中央常委名义领导全盟工作，其他由周新民代理秘书处主任，章伯钧兼组织委员会主任，沈志远代理宣传委员会主任，冯裕芳代理国内关系委员会主任，萨空了代理国外关系委员会主任。还决定接办民盟南方总支部机关刊物——《光明报》，作为民盟总部机关刊物。

19日，沈钧儒在闭幕词中，要求出席这次会议的全体代表，把会议“圆满的收获，带到各个地方去，带到各个实际工作部门中去。我们今后一致为着新的目标、新的路线，为着独立、统一、民主、和平、繁荣、幸福的新中国而共同奋斗。”②

三中全会是民盟新的历史转折点，它挽救了民盟的政治生命，鲜明地提出了反蒋、反美和反封建的政治主张，使民盟从此抛弃了不切实际的中间路线幻想，走向“一边倒”。沈钧儒和救国会对民盟这一历史性转变，是有重大贡献的。周恩来评论说：“民盟三中全会在香港召开，成立总部，一直北上，沈钧儒、章伯钧二位先生重新树起民盟旗帜，领导工作，大家一同努力奋斗，这个时期，用一句话说，就是‘一面倒’，倒在

---

① 周天度1979年3月21日访问沙千里纪录，《救国会史料集》，第1098页。

② 《中国民主同盟历史文献》，第400页。

新民主主义方面。”[①] 章伯钧曾说，三中全会是救国会和中共的胜利。

二、响应中共号召，开展新政协运动

随着解放战争的胜利发展，4 月 30 日，中共中央在纪念“五一”劳动节的口号中，号召各民主党派、各人民团体及社会贤达，迅速召开政治协商会议，讨论并实现召开人民代表大会，成立民主联合政府。5 月 1 日，毛泽东又致函李济琛和沈钧儒，就召集新政治协商会议、成立民主联合政府以及拟订民主联合政府的纲领等问题，作了说明。

5 月 5 日，李章达代表救国会，沈钧儒、章伯钧代表民盟，和在香港的其他民主党派及无党派民主人士，共同发表了致全国通电和致毛泽东电，公开响应中共中央的“五一”号召，认为中共提出召开新政协的号召，“适合人民时势之要求，尤符同人等之本旨，曷胜钦企”。表示要与全国人士“共同策进，完成大业”。[②] 自此以后，以香港为主要阵地，掀起了一个响应中共“五一”号召的热潮。

是月 8 日，沈钧儒发表《关于目前新形势与新政协的谈话》一文，表示完全赞同中共召开新政协的政治主张，认为中共的号召，“是一个民主的、和平的、具有建设性的号召。这

---

① 周恩来：《对出席民盟四中全会扩大会议人员的讲话》，见《周恩来统一战线文选》，第 152 ~ 153 页，人民出版社 1984 年出版。

② 《各民主党派民主人士通电全国与中共筹开新政协会议》，见香港《华商报》，1948 年 5 月6 日。

说明了中共除了以人民武装的斗争以达成中国新民主主义的革命以外，同时还在政治上铺下了一条达成民主革命的道路”。他还指出：“仅仅反对南京的反动政权是不够的，我们必须建立一个真正为人民服务的新政权，以代替旧政权，这已成为时代迫切的要求。”他提出：“凡是赞成中共这一召开新政协主张的，今天都应该起来响应这一号召，并推动这一运动，使这一运动迅速的普遍开展，使中共的号召由口号而变成为现实。”①

7月7日，救国会发表“七七”11周年宣言。宣言指出，中国共产党在纪念“五一”劳动节口号中，提出迅速召开新政协会议，建立民主联合政府，“恰符合本会‘建立举国一致民主政府，完成反抗侵略，肃清封建任务’的一贯主张。亦只有如此，人民力量民主阵营始能更强化扩大和组织化，全面胜利始能实现”。指出：“新政协的路线必须以彻底达成反侵略反封建的双重任务为归趋。”帝国主义侵略，不论是美是日，必须铲除；封建独裁势力，即使改头换面，必须拒绝。表示救国会“愿本素志，追随全国民主党派人民团体之后，为展开新政协运动和反美扶日运动而加倍努力。”②

在香港，民盟在沈钧儒等人的主持下，积极开展新政协运动，并在一项文件中宣称，全中国人民要求一个民主、和平、独立、统一的新中国，必须发动全国人民用一切力量来推翻与

---

① 香港《华商报》，1948年5月17日。

② 中国人民政治协商会议全国委员会文史资料研究委员会编：《五星红旗从这里升起》，第176~178页，文史资料出版社1984年出版。

全民为敌的南京反动独裁政权，以通过新政协而建立的真正代表人民的民主联合政权去代替它。①

9月29日，沈钧儒和章伯钧等，在中共驻香港代表潘汉年的帮助下，乘船离开香港到达东北解放区哈尔滨，代表民盟参加新政协的筹备工作。随后，救国会其他负责人和一些成员亦陆续到达解放区。

北平和平解放后，1949年2月25日，沈钧儒由沈阳到达北平。3月初，民盟总部临时工作委员会在北平成立。沈钧儒和章伯钧为中常委主持人，领导并开展全盟工作，同时宣告原在香港的中国民主同盟总部结束。与此同时，人民救国会中央临时工作委员会亦在北平成立并开展工作。

三、在北平参加中国人民政治协商会议

1949年6月中旬，新政协筹备会在北平举行成立会议，各民主党派、无党派民主人士及人民团体等23个单位共134人出席会议，救国会参加会议的代表有史良（未到北平前由张曼筠代）、李章达（未到北平前由千家驹代）、胡愈之、沈志远、曹孟君。沈钧儒是作为民盟代表之一出席了筹备会，被选为筹备会常务委员会常委、副主任。他在筹备会的开幕典礼上说："今天是中国人民的政治协商会议筹备会开幕的日子，这个日子将在中国近代史上留下不可磨灭的伟大纪念。新的政治协商

① 《中国民主同盟响应中共"五一"号召致全国各民主党派各人民团体各报馆暨全国同胞书》，见《中国民主同盟历史文献》，第428～429页。

会议筹备会的成立，是表明中国人民革命已基本上摧毁了蒋介石的反革命统治，革命的人民解放战争已经基本上奠定了全国胜利的基础。”他回顾了旧政协三年多来民主与反民主斗争的历史，并指出今后要建立一个独立、民主、统一、富强的新中国，是比推翻蒋介石统治更加艰巨伟大的任务。“为着完成这一艰巨伟大的任务，我们要把新政治协商会议的召集，作为一个伟大的开端。”①

9月下旬，沈钧儒出席了中国人民政治协商会议第一届全体会议，并代表民盟在会上发言。他总结了民盟的斗争经验，明确指出：旧民主主义道路走不通，必须走新民主主义道路，“只有从新民主主义才能通到社会主义和共产主义的道路”；必须建立以工人阶级为领导，以工农联盟为基础的人民民主专政的国家机构，这样才能使国家统一起来，发挥无比坚强的人民力量；各级政权机构要采取民主集中制；各民主党派要团结一致，长期合作。“总而言之，新民主主义的政治原则，人民民主专政的国家机构，再加上民主集中制的组织，团结协商的精神，这就成为目前我们所可能采取而必须采取的总的方向和总的路线。”他还表示毫无保留地赞同和接受《中国人民政治协商会议组织法草案》、《中华人民共和国中央人民政府组织法草案》和《中国人民政治协商会议共同纲领草案》三个文件。②

救国会由其他团体产生的政协代表，除了沈钧儒外，还有

---

① 《沈钧儒文集》，第603～605页。

② 《沈钧儒文集》，第614～616页。

史良、沈兹九、陈此生、梅龚彬、陈汝棠、金仲华、张志让、胡子婴、沈体兰、吴耀宗、潘振亚、邓初民、方与严14人。[1]另外，救国会作为一个民主党派的团体也有自己出席政协的代表，他们是李章达、沙千里、沈志远、千家驹、萨空了、曹孟君、闵刚侯、方与严、宋云彬、孙晓村，还有秦柳方和张曼筠是候补代表。[2] 9月24日，沙千里代表救国会在中国人民政治协商会议第一届全体会议上发言指出："中国人民政治协商会议的召开，有着空前伟大的划时代的历史意义。这种划时代的意义，不仅在于宣告了二十二年蒋朝国民党法西斯统治的死亡，而且在于它永远地结束很久以来帝国主义、封建地主、官僚资产阶级对中国人民的残暴统治，尤其在于它宣告了四亿七千五百万人的中国人民自己做了国家主人的一个人民新世纪的开端。这样一个伟大的开端，是在一个为马列主义所武装的中国共产党领导之下完成的，是在五千年来中华民族历史中最伟大的政治家——毛泽东主席的领导之下完成的。"他对《中国人民政治协商会议共同纲领草案》等三个文件表示完全赞同，并说："这个纲领和我们人民救国会同志们一向的政治信仰和主张完全相适合。我们在抗日战争时期，曾为制订和实施抗日救国纲领而奋斗，现在当以更大的努力，为实现并保证新民主主义共同纲领的充分执行而奋斗。"[3]

---

① 《中国人民救国会中央临时工作委员会会议纪录》，见《近代史资料》，总104号。另见《救国会史料集》，第832页。

② 《五星红旗从这里升起》，第540页。

③ 《人民日报》，1949年9月25日；《救国会史料集》，第816～817页。

第六章
救国会的结束

第一节　成立救国会中央临时工作委员会，宣告救国会结束

1948年9月，沈钧儒等抵达哈尔滨后，鉴于救国会成立14年来，它的政治主张已全部实现，就提出结束的问题，但也有少数人如王造时等不大赞成，认为如果其它民主党派不解散，救国会也可不解散。随后沈钧儒等到北平，成立了救国会中央临时工作委员会。从1949年2月27日至12月11日共开会三十次，讨论救国会今后的去向，涉及是否继续存在并发展，救国会的性质、主张、纲领及其他事务问题。经过一年的酝酿，基本上取得结束救国会的一致意见。

1949年12月18日午后2时，中国人民救国会在北京举行招待各界茶话会，救国会同仁和各民主党派人士张澜、李济琛、何香凝、罗隆基、蔡廷锴、马叙伦、史良、沙千里、曹孟君、胡愈之、孙起孟、张友渔等108人出席，周恩来于下午4时赶到会场，并发表了讲话。

茶话会开始后，全场起立，为在人民救国运动中牺牲的先烈默哀。主席沈钧儒致词说："中国人民救国会从今天起要在全国人民面前结束了。这件事在去年九月我们到哈尔滨的时候

就已提出，一直到现在，酝酿了一年之久，现在由中央到各地会员已得到一致。我们救国会同人相信一切是由时代决定的，我们首先要认识时代。今天，中华人民共和国已经成立了。这使我们认识到：有了人民政协所通过的共同纲领作为施政方针，有着中国共产党和毛主席的领导，中国的这一条从新民主义到社会主义、共产主义的道路，是可以坦步无忧的。我们救国会同人彻底认清了这一点，相信了这一点。所以我们今天在大家面前，坚决地、愉快地来宣布我们的历史任务的终结。今后，救国会是不存在了，我们救国会同人愿意紧紧跟在中国共产党和各民主党派之后，为人民服务，为建设新中国而积极努力。”①

会议发表了《中国人民救国会结束宣言》，回顾了 14 年来救国会走过的战斗历程，指出中国人民革命的胜利，完全依靠了人民的伟大力量，中国共产党的正确领导和人民解放军的英勇善战。救国会在团结人民，启发和教育群众，为争取民族解放和人民民主革命事业的胜利方面，作了一些工作。它“引导了一部分人走向进步，走向真理”；“团结了不少最优秀的著作家、教育家、音乐家、艺术家、新闻记者和科学家，从十四年前最黑暗的时期起，就不断为建立中国人民新文化而斗争。在文化战线上，我们同志们确实完成了一部分的战斗任务”。同时，结束宣言总结了 14 年来救国会在工作斗争中的主要经验教

① 《中国人民救国会中央临时工作委员会会议记录》，见《近代史资料》，总 104 号；《救国会史料集》，第 838 页。

训，并说明在新的历史时期，为了使救国会的同志不落在时代后面，能够担当起今天和明天更重大的任务，必须从政治上、思想上提高自己。并且指出：事实上，近年来救国会的同志们已经分散到各种不同的岗位上工作，有的参加了中国共产党，大部分参加了民盟和其他民主党派及各种人民团体，所以取消救国会这一组织形式，“将更便于我们同志们在各种岗位上更积极地分头努力”。①

同日，在上海的救国会会员胡子婴、沈粹缜、王造时等人举行茶话会，招待中共中央华东局、各民主党派、群众团体、工商各界的代表五、六十人，说明救国会的历史使命业已完成，宣告结束。

其实，假若救国会不解散，它可以和其它各民主党派一样，作为人民民主统一战线的成员，参加中国共产党领导的多党合作的国家政权，担负新的历史任务。所以救国会的解散，毛泽东、周恩来都认为是“一种损失”，表示惋惜。就在救国会宣布解散的茶话会上，周恩来在讲话中说：“救国会过去做了很多工作，是共产党的好朋友，我们同甘共苦地合作过，今后还有很多工作需要你们作，你们还可以发挥很大的作用，共同建设社会主义嘛！”② 另据孙晓村回忆说：“第一届全国政协会议在北京召开时，我是救国会代表。当时救国会是否继续活

---

① 《人民日报》，1949 年 12 月 19 日；《救国会史料集》，第 838 页。

② 李庚：《关于救国会在抗战时期的历史情况》，见《爱国主义的丰碑》，第 294 页。

动下去，多数人认为历史已经完成，主张取消，也有少数人不同意，想继续搞下去。救国会解散那天，在北京饭店开会，周总理参加了，对救国会有评价，有两点比较重要。第一，在当时国民党还没有停止内战情况下，救国会以鲜明的立场，响应党的号召，要求停止内战，一致对外，而且联系团结的面相当广泛，因而起的影响比较大。第二，给党输送了大量的抗日救国青年，对党的力量的发展起了积极作用。总理明确表示：不同意你们解散，你们一定要解散，我们也尊重你们的意见。以后总理还表示过两次：我对救国会的解散仍以为憾事。”① 1950年抗美援朝爆发，11 月 4 日，中国共产党和中国国民党革命委员会、中国民主同盟等民主党派发布联合宣言，拥护全国人民在志愿基础上，为着抗美援朝保家卫国的神圣任务而斗争。毛泽东发现联合宣言唯独没有救国会，征询原委，始知救国会已自动结束，深表惋惜，认为是一种损失。

救国会在政治舞台上活动的 14 年，是中国共产党领导的人民革命力量从弱到强，直至取得在全国范围内胜利的 14 年。救国会为了把祖国从殖民地、半殖民地、半封建的灾难和黑暗深渊中拯救出来，建立一个独立、民主、自由、幸福的新中国，在共产党的领导和影响下进行了不屈不挠的斗争，作出了有益的贡献。新中国成立后，过去那些救国运动的领导者和积极参加者，又为社会主义革命和建设而努力工作，继续奋斗。1963

① 周天度 1978 年 9 月 22 日访问孙晓村记录，《救国会史料集》，第 1104 页。

年元旦，周恩来在全国政协举行的宴会上说：沈钧儒老人“是民主人士左派的旗帜，他曾经为民主、为社会主义奋斗到老。”[①] 这是对沈钧儒的崇高评价，也包含了对救国会的充分肯定。

救国会的历史，将作为中国近代革命史的一部分而载入史册。沈钧儒、邹韬奋、陶行知、李公朴、史良、章乃器、沙千里、王造时、杜重远及其他为救国和民主事业而献身的人的名字，将和千百万中国革命先烈们的名字一起，青史长留，永垂不朽。

第二节　余　音

1957 年 2 月，王造时到北京出席全国政协会议。3 月 27 日晚上，国务院总理周恩来在北京接见了他。在谈话中，周恩来问王造时是否考虑恢复救国会问题，王回答说，这要问沈钧儒、史良和其他救国会的有关朋友。据王造时回忆说：“周总理说，当初解散救国会是一个错误。毛主席看见民主党派抗美援朝的联合宣言中没有救国会的名字，认为是一种损失。周总理说我当初反对解散是对的。我答复说，我当初也不是绝对反对解散，我当初的意见是，如果其他民主党派解散，救国会就应当解散；如果其他民主党派不解散，可见民主党派还有历史

① 《人民日报》，1963 年 1 月 2 日。

任务，救国会也就可考虑不解散。”[1]

与周恩来谈话之后，王造时在北京与一些救国会人士交换过意见。首先他到史良家，把周恩来对于这个问题的意思向史良陈述，并征询她的意见，顾执中与之同行。顾是积极主张恢复救国会的，因此王造时对他说，等一下见到史良，你不要把自己的意见，当作我的意见，说我要恢复的。王造时到史良家说明来意后，史良表示：沈钧儒和她都没功夫来搞救国会，而且救国会许多朋友已经参加了民盟，人家说我们在民盟里面，还是阴魂不散。周总理向你提出这个问题，是表示对你的客气。她认为没有恢复的必要，并竭力劝他参加民盟。[2] 接着，王造时去见章乃器，征求他的意见。章乃器时任粮食部长，表示对民主党派已经不甚感兴趣，连参加的民主建国会也想退出。大概是因为从史良那里知道了沈钧儒的态度，故王造时没有去会见沈。沙千里已去莫斯科治病，故也没有见到。以后他还见到千家驹、张志让、闵刚侯、林亨元、潘大逵等救国会人士，大家都觉得恢复救国会问题困难甚多，意愿不高。后来他又找了罗隆基，罗认为沈钧儒、史良不赞成，恢复救国会有困难，并劝他参加民盟。王造时还曾向中央统战部副部长张执一请示，张表示：“不能由我们决定恢复不恢复，如果由我们来决定，那就等于你们是奉命恢复。这个问题还是你和救国会朋

① 《救国会史料集》，第995页。

② 《救国会史料集》，第995页。

友多去商量商量好，如果大家都主张恢复，那我们是欢迎的。”[①] 王造时恢复救国会的试探和努力，由于滞碍很多，没有取得成功。

1996年6月1日，救国会成立60周年纪念，在人民大会堂安徽厅举行座谈会。沈谱等人曾和一些救国会同志商量，再次试图恢复救国会组织，并得到出席会议的政协主席李瑞环的支持。后来胡绳等人认为，现在恢复救国会组织是否有必要，而且困难更多，难以进行，最后也只能作罢。

---

① 《救国会史料集》，第996页。

附　录
救国会大事年表

1935 年

自 1931 年“九一八”事变发生，日本侵占东北三省后，本年上半年日本进一步开始入侵华北。上海文化界的爱国进步人士沈钧儒、章乃器、邹韬奋、陶行知、王造时，以及中共地下党员周新民、钱俊瑞等，经常以聚餐会的形式在一起讨论时局，探求救国的办法。

5 月，杜重远创办并主编的《新生》周刊第 2 卷第 15 期，登载艾寒松以“易水”笔名写的《闲话皇帝》一文。日本驻上海领事遂以“侮辱天皇，妨害邦交”为由，向国民党上海市政府及国民政府提出抗议。国民党政府即指令上海市政府向日本道歉，封闭了《新生》周刊。

7 月 9 日，江苏高等法院第二分院开庭审理《新生》案件，判处杜重远一年零两个月徒刑。

7 月 13 日，沈钧儒写诗《我所爱之国》，表达对杜重远受冤被判刑入狱的愤懑和强烈的爱国情怀。在此前后，并与上海律师公会一起进行营救。

8月1日，中国共产党发表《为抗日救国告全国同胞书》（即“八一宣言”），号召停止内战，全国各党、各派、各军、各界团结起来，一致抗日，并提出了建立抗日民族统一战线的具体办法。

10月15日，著名爱国新闻记者戈公振从苏联回到上海，准备参加抗日救国工作。10月22日不幸因病去世。

11月1日，国立清华大学及私立天津中西女子中学等平津十所学校学生自治会联合发表《为抗日救国争自由宣言》，吁请国民党政府开放言论、集会、结社自由，禁止非法逮捕学生。

11月16日，邹韬奋主编的《大众生活》周刊在上海公开出版，率先举起鲜明的抗日救国旗帜。

11月25日，沈钧儒读邹韬奋所写《悼戈公振先生》一文后，深为戈的爱国主义思想感情所感动，特作了题为《读邹韬奋悼戈公振先生文》，即著名的在第四首一连重叠用了四句“我是中国人”的四首五言诗。

12月9日，北平学生举行示威游行，反对日本策划的“华北自治”，要求停止内战，一致抗日，轰轰烈烈的“一二九”运动爆发。

12月12日，上海文化界人士马相伯、沈钧儒、邹韬奋、章乃器、陶行知、李公朴、王造时、钱俊瑞等280余人，联名发表《上海文化界救国运动宣言》。

12月16日，北平学生在中共地下党的领导下，为反对“冀察政务委员会”成立，再次举行游行示威。游行队伍遭到国民党军警的镇压。

12月19日至20日，上海复旦大学等大中学校学生8000余人，冒着刺骨的寒风，举行抗日救国示威游行。

12月21日，史良、沈兹九、杜君慧、王孝英、胡子婴、陈波儿等人发起成立上海第一个救亡团体——上海妇女救国会。与会者包括女学生、女工人、女教员、女职员、女医生、护士、女律师及家庭妇女共千余人。大会通过宣言，并推选史良、沈兹九、胡子婴、罗琼、杜君慧等11人为理事。会后，举行了游行示威。

12月26日，平津学生联合会宣告成立，并决定组织扩大宣传团，深入民间，唤起民众，一致抗敌救国。

12月27日，上海文化界救国会召开成立大会，推选马相伯、沈钧儒、章乃器、邹韬奋、陶行知、李公朴、王造时、史良等35人为执行委员，并发表第二次救国运动宣言。

12月，香港抗日救国会成立，周楠、石辟澜、唐章任负责人。

1936年

1月9日，上海各大学教授沈钧儒、章乃器、潘大逵、顾名、曹聚仁、周新民、张定夫等60余人，发起成立上海各大学教授救国会，并发表成立宣言。

1月27日，北平文化界救国会成立，推选马叙伦、白鹏飞、张申府等31人为干事，并发表宣言，表示完全赞同上海文化界救国会两次宣言所提出的主张。

1月28日，上海农工商学及妇女等各界民众共800余人举行“一二八”纪念大会，决定正式成立上海各界救国联合会。会后，全体与会代表步行至庙行镇，公祭“一二八”抗战无名英雄墓。

1月，章乃器发表《四年间的清算》一文，大胆清算国民党当局四年来执行“先安内，后攘外”路线，造成辱国害民的种种事实。

2月9日，上海职业界救国会成立，其会员主要有“蚂蚁社”、量才补习学校、立信会计学校、中华职业教育社补习学校等单位的社员和学员。推选沙千里、葛师良、杨延修、任崇高、陆诒、石志昂、王文清等为理事。发表有成立宣言。

2月11日，国民党中央宣传部发表《告国人书》，诬蔑上海文化界救国会受共产党利用，“反对中央”，“颠覆政府”。

2月14日，上海文化界救国会发表《对中宣部告国人书之辩正》文章，针对国民党中宣部对救国会的诬蔑和恫吓，进行驳斥。

2月20日，国民政府颁布《维持治安紧急治罪法》，规定军警可以武力镇压抗日群众，取缔抗日救国运动，逮捕爱国分子等。

2月23日，国难教育社成立，通过成立宣言和工作大纲等文件，推选陶行知等组成执行委员会。

2月29日，《大众生活》等抗日报刊被迫停刊。

3月8日，上海妇女救国会等七团体妇女代表1000余人，集会游行，纪念“三八”国际妇女节。

3月28日，《上海文化界救国会会刊》出版。

3月，上海各界救国联合会为抗议国民党军警围捕复旦大学学生，发表宣言。

4月24日，广西全省学生救国联合会在南宁举行第一次代表大会，会后举行抗日示威游行。

4月下旬，中共中央派冯雪峰由陕北来到上海，与上海各界群众救亡运动的负责人沈钧儒、章乃器等人取得联系，并向他们传达毛泽东及党中央的抗日民族统一战线政策。

5月6日，上海文化界救国会、妇女界救国会、职业界救国会、各大学教授救国会、国难教育社共同创办的《救亡情报》出版。全国各界救国联合会成立后，成为其机关报。

5月9日，上海各界救国联合会召开“五九”国耻大会，妇女、学生、店员、知识分子等1000余人到会。大会一致通过“请中央及地方当局表示抗日态度”等四项要求。

5月18日，鲁迅接受《救亡情报》编辑陆诒的采访，明确表示他赞同支持救国会倡导的统一战线救国运动。

5月23日，广西文化界救国会成立，通过组织简章、工作大纲和成立宣言等文件，并推选理事会人选。

5月24日，南宁妇女救国会成立。

5月29日至30日，全国17个城市和广西全省学生救国联合会的代表在上海召开大会，宣告成立中国学生救国联合会。

5月30日，上海各界救国联合会组织上海各界民众6000余人举行盛大集会，纪念“五卅”惨案11周年。会后至江湾“五卅”烈士公墓致祭。

5月31日至6月1日，全国各界救国联合会在上海召开成立大会，全国各地60多个救亡团体的代表共70余人到会。大会通过《全国各界救国联合会成立大会宣言》、《抗日救国初步政治纲领》等重要文件，选举宋庆龄、何香凝、马相伯、邹韬奋等40余人为执行委员，沈钧儒、章乃器、李公朴、史良、沙千里、王造时、陶行知、孙晓村、曹孟君等14人为常务委员。

5月，旅平之陕西、山西、绥远、宁夏、甘肃等省青年，在北平成立西北青年救国会。

5、6月间，胡愈之来到上海，参加救国会的工作。

6月1日，广东实力派陈济棠、广西实力派李宗仁、白崇禧打出“出兵抗日”的旗帜，发动“两广事变”。事变期间，李宗仁派人同救国会接触，要求救国会给予支持。救国会派杨东莼去西南，向他们阐明全救会的主张，希望团结抗日，不宜轻率对内用兵，酿成内战。

6月2日，沈钧儒、章乃器、邹韬奋和李公朴四人，将救国会的宣言、纲领等文件，送交上海市长吴铁城，希望得到当局的认可，争取合法公开。吴不仅不予承认，反而威逼沈等放弃救国立场，解散救国会。遭到沈等人的严辞拒绝。

6月3日，广西各界抗日救国会成立。次日，举行抗日救国大会，并举行示威游行，要求党政军当局立即北上抗日。

6月5日，广西文化界救国会柳州分会召开成立大会。

同日，上海市长吴铁城召集全市大中学校校长开会，攻击救国会，并要求各校长取消各校内的救国会。

同日，宋庆龄致函救国阵线领袖，表示完全支持沈钧儒等人的正义行动，并签名于宣言和纲领之后，有力地回击了国民党破坏救国会的嚣张气焰。

6月7日，由文学家茅盾、傅东华、夏丏尊等发起的中国文艺家协会正式成立，并发表宣言。

6月10日，沈钧儒、章乃器、李公朴应蒋介石邀到南京进行谈判。谈判的核心是要求救国会接受国民党领导，沈等委婉拒绝。

6月上旬，武汉妇女救国会成立，发表有对时局宣言。

6月中旬，救国会发表《对时局紧急通电》和《为时局致南京政府紧急通电》，要求国民党政府立即领导全国一致抗日。

6月28日，上海著作人协会召开成立大会，通过宣言及决议案多件，选举诸青来等15人为理事，潘大逵等三人为候补理事。

6月，重庆各界救国联合会成立，下属学生界、职业界、文化界、妇女界四个救国会组织。

同月，西北抗日救国会改名为西北各界救国联合会，简称“西救”。“西救”认定救国会的宣言和纲领就是它的宣言和纲领。

同月，救国会华南分会致电蒋介石，请他领导全国抗日。

7月9日，国民党五届二中全会将于10日召开，救国会发表对国民党二中全会宣言，要求抗日。

7月10日，救国会推派沈钧儒、章乃器、史良、彭文应、沙千里五人至南京，向国民党二中全会请愿，要求二中全会决议停止内战，立即对日作战。沈等在南京还招待了新闻界，报告了救国会的主张和成立经过等。

7 月上旬，马相伯发表《救国谈话》，指出“家必自毁而后人毁之，国必自伐而后人伐之”。

7 月 12 日，刘少奇于 6 月 14 日致信邹韬奋，提出建立人民战线（即抗日民族统一战线）的问题，邹韬奋写了《人民阵线与关门主义》答复刘少奇。

7 月 15 日，沈钧儒、章乃器、陶行知、邹韬奋四人联名发表《团结御侮的几个基本条件与最低要求》一文。

7 月至 8 月，全国学生救国联合会代表陆璀赴瑞士日内瓦参加世界学联举行的世界青年大会，得到救国会沈钧儒、李公朴的帮助。

8 月 9 日，上海工人救国会成立，通过成立宣言、对最近时局主张的通电等文件。

同日，上海各界救国联合会召开上海市民缉私抵制日货运动大会，沈钧儒致开会词，王造时、章乃器先后讲话。大会通过三项议案，即通电全国民众，自动组织缉私大同盟；通电政府，要求拒绝减低关税及华北海关独立；要求政府奖励海关努力缉私工作人员。会后举行了游行。

8 月 10 日，毛泽东致电章乃器、陶行知、沈钧儒、邹韬奋四人，对救国会的宣言与纲领，以及四人署名发表的《团结御侮的几个基本条件与最低要求》一文，作了充分的肯定，表示极大的同情和满意。

8 月，南京各界救国联合会成立，负责人有孙晓村、曹孟君、李庚、千家驹等人。

同月，救国会华南区总部在香港成立，由李章达、何思敬、吴涵真、陈此生、陈希周、梅龚彬等人组成理事会，李、何、吴并任常务理事。

同月，救国会代表陶行知和全国学联代表陆璀出席在日内瓦召开的世界青年大会。

同月，日本帝国主义及其豢养的伪蒙军侵犯绥东，救国会和上海各界救国联合会等团体为绥东事件发表宣言，呼吁全国实力派抗日。

9月2日，国际反侵略大会在布鲁塞尔举行，救国会代表钱俊瑞、陶行知出席会议，并在会上讲话。

9月6日，救国会组织300余宣传队共约2000余人，走上街头，进行援绥募捐，并进行抗日宣传。

9月18日，为纪念“九一八”五周年，救国会组织上海各界群众至沪西漕河泾举行“九一八”纪念碑奠基典礼，中途遭到国民党军警的镇压，被捕20余人，受伤百余人，史良也被殴伤住院。

同日，毛泽东致函章乃器、陶行知、沈钧儒、邹韬奋，说已委托潘汉年与他们“经常交换意见”，并转达对他们的热烈希望。

同日，广东各界救国联合会筹备会成立。

9月19日，救国会召开新闻记者招待会，报告国民党军警镇压上海各界群众纪念“九一八”血案经过，揭露当局的暴行。

同日，上海各界救国联合会为国民党军警镇压上海市民纪念“九一八”发生惨案发表通电。次日，又发表告全国同胞书。

9月20日，全欧华侨抗日救国大会在巴黎召开，各国侨胞代表和来宾400余人出席会议。大会决定成立全欧华侨抗日救国联合会，通过成立大会宣言等文件，推选陈友仁、陈铭枢等33人为执行委员，李遇安等11人为候补执委，江泮庵等7人为监察委员，张贤范、李去山为候补监委，陈铭枢、王海镜、胡秋原等为常务委员。

同日，救国会代表钱俊瑞在全欧华侨抗日救国大会上作报告。

10月上旬，救国会发表《为团结御侮告全国同胞》一文，针对国民政府外交部长张群与日本驻华大使川越茂在南京的外交谈判，揭露日本帝国主义灭亡中国的新阴谋，要求国民政府停止谈判，团结全国力量，共同抗日。

10月11日，上海学生界救国会成立。

10月18日，成都各界救国联合会筹备会在成都青年会礼堂召开。

10月19日，鲁迅逝世，在救国会的主持下，上海举行了三天群众性悼念仪式。22日，上海各界群众六七千人，在救国会领袖的率领下，为鲁迅送葬。

10月中旬，马相伯、宋庆龄、何香凝、沈钧儒、章乃器、王造时、李公朴、史良联名发表《更正侮蔑救国会之通令启事》，对国民党上海市党部发布通令，侮蔑上海各界救国联合会为绥远抗敌军队募捐为“敛钱肥已”，予以驳斥。

10月30日，救国会致电南京国民政府，就10月28日上海日本报纸《日日新闻》载文说，国民政府将对王造时、章乃器等救国会领袖处以死刑等，要求国民政府严词驳斥日本报纸的谣言，保护救国运动。

11月10日，救国会致函山西牺牲救国同盟会，祝贺其组织的成立，并希望与之联合起来，抗日救国。

11月12日，沈钧儒、章乃器、王造时致电李宗仁，呼吁援助上海日资纱厂工人罢工。

同日，救国会为纪念孙中山诞辰，举行悲壮盛大的纪念会，并当场组织支援日本纱厂工人罢工斗争后援会，支持工人罢工。

11月16日，救国会为绥远问题发表宣言。

11月17日，救国会为援助绥军抗战，分别致电国民政府、归绥傅作义军长和西安张学良，要求出兵援绥，发动全国抗日战争。

11月18日，上午，日商丰田纺织公司船津总务会见上海市长吴铁城的代理俞鸿钧秘书长，提出要“取缔隐藏在罢工背后的赤色分子”。下午，日本驻沪总领事若杉派领事寺崎找到俞鸿钧，提出四项要求，其中一条为逮捕抗日救国会幕后人物章乃器、沈钧儒、李公朴等人。

11月22日，纽约全侨抗日救国会通过决议，加入救国会。

11月23日，凌晨2时，上海市公安局逮捕了沈钧儒、章乃器、邹韬奋、王造时、李公朴、沙千里、史良七人，因无证据和拘票，被保释。几小时后，除史良和李公朴两人外，又遭拘捕。

11月23日，宋庆龄就沈钧儒等七人被捕致函冯玉祥，商议营救事。

11月24日，救国会为七领袖无辜被捕发表“紧急宣言”和“紧急通电”。

同日，北平文化教育界109人联名致电国民政府，要求即日完全释放沈钧儒等七人。

11月25日，李宗仁、白宗禧、黄旭初为营救沈钧儒等人，致电冯玉祥、孙科、居正等国民政府诸要人。

同日，上海市当局公布逮捕沈钧儒等人所谓的罪状。

同日，北平各大学学生救国联合会决议自本日起罢课两天，并派代表到南京请愿，要求立即释放救国会被捕领袖。

11月26日，冯玉祥为营救沈钧儒等七人密电蒋介石。12月3日，蒋介石复函冯玉祥，主张对沈等严厉制裁。

同日，宋庆龄以救国会执行委员名义发表声明，抗议违法逮捕救国会七领袖。

同日，广西学生救国会为反对逮捕沈钧儒等发表通电。

同日，成都召开各界声讨国民党镇压救亡运动，声援七领袖群众大会，并筹备成立各界救国联合会。

11月27日，广州各界举行反日群众大会，反对压迫救国运动。

同日，救国会为七领袖无辜被捕发表告当局及国人书。

11月28日，纽约中华公所及全体华侨抗日救国会发表电文，积极声援救国会七领袖。

11月29日，星洲侨胞联名致电南京政府，营救沈钧儒等人。

11月30日，山东各地救国会致电慰问“七君子”及其家属。

11月下旬，救国会派代表张语还到西安，参加西北各界救国联合会工作。

11月下旬，中国共产党的《红色中华》报和巴黎《救国时报》发表《反对南京政府实施高压政策》文章及《争取救国自由》社论。

11月末，救国会常委、南京救国会负责人孙晓村、曹孟君在南京先后被捕。

12月4日，沈钧儒、章乃器、邹韬奋、王造时、沙千里、李公朴（11月24日，李自动至法院投案）六人由上海市公安局移送羁押苏州江苏高等法院。

12月5日，《时论》半月刊第1卷第3号刊登中共党员刘群（笔名贺刚）《火线下的救亡阵线》一文，详尽地剖析论证了沈钧儒等人为何被捕，爱国人民应如何正确对待这一事件，国民党当局应立即无条件释放爱国领袖等问题。

同日，沈钧儒等人为加强团结，对付国民党的迫害，在狱中成立了临时组织，宣称“六个人为一个人”，决定团结一致，为争取救国自由而斗争。

12月9日，西北各界救国联合会为纪念“一二九”一周年发表宣言，并组织西安市学生和市民到临潼向蒋介石请愿，要求停止内战，一致抗日。

同日，广州各大学教授洪深等40余人联名电请政府释放

“七君子”。

12月12日，张学良、杨虎城扣押蒋介石，实行“兵谏”，西安事变发生。当日张、杨通电全国，提出八项主张，其中一项即为立即释放上海被捕的爱国领袖。

12月15日，救国会发表《为当前时局紧急宣言》，表明对西安事变的态度，主张和平解决。

12月16日，救国会执委马相伯、何香凝、宋庆龄发表为救国会七领袖被捕事件宣言。

同日，救国会为西安事变致电国民政府和阎锡山、傅作义，要求郑重处理西安事变，避免内战，共赴国难。

12月中旬，留英学生抗日会致电国民政府及全国同胞，援助爱国七领袖。

12月25日，救国会的机关报《救亡情报》被迫停刊。共出版29期。

12月30日，史良至苏州投案，被关押在司前街女看守所。

12月，在美国的王德崇、柳无垢、胡秋原、陶行知等300余人签名发表《告海外同胞书》，要求国民政府立即释放救国会领袖，团结抗日。

同月，英国名流罗素等发表文章，希望立即释放救国会七领袖。

1937年

1月20日，上海各界救国联合会请愿慰问代表团顾留馨、任崇高等21人，公开具名备呈文，到苏州江向江苏高等法院请愿，要求尽快释放沈钧儒等人，并要求入狱探视，遭拒绝。

同日，北平各界救国联合会成立。

1月28日，“七君子”分别在男、女看守所庄严纪念“一二八”五周年祭。

2月1日，华北各界救国联合会正式成立，主要负责人有张申府、刘清扬、许德珩、张友渔等。

2月3日，江苏高等法院裁定，将沈钧儒等人延长羁押期两月。

同日，顾留馨、任崇高被传到苏州作“证人”，遭法院扣留。

2月5日，《救国时报》刊登美国知名人士杜威、爱因斯坦等致电蒋介石、孔祥熙、冯玉祥等，营救被捕七领袖。

3月14日，成都各界救国联合会成立。

3月15日，出席世界和平会议各国代表联名要求国民政府释放“七君子”。

4月3日，江苏高等法院检察官翁赞年对沈钧儒等14人提起公诉，所谓的罪名为：“共犯以危害民国为目的而组织团体，并宣传与三民主义不相容之主义。”

4月11日，毛泽东致电潘汉年，立即赴南京，就沈钧儒等被江苏高等法院起诉并将判罪，以及通缉陶行知等事，向国民党谈判代表陈立夫、张冲提出抗议，并要求迅速具体解决。

同日，周恩来也为上述事情致电张冲。

4月12日，中共中央对“七君子”被起诉发表宣言。

同日，周恩来致电叶剑英，通知中共西安地下党组织，准备响应援救沈钧儒、陶行知等的运动。

4 月 15 日，周恩来致电蒋介石，要求释放“七君子”，取消对陶行知等的通缉，以一新天下耳目。

4 月，李烈钧、冯玉祥分别至看守所看望“七君子”。

同月，自本月底开始，国民党中央委员会秘书长叶楚伧通过杜月笙、钱新之出面，对“七君子”进行诱降、劝降活动，遭到七人的坚决反对，一致表示，决不丧示抗战立场和个人人格。

4 月至 7 月，自江苏高等法院对“七君子”提起公诉后，全国各报纸、杂志舆论界纷纷发表文章、评论，抨击国民党的倒行逆施，吁请宣告沈钧儒等无罪。

5 月 27 日，天津《大公报》载上海文化界谢六逸、叶圣陶、胡愈之等一百余人，联名呈请国民政府，要求恢复沈钧儒等人自由，撤消陶行知等通缉令。

6 月 6 日，救国会部分负责人胡愈之、潘震亚、钱俊瑞等，召集为沈钧儒等人辩护的律师举行会议，商讨案情及出庭辩护策略等事。

同日，全欧华侨抗日救国联合会等团体，上书南京政府，批评起诉书断章取义，要求迅速释放救国领袖。

6 月 7 日，“七君子”和他们的 21 位辩护律师在上海许多报纸上刊登《答辩书》，对江苏高等法院《起诉书》所列“罪状”，逐条进行驳斥，要求将他们无罪释放。

6 月 10 日，上海市民 4800 余人联名签具请愿书，送达江苏高等法院，要求司法当局撤回对沈钧儒等人的公诉，迅速恢复自由。

6月上旬，平津数千名学生，在服用国货大示威运动会上，抗议反对法庭对“七君子”起诉和判罪。

6月上旬，广州7000余同学签名，要求爱国自由和宣判七领袖无罪。

6月上旬，平津各界1690人另嘱律师代拟一答辩书，驳斥江苏高等法院对沈钧儒等人的起诉。

6月上旬，北方各界救国联合会推选代表赴苏州监审，沿途赴车站欢送的群众达数千人，纷纷提出恢复七领袖自由的要求，请求代表向苏州法庭转述。

6月11日，下午，江苏高等法院开庭审理沈钧儒等人。

6月12日，“七君子”向江苏高等法院递交《声请回避状》，要求审判长和陪席推事回避，并停止诉讼程序。

同日，蒋介石从庐山打电话给陈布雷，询问“七君子”案件，并嘱咐他顺利结案后，将“七君子”送往庐山开会。

同日，上海市民600余人分集于南市大吉路等路口，散发传单，高呼要求当局释放“七君子”，并发表上海市市民援助沈案大会宣言。

6月13日，沈钧儒等人写信给蒋介石，表示对于在政府抗敌御侮的国策下，努力工作的问题，愿意与他面谈，以求得合理的解决。

6月14日，蒋介石电叶楚伧，沈钧儒等人来庐山时，请代邀杜月笙、钱新之同来。

6月中旬，江苏高等法院对沈钧儒等人开庭审判，引起全国人民的愤慨，全国各界人士纷纷向国民党当局提出抗议，上海、北平、天津等地报刊纷纷发表社论、评论和文章，希望政府宣判他们爱国无罪，恢复自由，为国效力。

6月22日，叶楚伧致电杜月笙、钱新之，坚持“七君子”赴庐山前，先写悔过书。

同日，“七君子”向江苏高等法院递交《第二次答辩状》。

6月23日，沈钧儒等人写信给蒋介石，并附有《第二次答辩状》副本。

6月24日，“七君子”向江苏高等法院提出《声请调查证据状》。

6月25日，江苏高等法院对沈钧儒等人第二次开庭审理。

同日，宋庆龄、何香凝等16人，为营救“七君子”，共同签名向江苏高苏法院呈文具状，要求投案入狱，并发表《救国入狱运动宣言》和《救国入狱运动规约》。

6月下旬，宋庆龄等15人向上海新闻界发表书面谈话，介绍发起救国入狱运动的原因和经过，表示如果法院判决沈钧儒等“爱国有罪”，愿与沈等并案办理。

7月2日，作家何家槐等13人，为营救“七君子”，具状江苏高等法院投案。

7月3日，电影戏剧界的著名导演和演员应云卫、袁牧之、赵丹等13人，具状法院，请求收押，愿与沈钧儒等人同享自由或同受处分。

同日，著名女诗人关露和女演员白杨等五人，具状法院。

7月3日至6日，先后有公司职员、大学学生、工商界人士、大学教授、教员、著名戏剧理论家、音乐家140余人具状法院，要求与“七君子”同受法律上救国责任。

7月4日，何香凝致函宋子文和孙科，赞扬宋庆龄继承孙中山救国救民的遗志，发起救国入狱运动，并表示孙夫人如果入狱，决偕行也。同时要求他们二人向蒋介石转述她的意见，使“七君子”获得释放。

7月5日，江苏高等法院将“七君子”的羁押期再延长两个月。

同日，宋庆龄偕同胡愈之等11人，由上海赴苏州，向江苏高等法院投案入狱。于当晚回沪。

7月6日，“七君子”联名致函宋庆龄，对她扶病率同诸友莅苏投案，表示感谢。

同日，国民党军事委员会以张学良案卷为依据，就“七君子”与张学良的关系以及与西安事变有无因果，复函江苏高等法院。

7月7日，宋庆龄致电国民政府林森、蒋介石、汪精卫、冯玉祥等，说明赴苏州投案入狱经过及救国入狱的决心。

7月10日，救国会就“七七”卢沟桥事变，发表《为保卫北方紧急宣言》。

7月14日，“七君子”在狱中致电宋哲元及廿九军全体将士，对他们英勇抗日，表示赞扬，并捐赠100元勖勉。

7月21日，“七君子”致电蒋介石，称蒋在庐山谈话会发表的讲话“义正辞严，不胜感奋”。

7月28日，上海文化界救亡协会成立，救国会以团体会员名义参加该会的有胡愈之、钱俊瑞、张志让等人，并担任该会各部门的领导工作。

7月30日，江苏高院根据蒋介石的命令，对沈钧儒等人裁定停止羁押，交保释放。

7月31日，“七君子”光荣出狱。

8月3日，“七君子”应国民政府的邀请，由上海抵达南京。期间会见了蒋介石和其他党政军人，拒绝了国民党提出的解散救国会的要求。

8月17日，国防参议会第一次会议在南京中山陵召开，沈钧儒代表救国会出席会议，并有提案。

8月19日，邹韬奋在上海创办《抗战》三日刊出版。

8月24日，上海文化界救亡协会机关报《救亡日报》出版。

9月1日，章乃器在《申报》上发表《少号召，多建议》一文。

9月26日，邹韬奋代表救国会发表《全国团结的重要表现》，充分肯定和高度评价国共合作，共同抗日。

10月，上海文化界救国会设立国际新闻供应社。

11月24日，救国会的一些负责人及其会员从上海撤退至武汉。胡愈之等一部分留在上海的救国会同仁，在随后的日子创办了《团结》、《上海人报》、《集纳》、《译报》等报刊，以隐晦曲折的方法报道抗战消息，宣传和教育群众。

11月26日，自本日起至次年7月，撤退到武汉的救国会同人沈钧儒、刘清扬等人，为开展和推进抗日救国工作，先后举行了一系列会议，筹备成立全国抗战救亡总会，并制定了

《政治纲领》、《政治主张》、《工作计划》等文件，通过了一些决议案，推选了各部门负责人，但由于国民党政府不予立案，该组织最终未能成立。

12月11日，救国会同人创办的《全民周刊》在武汉出版。

是年末，救国会会员孙晓村、骆耕漠、张锡昌等，与浙江省主席黄绍竑取得联系，深入钱塘江上游各县开展抗战宣传和农村经济建设工作。

1938年

1月，胡愈之组织翻译斯诺的《西行漫记》即《红星照耀中国》一书出版。

6月7日，李公朴被国民政府军事委员会政治部主任陈诚扣押。

6月8日，沈钧儒函请政治部副主任周恩来营救李公朴。周恩来与黄琪翔一日之内两次与陈诚交涉。经各方营救，7月6日李公朴获得释放。

6月17日，全欧华侨抗日救国联合会自法国巴黎致函全国抗敌救亡总会，报告华侨组织情况和抗日活动。

7月3日，吴涵真自香港致函沈钧儒、邹韬奋等人，要求恢复救国会组织，迅速召开第二次代表大会。

7月6日，第一届国民参政会第一次会议在汉口开幕，救国会的沈钧儒、邹韬奋、陶行知、史良、王造时、张申府被聘请为参政员，出席会议。会议期间，沈钧儒提出重要提案《关于切实保障人民权利案》。

7月7日，《全民周刊》与《抗战》三日刊合并，改名为

《全民抗战》三日刊，在汉口出版。

8月20日，国民党武汉卫戍司令部下令解散与救国会有关系的武汉青年团体、民族解放先锋队和蚁社三个青年团体。

9月上旬，沈钧儒、王炳南、蒋南翔和《新华日报》记者张企程等代表武汉文化界至瑞昌、阳新前线，慰劳保卫大武汉的前线将士。

9月11日，救国会的言论机关《国民公论》在武汉出版。

9月18日，沈钧儒、邹韬奋等再次代表武汉文化界出发到南浔线劳军。

10月下旬，汉口失陷前，沈钧儒、邹韬奋、沙千里等救国会同人抵达重庆。

11月24日，李公朴和夫人张曼筠抵达延安参观访问，受到毛泽东和其他中共中央领导同志的接见。

12月上旬，胡愈之根据周恩来的指示到桂林，与陈劭先、陈此生等成立救国会广西分会，开展工作。

1939年

1月2日，沈钧儒、张申府等20名救国会同人联名发表快邮代电，声讨汪精卫叛国投敌。

1月10日，广州沦陷后，《救亡日报》迁至桂林复刊。

1月26日，四川高等法院第一分院宣布对“七君子”案件撤回起诉，此案在司法上始告了结。

是月，生活书店编审委员会进行改组和扩大，聘请的编审人员都是救国会成员。

4月，沈钧儒、钱俊瑞、李庚试图恢复救国会组织，但未能成功。

同月，胡愈之代表救国会与广西建设研究会合办文化供应社，并任编辑部主任。《国民公论》迁至桂林出版。

春天，救国会各方面代表人物沈钧儒、邹韬奋等 17 人，组织成立救国会“十七人座谈会”。

5 月初，救国会同人在重庆组织“兵役实施协进会”，针对国民党政府在兵役方面存在的问题、缺点，提出意见和建议。

8 月 12 日，《全民抗战》通俗版周刊创刊。

9 月 9 日至 18 日，第一届国民参政会第四次会议召开，救国会参政员和其它抗日党派的参政员一道，在会上发动了宪政运动，提出要求政府结束国民党一党专政，立即实施宪政，保障各抗日党派合法地位。

9 月，鉴于国民党不断制造反共摩擦事件，破坏团结抗日大局，沈钧儒和邹韬奋在国民参政会第四次大会上提案要求组织“华北视察团”。

10 月 27 日，沈钧儒到桂林，做宣传宪政，推进宪政运动的工作。

10 月，救国会参政员联合其它党派参政员发起召开宪政座谈会，并组织“重庆各界宪政促进会”。

11 月 12 日，重庆各妇女团体召开第一次妇女宪政会，史良任大会主席，并介绍参政会第四次大会讨论、通过实施宪政议案的情形。随后重庆妇女界宪政运动热烈开展。

11 月下旬，救国会的沈钧儒、张申府、章乃器与乡村建设派的梁漱溟，中国青年党的左舜生、李璜、曾琦，国家社会党的罗隆基、胡石青、罗文干，第三党的章伯钧、丘哲，中华职教社的黄炎培、江恒源、冷遹以及无党派的张澜、光昇等，在重庆开会，成立“第三者”方面的联合组织“统一建国同志会。”

是年秋冬，为开展民主宪政运动，在重庆的救国会骨干分子组织“政治讨论会”。

是年，胡愈之任广西建设研究会文化部副主任，千家驹任经济部副主任。

1940 年

1 月 1 日，沈钧儒为《新华日报》创刊二周年题词。

4 月，在沈钧儒的主持下，救国会成员对“五五宪草”进行研究，多次讨论后由邹韬奋、韩幽桐、张友渔、沙千里、钱俊瑞、白桃执笔写成《我们对于“五五宪草”的意见》一书。该书曾提交国民参政会宪政期成会，作为修改“五五宪草”的参考资料，并由生活书店出版发行。

同月，国民参政会第五次大会召开，救国会参政员和其他各抗日党派参政员为争取实行民主宪政，再作最后努力，结果失败。

5 月初，国民党军委会总参谋长兼军政部部长何应钦在国防最高会议一次报告中，诬指沈钧儒、邹韬奋、沙千里将领导重庆暴动，并密令军警机关和下级党部严密防范，并派密探监视三人。沈等向何应钦提出质问。

7 月 30 日，周恩来在中共中央政治局会议上做统一战线工作报告说：救国会、生活书店等是进步分子的组织，他们的成败，就是我们的成败，我们不应使同盟失败。指出党的统一战线工作的方针之一，是扶持救国会、生活书店等进步团体。

7月，国民党中央党部派人找邹韬奋谈话，要求生活书店与国民党的正中书店合并，并施以恫吓，遭到邹韬奋的拒绝。

11月，李公朴圆满完成在华北敌后抗日根据地近两年的工作，回到重庆。

1941年

1月，范长江因在桂林受到国民党秘密通缉，飞往香港，筹办《华商报》，开展海外抗日救国宣传活动。

1~2月，生活书店成都分店、桂林分店、贵阳分店、昆明分店等分支店先后被国民党封闭，仅存重庆总店。

2月24日，邹韬奋将《辞国民参政会参政员》电文、留致各抗日党派负责人长信及为生活书店辩白长文交沈钧儒，转递国民政府，以示抗议。

2月25日，邹韬奋离渝，流亡海外。

2月28日，《救亡日报》桂林版被禁止出版。

3月1日，第二届国民参政会第一次会议在重庆召开，中共参政员因“皖南事变”中新四军问题没有合理解决，拒绝出席会议，救国会的参政员代表也宣布不出席会议。

3月5日，邹韬奋到达香港。之后成立了救国会海外工作委员会，由邹韬奋、杨东莼、范长江、张友渔、于毅夫、金仲华、韩幽桐七人组成常务干事会，邹韬奋、杨东莼负总责。

3月19日，中国民主政团同盟在重庆成立，因其发起人之一青年党的领导人认为沈钧儒和救国会同共产党关系密切，担心救国会参加同盟将会遭国民党反对，所以救国会和沈钧儒被排除在外。

同日，《全民抗战》被迫停刊。

4月8日，《华商报》在香港出版。邹韬奋的《抗战以来》自5月开始，每天在该报上连载。

4月16日，邹韬奋在《世界知识》第12卷第4期发表《我对民主政治的信念》文章。

4月19日，救国会在重庆的负责人沈钧儒、刘清扬、王造时、李公朴、张申府、沙千里、章乃器、胡子婴、史良九人，就4月13日苏联和日本签订《苏日中立条约》，联名致函斯大林，并一式两份，分别送交苏联驻华大使潘友新和国民党中宣部部长王世杰。事后，沈钧儒认识到此信可能被人利用作为反苏口实，又设法把信件要了回来。救国会的主要领导人之一章乃器因不同意收回信件，而脱离了救国会。

5月17日，邹韬奋在香港重新恢复出版《大众生活》，并任主编。

5月29日，救国会邹韬奋、茅盾、金仲华、恽逸群、范长江、于毅夫、沈志远、沈兹九、韩幽桐发表《我们对于国事的态度和主张》。

6月8日，救国会会员张友渔在香港《大众生活》新4号发表《我们需要怎样的民主政治》一文。

6月间，李公朴至昆明，遂在昆明创办北门书屋和北门出版社，并参加和推动爱国民主运动。

7月，邹韬奋写的《抗战以来》印成单形本出版，受到海外华侨的热烈欢迎。

9月18日，中国民主政团同盟在香港创办的《光明报》出版，救国会的萨空了出任报社经理。

10月，救国会香港负责人邹韬奋、金仲华和张友渔三人，就10月10日中国民主政团同盟在香港公开宣告成立，并发表十大政纲，署名发表宣言，响应同盟的主张，保证完全同它合作。

11月16日，中国民主政团同盟在重庆举行茶话会，正式公开宣布同盟成立，沈钧儒出席会议，张申府代表救国会发言，赞同同盟的主张。

11月25日，沈钧儒在国民参政会二届二次大会上提议案：《请政府迅即对于言论与研究加强积极领导，修正消极限制，以通民隐而利抗战案》。

12月6日，《大众生活》因日军于25日攻陷香港而被迫停刊。

1942年

1月，沈钧儒正式加入中国民主政团同盟，救国会也同时成为同盟内党派成员之一，由此同盟正式成为民社党、青年党、第三党、救国会、中华职教社、乡村建设派三党三派联盟的政治团体。救国会从此主要是参加同盟的活动。

春，救国会妇女界负责人罗叔章为解决敌后抗日军人药品不足问题，在重庆创办第一药品生产合作社。

7月27日，国民政府公布第三届国民参政会参政员名单，救国会的沈钧儒、陶行知、邹韬奋、史良被排除在名单之外。

直到1944年第四届参政会召开时，也未恢复他们参政员的席位。

是年，由于国民党的压迫和救国会的国民参政员被除名，救国会处于最困难的时期，沈钧儒、史良、林亨元等开始从事律师职务。

1943年

1月1日，救国会主要成员曹孟君在重庆创办的《现代妇女》月刊出版。

年初，沈钧儒、王炳南、张友渔、刘清扬、张申府形成救国会五人领导小组，经常聚会共商抗日民主大事。

5月，萨空了在桂林被捕，关押桂林甲山集中营。6月被移解至重庆五云山集中营。

夏，生活书店重振出版业务，张友渔任总编辑。

11月12日，国民政府国防最高委员会宪政实施协进会成立，蒋介石任会长，委员38人，救国会成员有沈钧儒、张志让和王造时。

12月21日，重庆文化界、妇女界和各党派等共400余人，借祝贺沈钧儒70岁寿辰，宣传抗战团结民主的政治主张。

1944年

年初，沈钧儒、黄炎培、张君劢、左舜生、章伯钧等各民主党派负责人在重庆发起宪政问题座谈会，推动宪政运动的开展。

3月5日，史良在宪政问题座谈会第二次会议上，就“五五宪草”第一章总纲第一条中华民国为三民主义共和国发言说：“中华民国为三民主义共和国”，应该改为“中华民国为民主共和国”。

3月26日，在宪政问题座谈会第三次会议上，史良指出：国民大会妇女代表名额的规定，不得少于过去曾提出的20%的原则；希望在实施宪政中，逐渐做到男女的真正平等。

4月9日，史良在第四次宪政座谈会上谈妇女与宪政问题。

4月16日，史良在宪政问题座谈会第四次会议上，就中央政府职权问题发表意见。

4月25日，刘清扬在《宪政月刊》第6号发表《妇女与宪政》一文。

6月13日，杜重远在新疆被盛世才残害于狱中，并毁尸灭迹。

7月8日，沈钧儒、张申府、邓初民、史良、陶行知和郭沫若联名致电广西各界，支持广西爱国民主人士“保卫西南”的号召，力主铲除失败主义，坚持抗战到底。

7月24日，邹韬奋在上海病逝。临终前立遗嘱，要求加入中国共产党。9月28日，中共中央接受邹韬奋的要求，追认他为中共党员。

8月31日，沈钧儒在重庆《宪政》月刊社第八次座谈会上发言，主张保障人身自由。

9月19日，中国民主政团同盟召开全国代表会议，决定取消同盟的团体会员制，以后盟员一律以个人名义加入，组织名称改为“中国民主同盟”，救国会的沈钧儒和张申府当选为中央委员和中央常委。

9月24日，沈钧儒在重庆各界、各党派、各阶层500余人的集会上，发言拥护中共参政员林伯渠在国民参政会三届三次会议上提出的建立联合政府的政治主张。

10月10日，经沈钧儒等中国民主同盟中常委多次协商，民盟发表《对抗战最后阶段的政治主张》。

是年，救国会负责人沈钧儒、张友渔等商量决定，以不定期丛刊的形式，出版一批表明救国会主张的时事政策读物，定名为《抗战建国时事丛刊》。先后共出版了五册。

1945年

1月1日，沈钧儒在《新华日报》上发表《新年希望》一文，再次表达对建立联合政府的祈盼。

1月25日，沈钧儒等民盟领导人，针对蒋介石新年文告，发表对时局宣言。

2月13日，史良、刘清扬、曹孟君、胡子婴、罗叔章等重庆妇女界百余人，发表对时局的主张，要求立即实行民主，召开党派会议，成立联合政府。

3月8日，史良在重庆妇女界举行的"三八"节纪念会上，发表题为《妇女与民主》的演讲。

8月7日，沈钧儒向《新华日报》发表谈话，呼吁国人加强团结，反对内战。

8月10日，日本通过瑞士政府，表示接受同盟国波茨坦公告，决定无条件投降。中国人民坚持了八年艰苦卓绝的抗日战争终于获得胜利！

8月28日，沈钧儒到机场欢迎由延安飞抵重庆谈判的中共代表毛泽东、周恩来和王若飞。

9 月 4 日，李公朴在昆明西南联大新诗社举行的诗歌朗诵会上，朗诵了他创作的《不要叫胜利冲昏了头脑》新诗，表达了渴望民主团结与和平的心声。

11 月 1 日，陶行知创办的《民主教育》杂志在重庆出版。

11 月 19 日，“陪都各界反内战联合会”成立，沈钧儒任常务理事。

11 月 28 日和 12 月 3 日，沈钧儒、曹孟君、萨空了等救国会会员先后两次举行改组救国会筹备会议。

12 月 9 日，重庆各界为昆明“一二一”惨案死难师生举行追悼会，公祭三日。沈钧儒代表救国会主祭并讲话。

12 月 16 日，中国人民救国会（仍简称救国会）第一次会员大会在重庆举行，出席会员 35 人。会议听取了沈钧儒和陶行知分别报告救国会改组缘起及筹备改组经过，讨论了救国会纲领草案与组织规程草案，并成立了救国会中央领导机构。

12 月 21 日，救国会举行第一次常务会议，决定由沈志远等 14 人组织“辅助政治协商会议特别委员会”，并推沈钧儒、李公朴、宋云彬、高集负责筹备创办救国会的机关刊物。

12 月 27 日，救国会第二次常委会，沈钧儒报告常委萨空了赴香港，和华南救国会同人筹划一切，并主持宣传工作，以及恢复出版《大众生活》等。

12 月 30 日，救国会举行第二次会员大会，李公朴作《政治报告》。

1946 年

1 月 9 日，救国会第三次会员大会，主要讨论修改救国会纲领问题。

同日，救国会的言论机关刊物《民主生活》周刊在重庆出版。

1 月 10 日，政治协商会议在重庆召开，沈钧儒作为民盟内人民救国会的代表出席会议，并在开幕式上讲话。

1 月 11 日，救国会、民主建国会、文化界政治协商会议协进会筹备会等团体成立“陪都各界政治协商会议协进会”。

1 月 15 日，以陶行知为校长，李公朴为副校长兼教务长的重庆社会大学举行开学典礼。

1 月 18 日至 3 月 2 日，李公朴写成《民主生活讲话》，发表于《民主生活》第 3 期至第 8 期。

2 月 9 日，救国会召开第四次会员大会，通过《政治纲领》。

同日，沈钧儒等人发起的人民权利保障委员会举行第一次筹备会议。

2 月 10 日，“陪都各界庆祝政治协商会议成功大会”在较场口广场举行，国民党派特务流氓捣乱会场，殴打参加会议的各界人士，多人受伤，其中李公朴受伤最重。较场口血案发生。

3 月 21 日，救国会会员第六次大会，推选李公朴、史良、曹孟君、陶行知、宋云彬组成“国大”代表提名委员会。

4 月 11 日，李公朴和史良、曹孟君等 50 余人，为纪念较场口血案，发起成立“二一〇”社。

4月12日，救国会召开第七次会员会议，听取柳湜的报告。柳来自延安。柳在报告中传达了毛泽东对救国会的高度评价。

4月15日，救国会中央执行委员会致函周恩来、毛泽东及中共中央，对王若飞等“四八”遇难烈士表示悼念。

4月16日，李公朴写了题为《你们的死叫我格外不怕死——献给若飞、博古、邓发、希夷、齐生诸先生》的悼诗。

4月26日，救国会南方执行部李章达、陈汝生、陈此生、沈志远、刘思慕等在香港发表声明，揭穿国民党改组政府的骗局。

5月6日，救国会会员第八次大会，讨论成立重庆分会等事宜。

5月19日，沈钧儒等救国会负责人由重庆返回上海，救国会的活动中心也转移到上海。

5月，针对国民党政府颁布“警员警管区制”，妨害人民自由，破坏民主政治，镇压民主力量，沈钧儒在重庆向《文汇报》记者发表谈话，反对实行“警员警管区制”。

6月下旬，沈钧儒等救国会同人向南京“六二三”惨案受害者致电慰问。

7月11日，晚上，李公朴在昆明遭国民党特务枪击，于12日凌晨不治身亡，为和平民主献出了宝贵的生命。四天后，闻一多也被特务暗杀，当场殒命。

7月13日，沈钧儒在《民主》周刊第39期发表《对国民党政府片面召开“国大”的意见》一文，谴责国民党决定单方面召开“国大”和改组政府。

7月25日，陶行知因劳累过度，同时受国民党迫害，生活极不安定，再加上李公朴、闻一多被暗杀噩耗，刺激过深，突患脑溢血逝世。

12月9日，邓初民在《文萃》第11期发表《重新展开反对内战争取和平运动》一文。

12月15日，针对国民党撕毁政协决议，召开一手包办的国民大会，救国会负责人沈钧儒、沙千里、史良在《文汇报》星期座谈会上发言，予以谴责。

12月16日，邓初民在《文汇报》上发表《廓清宪法问题上的一切乌烟瘴气》，指斥国民党召开的“国大”是违法的，违法“国大”所通过的宪法也是违法的。

12月27日，救国会第一次中常会，研究加强救国会本身建设问题，推沙千里、何惧、闵刚侯起草方案。

1947年

1月30日，救国会召开第二次中常会，通过《健全本会组织方案》和《卅六年度本会工作计划》。

2月4日，救国会第三次中常会决定：①史良任秘书处主任，沙千里任组织委员会主任；②建立各地分会，并推定负责人选：新加坡胡愈之，美国吴大琨、刘良模、陈维姜，成都潘大逵，汉口朱楚辛，南京华丁夷、陆慧年，江西王造时，北平彭子冈、光未然。

2月17日，救国会第四次中常会决定，候补中央执行委员高集、林亨元、冯亦代递补为中央执行委员；黄洛峰、胡子婴、杨修范、袁庶华、冯亦代为组织委员会委员；王造时参加“一二九”惨案后援会。

4月30日，救国会第七次中常会，研究筹备召开中央执行委员会全体会议事宜，推孙晓村、张锡昌、胡子婴起草宣言。

5月18日，救国会第一届中央执行委员会第二次全体会议在上海举行，通过《中国人民救国会第一届第二次中央全会宣言》，但因国民党白色恐怖严重，未能公开发表。还通过了《全国人民救国会对最近政府压制学潮、封闭报馆宣言》。

11月5日，在沪民盟中常委张澜、沈钧儒、史良、张云川、黄炎培、罗隆基、叶笃义，举行扩大会议，在听取了黄炎培报告与国民党政府谈判达成协议，民盟正式宣告自行解散，停止活动后，沈钧儒、史良均对解散民盟表示不同意，但终因局势所迫，无法改变。

11月中旬，民盟自6日发表解散公告后，沈钧儒不定期的约史良、沙千里、曹孟君、孙晓村等救国会同人晤谈，交换对政局的看法及商谈工作。

11月26日，沈钧儒秘密乘船离开上海，于30日抵达香港，继续开展活动。

1948年

1月3日，在香港的救国会同人集会沈钧儒寓所，共商民盟三中全会召开问题。

1月5日至9日，在沈钧儒和章伯钧的共同主持下，民盟三中全会在香港举行，重新竖起民盟的旗帜。全会通过的文件鲜明地提出反对蒋介石、反对美帝国主义和反对封建主义，走向“一边倒”，即“倒在新民主主义方面”。沈钧儒和救国会对民盟这一历史性转变，有重大贡献。

1月22日，沈钧儒以救国会主席身份，电贺全美公民对华及远东政策代表大会召开。

2月3日，救国会与民盟、中国国民党革命委员会、农工民主党、民主促进会、三民主义同志联合会、致公党发表联合声明，不承认国民党政府签订的卖国条约，反对美国援华借款支持蒋介石打内战。

4月18日，救国会发表声明，支持国内各大学师生反迫害、反饥饿斗争。

4月中旬，沈钧儒发表谈话，不承认国民党政府在南京召开“行宪国大”，选举总统、副总统。

4月30日，中共中央发表纪念“五一”劳动节口号。

5月1日，中共中央主席毛泽东致函李济琛和沈钧儒，就召集新政治协商会议、成立联合政府以及拟定民主联合政府的纲领等问题，作了说明。

5月5日，李章达代表救国会，与其它民主党派领导人和无党派领导人分别联合致电毛泽东、通电全国，响应中共中央“五一”号召。

7月7日，救国会发表“七七”11周年宣言，响应中共召开新政协会议，建立民主联合政府的号召，彻底完成反侵略、反封建任务。

7月25日，救国会在香港举行茶会，纪念邹韬奋、杜重远、李公朴、陶行知四烈士。沈钧儒并在《华商报》发表《怀念邹、杜、李、陶四先生》一文。

8月1日，毛泽东就5月5日各民主党派与民主人士致函响应“五一”口号，电复上述人士。

9月12日，沈钧儒和章伯钧、谭平山、蔡廷锴秘密离开香港，于29日到达东北解放区哈尔滨，参加新政协的筹备工作。随后，救国会部分负责人亦陆续到达解放区。

10月10日，救国会与其它各民主党派联名发表《国庆日（中华民国）告同胞书》。

10月，张申府在《观察》周刊第5卷第9期发表《呼吁和平》一文，为国民党发动内战辩护，并反对人民解放战争。沈钧儒与章伯钧发表声明，予以谴责，民盟作出决议开除其盟籍，自然被救国会除名。

1949年

1月24，救国会发表声明——《我们要求彻底真正的和平》。声明说，国民党反动派如不彻底摧毁，真正的和平决不能实现，社会改革决不能实行，人民生活决不能改善。

2月1日，到达解放区的各民主党派、各人民团体、文化艺术界、新闻界、社会科学界以及其他方面有影响的爱国人士56人，其中救国会成员有沈钧儒、沙千里、沈兹九、曹孟君、罗叔章、刘清扬、张曼筠等，联名致电毛泽东、朱德等，庆祝人民解放战争的伟大胜利。次日，毛泽东、朱德复电上述人士，对他们的来电表示“极感盛意”。

2月25日，沈钧儒等由沈阳到达北平。救国会其它领导人胡愈之、沈滋九、沙千里等也相继到达北平。

2月27日和28日，到达北平的救国会同人在北京饭店召开第一次谈话会，主要决定在北平恢复中执委扩大谈话会，并推沈钧儒、胡愈之任秘书，沙千里为联络委员，沈志远为宣传委员，千家驹为学习委员。

3月7日，救国会召开第二次谈话会，决议成立“中国人民救国会中央临时工作委员会”。

3月14日，救国会中央临时工作委员会召开第三次会议，通过《中国人民救国会中央临时工作委员会组织规程》；决定由邓初民、沙千里、陈此生、沈志远、胡愈之研究救国会今后的性质、纲领及工作方针。

3月22日，救国会中央临时工作委员会第四次会议，决定恢复《大众生活》杂志。

4月3日，中国共产党中央委员会主席毛泽东与救国会中央执行委员李章达等民主党派联合发表《反对北大西洋公约联合声明》。

4月23日，李章达代表救国会与其它民主党派联名发表声明，拥护中国人民革命军事委员会发布的进军命令。

4月24日，救国会与各民主党派致电中共中央，祝贺南京解放。

5月1日，《人民日报》刊登沈钧儒所写《中国人民救国会“五一”劳动节献词》文章。

5月27日，周恩来与救国会中央临时工作委员会委员谈话，主要谈了今后的政治趋势和民主党派的发展问题，统战部长李维汉谈了加强民盟内部团结问题。

7月1日，救国会李章达与中国国民党革命委员会李济琛等民主党派联名发电，祝贺中国共产党诞辰28周年。

7月7日，救国会史良与其它参加新政协筹备会的各党派各团体负责人为纪念“七七”抗战12周年发表宣言。

9月19日，救国会中央临时工作委员会第27次会议，决议救国会预定在人民民主政府成立后结束，推举史良、曹孟君、千家驹、萨空了、胡愈之为结束工作准备委员，负责起草办法及宣言。以后又加推沙千里、沈志远为结束宣言起草委员和结束工作筹备委员。

9月21日，中国人民政治协商会议第一届全体会议在北平开幕，救国会参加的正式代表有：李章达、沙千里、沈志远、千家驹、萨空了、曹孟君、闵刚侯、方与严、宋云彬、孙晓村，候补代表有秦柳方、张曼筠。沈钧儒、史良、胡愈之等作为中国民主同盟代表出席会议。

9月24日，沙千里代表救国会在一届政协全体会议上发言。

10月1日，沈钧儒被任命为中央人民政府最高人民法院院长。

10月9日，沈钧儒当选为一届政协全国委员会常务委员、副主席。

10月19日，史良被任命为司法部长。

11月23日，救国会中央临时工作委员会第28次会议，讨论决定有关救国会结束事宜。

12月14日，救国会中央临时工作委员会第29次会议，胡愈之报告救国会结束工作筹备委员会筹备经过，决定成立纪念委员会，推定沈钧儒、史良、沙千里、沈志远、千家驹、胡愈之、萨空了、曹孟君、王健九人为委员，办理邹韬奋、李公朴、陶行知等为救国运动而牺牲的救国会烈士的纪念事业。

12月18日，救国会在北京饭店举行茶话会，招待在京会员和各民主党派人士，宣告救国会光荣结束，并发表《中国人民救国会结束宣言》。

12月18日，在上海的救国会会员胡子婴、王造时等举行茶话会，说明救国会的历史使命业已完成，宣告结束。救国会在政治舞台上活动了14年，它的历史将作为中国近代革命史的一部分载入史册。

1957年春，王造时在北京进行恢复救国会的试探和努力，但没有取得成功。

1996年，沈谱等一些救国会的同志，再次试图恢复救国会组织，仍无结果。

主要参考文献

1. 《救国时报》1936～1937年巴黎出版

2. 《上海文化界救国旬刊》1936年上海出版

3. 《救亡情报》1936年上海出版

4. 上海《大公报》、《申报》、《立报》、《新闻报》、《时事新报》、《华美晚报》（1936～1937年），天津《大公报》、《益世报》（1936～1937年），汉口及重庆《新华日报》（1938～1946年）

5. 上海《大众生活》、《读书生活》、《生活知识》、《生活教育》等期刊（1936年），香港《大众生活》（1941年）

6. 《救国无罪》1937年上海出版

7. 《七君子事件——救国无罪》1937年上海时代文献出版社出版

8. 沙千里：《七人之狱》1937年上海出版

9. 李公朴狱中日记（原件）1937 年

10. 日文资料（真实记述日本如何迫使国民党镇压救国运动）

11. 上海公安局“七君子”案档案

12. 救国会档案史料 1938、1946、1949 年，现均存沈钧儒后人家

13. 邹韬奋：《抗战以来》1946 年韬奋出版社出版

14. 沈钧儒狱中书信，《近代史资料》总 110 号

15. 邹韬奋：《患难余生记》1955 年三联书店出版

16. 周天度编：《救国会》1981 年中国社会科学出版社出版

17. 沙千里：《漫话救国会》1983 年文史资料出版社出版

18. 方仲伯编：《李公朴文集》1987 年云南人民出版社出版

19. 周天度主编：《七君子传》1989 年中国社会科学出版社出版

20. 周天度编：《沈钧儒文集》1994 年人民出版社出版

21. 周天度、孙彩霞编：《救国会史料集》2006 年中央编译出版社出版

22. 周天度、孙彩霞：《沈钧儒传》2006 年人民出版社出版

跋

在《民盟历史人物》和《民盟历史文献》丛书付梓之际，掩卷回首，民盟先贤们的音容笑貌挥之不去，不绝如缕，久久难忘。在编辑此丛书的过程中我们每每被他们为信仰、为理想奋斗的坚定精神所感召和感动。

人不能没有理想和信仰，一个民族也不能没有自己的理想和信仰。我们的先辈们，正是怀揣民族富强、人民福祉的赤诚之心，身先士卒、鞠躬尽瘁；凭借自身高尚的人文品格和社会良知，与共产党团结合作，为中国社会的前途和命运探索了一条新的宪政之路；和平、民主是人类社会的两大主题，也是中国共产党人和各民主党派所共同追求的理想。

如今，面对着他们的拳拳之心和丰功伟绩，我们感叹！赞叹！怀念！更要继承！

《民盟历史人物》和《民盟历史文献》在整个创作和出版过程中，得到了来自社会各界人士的关注和厚爱。我们要特别感谢为此丛书孜孜不倦的考证、核实、梳理、完善的各位专家、学者，是他们的认真严谨，才使此丛书能够客观地展现历史的真貌；更要特别感谢中共中央统战部与民盟中央给予我们的鼎力支持和重视，没有他们的指导和帮助，我们不可能完成如此厚重的出版工作任务；还要感谢各省、市、地区的民盟组织，为搜集、挖掘、抢救民盟的历史文献资料做出的不懈努力和贡献；感谢每一本书的作者，是他们的辛勤笔耕和一点一滴的忠实记录，才集成了民盟历史的全貌；感谢为此丛书付出辛劳的编辑以及所有工作人员，感谢你们辛勤的劳动和无私的奉献。

谨以此丛书献给所有伟大的民主革命先驱者；献给为共和国诞生抛洒了智慧和热血的先贤们；献给那一段筚路蓝缕、以启山林的峥嵘岁月。

《民盟历史人物》
《民盟历史文献》编委会

图书在版编目（CIP）数据

救国会/周天度，孙彩霞著.—北京：群言出版社，2011.6
ISBN 978-7-80256-249-3
Ⅰ. ①救… Ⅱ. ①周… ②孙… Ⅲ. ①全国各界救国联合会（1935）—史料 Ⅳ. ①K264.606②D665.2

中国版本图书馆CIP数据核字(2011)第105307号

出 版 人　范　芳
责任编辑　范　芳　樊　伟
封面设计　齐立娟
出版发行　群言出版社(Qunyan Press)
地　　址　北京市东城区东厂胡同北巷1号
邮政编码　100006
网　　站　www.qypublish.com
电子信箱　qunyancbs@126.com
总 编 办　010-65265404　65138815
编 辑 部　010-65276609　65262436
发 行 部　010-65263345　65220236
经　　销　全国新华书店
读者服务　010-65220236　65265404　65263345
法律顾问　中济律师事务所
印　　刷　北京画中画印刷有限公司
版　　次　2011年6月第1版　2011年6月第1次印刷
开　　本　880×1230　　1/32
印　　张　14.25
字　　数　348 千字
书　　号　ISBN 978-7-80256-249-3
定　　价　38.00元

[版权所有，侵权必究]